检察工作亲和力和公信力研究

何泽中 著

中国检察出版社

图书在版编目（CIP）数据

检察工作亲和力和公信力研究/何泽中著. —北京：中国
检察出版社，2017.5
ISBN 978 - 7 - 5102 - 1884 - 2

Ⅰ.①检⋯　Ⅱ.①何⋯　Ⅲ.①检察机关 - 工作 - 研究 -
中国　Ⅳ.①D926.3

中国版本图书馆 CIP 数据核字（2017）第 084697 号

检察工作亲和力和公信力研究

何泽中　著

出版发行：中国检察出版社
社　　址：北京市石景山区香山南路 111 号（100144）
网　　址：中国检察出版社（www.zgjccbs.com）
编辑电话：(010) 68630384
发行电话：(010) 88954291　88953175　68686531
　　　　　(010) 68650015　68650016
经　　销：新华书店
印　　刷：北京朝阳印刷厂有限责任公司
开　　本：710 mm×960 mm　16 开
印　　张：19.5
字　　数：226 千字
版　　次：2017 年 5 月第一版　2017 年 5 月第一次印刷
书　　号：ISBN 978 - 7 - 5102 - 1884 - 2
定　　价：68.00 元

目 录

引　言

　　追寻人类政治文明发展的历程，人民主权是现代民主演进中一颗璀璨的明珠，闪耀着民主法治的光辉思想和智慧光芒，是中国特色社会主义制度的本质所在。我国宪法规定："中华人民共和国的一切权力属于人民。"实现人民主权是人民代表大会制度下一切公权力机关的神圣职责与共同使命。无数的历史经验昭示，人民群众是历史的创造者，是社会发展的决定力量，"得民心者得天下"。中国共产党始终代表最广大人民的根本利益，始终坚持全心全意为人民服务的根本宗旨，把"以人为本、执政为民"作为一切工作的出发点和落脚点。自党的十八大以来，新一届中央领导集体多次强调权力的人民性，习近平总书记针对政法工作，提出"进一步提高政法工作亲和力和公信力，努力让人民群众在每一个司法案件中都能感受到公平正义"的新要求。检察工作是政法工作的重要组成部分，坚持"以人为本、执法为民"的理念，增强亲和力和公信力，就是践行党的根本宗旨，践行检察机关的人民性；就是落实党依法治国的基本方略，落实党依法执政的基本方式。

我国社会主义民主法治实践不断推进，中国特色社会主义检察制度逐渐完善，"依法治国""依法执政""以人为本、执法为民"的理念价值日益凸显，提升检察工作亲和力和公信力显得尤为重要和紧迫。然而，在和谐社会的语境下，检察工作亲和力和公信力的重要性还不够彰显，其现实状态与人民群众的期待和要求还有一定的差距，突出表现在执法观念、执法作风、执法方式、体制机制等方面仍然存在不少问题和不足。有的执法观念滞后，不符合法治进步的要求，执法为民的意识不强；有的执法作风粗暴，存在特权思想、霸道作风，执法不公、违规办案现象时有发生；有的执法方式机械简单，不善于做群众工作、不善于化解社会矛盾；有的制度机制不够完善，执行力不强等。直面存在的问题和不足，提升检察工作亲和力和公信力，反映了司法理念的变迁，也将深刻影响检察实践的样态，从而在理论和实践上破解和厘清许多基础性问题。

纵观检察工作亲和力和公信力的源起传承，可谓兼具中西方法文化传统的时代精髓与理性内核，更是在我国社会主义法治建设与发展中一脉相承。在党的历史上，群众路线是党的生命线和根本工作路线，贯穿于党的工作的全部，更是贯穿于检察工作的全部。党和政府的权威构建于人民群众的信任之上，检察工作的权威亦是构建于人民群众的信任之上。检察工作亲和力和公信力，源自于权力的人民属性，要求检察机关和检察人员对待人民群众要体现人性关怀和人格尊重，对待人民群众要饱含深情，工作中不要机械地适用法律，而是要通过法律的原则性和灵活性有机统一，促使群众增强对法律的信任和认可，从而实现执法司法法律效果、政治效果和社会效果的统一。因此，对于检察工作亲和力和公信力的坚持，其重要方面就是要求检察机关公正履职，维护社会公平正义，维护人民群众的合法权益，在人民群众中树立法律权威，建立检察机关信任度；就是保障人民群众对检察机关的亲近和认可，保证检察工作贴近人民群众。

我国法制建设受到列宁法律思想和苏联司法模式的重大影响。在领导苏维埃十月革命胜利之后，基于实现人民主权的理念，列宁主张作为苏维埃国家权力重要组成部分的司法权应当由人民行使，这样才能实现人民当家做主的理想。列宁认为，司法是国家管理的职能之一，司法机关是全体人民参加国家管理的机关。因此，在司法工作中落实人民性、实现人民主权的最好办法，一是实行人民参与审判制度，司法工作吸收广大劳动人民参加，司法权由广大人民群众来直接掌握；二是实行司法官选举制，苏维埃的司法机关要平等地吸收工农代表担任司法官职务和陪审员。[1] 列宁的法律思想对于新中国成立初期我国司法体制的建立和检察工作的开展，起到了非常重要的指导作用，是我国司法体制的理论源泉和思想基础。后来由于受到"左倾"思想的不利影响，司法领域出现了一些消极因素。随着改革开放的逐渐深入，我国政治、经济、社会、人文等环境逐步改善，法制思想也随之发生重大转变，以阶级斗争为纲、以打击犯罪为要的人民与敌人二元对立观点，逐渐转向打击犯罪与保障人权并重的司法观。党和政府提出了依法治国的基本方略，强调司法工作要注重人文关怀，重视在执法办案中消除、减少人民群众的对立情绪，结合司法职能解决实际问题，提高公信力，使人民群众对司法工作不但"口服"，而且"心服"。党的十八大之后，政法工作迎来了新的发展机遇。2013

---

〔1〕 参见王建国：《列宁的司法权思想及其对当代中国的影响》，载《河北法学》2011年第 7 期。

年 1 月 7 日，习近平总书记要求，政法机关要顺应人民群众对公共安全、司法公正、权益保障的新期待，全力推进平安中国、法治中国、过硬队伍建设，深化司法体制机制改革，坚持从严治警，坚决反对执法不公、司法腐败，进一步提高执法能力，进一步增强人民群众安全感和满意度，进一步提高政法工作亲和力和公信力，努力让人民群众在每一个司法案件中都能感受到公平正义，保证中国特色社会主义事业在和谐稳定的社会环境中顺利推进。[1] 中央政法委书记孟建柱提出，政法工作要把打击犯罪与保障人权、严格执法与热情服务有机结合起来，确保人民群众在平安和谐、公平正义中享受幸福生活，不断增强人民群众的安全感、满意度，不断提升政法队伍的亲和力。最高人民检察院检察长曹建明指出，检察机关要以最广大人民利益为念，把人民作为检察工作全部价值的最高裁决者，把履行法律监督职能作为践行执法为民宗旨的基本途径，进一步提高检察工作亲和力、公信力和人民群众满意度。人民性是检察机关的根本属性，必须理直气壮地坚持人民性，更好地坚持以民为本、司法为民。人民性是"权力属于人民"宪法原则在检察工作中的重要体现，检察机关要坚持以人民为中心，准确把握人民群众的司法需求，着力解决检察环节群众反映强烈的突出问题，坚持司法为民，规范司法行为，在人民群众的监督和支持下提升司法公信、增进人民福祉。实现检察工作亲和力、公信力和人民群众满意度的统一，对检察机关进一步转变执法理念、改进执法作风，提出了更高要求。

当前，改革开放已经到达一个崭新阶段，市场将在资源配置中发挥决定性作用，自由选择和公平竞争势必成为时代的主

---

〔1〕 习近平总书记对 2013 年全国政法工作电视电话会议的重要指示。

旋律，市场竞争机制必然促进社会的功能分化和阶层分化，形成利益多元的时代格局。基于此，各种诉求的表达、协调以及共识的凝聚成为国家和社会治理的基本任务，法治成为社会各界的最大公约数。市场起决定性作用时，政府权限必然规范化、法治化。相应地，司法机关需要扮演更加重要的角色。作为国家和社会治理体系现代化的切入口，司法体制改革已经成为完善政府与市场之间关系的一个关键。党的十八届三中、四中、五中、六中全会上，以习近平同志为核心的党中央相继提出全面深化改革、全面深化司法体制和社会体制改革、全面从严治党的方案，其中非常引人注目的举措就是完善司法管理体制，确保依法独立公正行使审判权和检察权。

概言之，提升检察工作亲和力和公信力，正是基于这样的时代背景，即市场、社会与政府的关系重新调整，三者的边界重新划分，国家权力结构重新调整，赋予检察权新的内涵，对检察机关的职权行使提出新的更高要求。在这种背景下，提升检察工作亲和力和公信力具有新的历史意义，既传承了中国法文化传统的法律渊源，又契合了世界法治潮流的发展趋向；既汲取了本土法制的民主精髓，又借鉴了各国法域的人文精华；既秉承了"人民检察为人民"的根本宗旨，又升华了"以人为本"的执法理念，适应了和谐语境下中国社会法治的转轨，顺应了依法治国理政的新要求，顺应了人民群众的新期待，对于造就一支素质过硬的检察队伍，推动检察工作的科学发展，具有十分重要的现实意义。检察工作亲和力和公信力的不断提升，也将不断推动检察工作理论与实践的改革创新，促进中国特色社会主义检察制度的更加成熟定型，在依法治国和建设中国特色社会主义伟大实践中更充分地体现检察职能，发挥更重要的作用。

第一章
检察工作亲和力和公信力的本源探究

世界各国在漫长历史进程中，发展、嫁接、积淀了深厚的文化底蕴和丰硕的政治思想成果，形成了光辉灿烂的法文化，可谓包罗万象、体用兼备。法文化作为世界文化重要组成部分，发展脉络历数千年，内涵丰富、形式多样、博大精深，具有各民族特质的理论形态和典章制度。特别是法文化蕴含的亲民为民、理性宽和、公道诚信等积极因素，揭示了亲和与公信之要义，可视为检察工作亲和力和公信力之本源。从中西方法传统中，探究亲和力和公信力本源，有助于明晰检察工作亲和力和公信力的基本意涵，廓清相应概念及内涵，并为其现实意义之探究提供方法思考。

第一节　检察工作亲和力的本源探究

检察工作亲和力所包含和体现的亲和因素，既溯源于中华法文化传统，又溯源于西方法文化传统。西方法文化传统发轫于古希腊文明，与中华法文化传统被誉为世界法文明史上的两大高峰，二者相映成辉，相得益彰，为探究检察工作亲和力的本源，提供了丰富的思想基础。

一、中华法文化传统中的亲和因素

中华法文化博大精深，源远流长。挖掘这一丰富的文化资源，总结、梳理法文化的历史传统，不难发现，亲和是蕴含其中的重要因素之一。亲和因素主要体现为"天人合一""民惟邦本"和"司法中和"的思想。

（一）"天人合一"思想

"天人合一"思想主要指宇宙中天与人、天与物、人与物、人与人之间共生共立，相因相需，组成一个和谐有序的有机整体。该思想最早由《周易》提出，由儒家和道家等加以阐述，汉代思想家董仲舒将阴阳、五行学说合流并用，将其发展成为"天人合一"的哲学思想体系，后世宋明道学等对"天人合一"思想不断完善，使之成为中华法文化传统的重要组成部分。

《周易》明确、系统地提出"天、地、人"三才之道，将天、地、人并立起来，将人放在中心地位。西周继承夏商"天讨"与"天罚"思想，保留敬天思想，宣扬王权来源于王命，神权是王权的后盾，提出统治者必须"以德配天"。西周末，史伯提出"和实生物"观点，"夫和实生物，同则不继。以他平他谓之和，故能长而物归之；若以同裨同，尽乃弃矣。古先王以土与金木水火杂，以成百物"。[1] 春秋时期，"天"开始从超验的神下降到现实世界，表现为儒家和道家两种不同的天人合一观。儒家"天人合一"主要指人和义理之天、道德之天的合一，道家"天人合一"主要指人与自然之天的合一。孔子

---

[1] 《国语·新语》。

很少谈天道，但还是认为唯天为大，"天何言哉，四时行焉，百物生焉"。孔子的"天"保留了有意志的人格神的意义，具有西周人神关系的遗迹。孟子的"天"主要指道德之天，讲求人与义理之天的合一，"尽其心者，知其性也；知其性则知天矣"。[1] 孟子指出，人心有恻隐之心、羞恶之心、辞让之心和是非之心，即仁义礼智之四端，人心有四端。道家提出"道通为一"的观点，认为"天"，无论是自然而然之道，还是自然本身，都没有人伦道德的含义，强调的是贬抑人为，提倡不要以人灭天。老子认为，"天人合一"思想表现为与"道"为一的"无为"，听任万物顺乎自然。庄子则注重人的精神境界，其"天地与我并生，而万物与我为一"即为"天人合一"的精神境界。战国后期，阴阳家以阴阳五行的更替解释"天象"及自然界的变化，提出五行的相生相克配以阴阳二气的"消长"，使自然界运行有常。其代表人物邹衍结合西周德治思想，提出"五德终始说"的历史循环观，将"天人合一"蕴含在历史循环中。

汉代董仲舒主张从天命出发，为西汉神权政治寻找合理化解释。其认为天是万物和人类的宗祖，主宰万物和人，"天者，万物之祖，万物非天不生"。[2] 天意难以把握，但体现在阴阳五行中，通过考察阴阳入出、虚实之处，五行之本末、顺逆等关系，是可以把握的。他还把人所独有的情感赋予天和自然来论证天人同类，构造了一个具有普遍联系性的宇宙，认为宇宙由天、地、阴、阳、金、木、水、火、土和人十要素构成。董仲舒提出"天人相副"观点，天和人是"数与之相参，故命与

---

〔1〕《孟子·尽心上》。
〔2〕《春秋繁露·顺命》。

之相连"，基于此，董仲舒认为天与人交相感应，人的道德或不道德都会从天得到赏或罚。为论证王权神授合理性，董仲舒把五行比附于人事和社会伦理上。董仲舒还提出"性三品"说，把人性分为圣人之性、中民之性和斗筲之性三等，圣人之性和斗筲之性无法改变，中民之性可以教化为善。

宋代道学对孟子"天人合一"思想作了重大发展，一是把孔孟"万物皆备于我""上下与天地同流"，发展为人与天地万物为一体的思想学说；二是把孔孟差等之爱的观点，向着博爱思想方向推进。张载原气本论指出，世界的一切乃是元气暂时存在的状态，"气"是天人合一的基础，提出人与天地万物为一体，主张破除人与人、人与物之间的隔阂，体悟人与天地万物为一体的境界。在他看来，人与人之间、人与物之间息息相通、血肉相连，必然能达到"民吾同胞""物吾与也"的境界。张载这种"乾坤父母""民胞物与"之爱，是以万物一体为其本体论根源的博爱，强调爱及他人以及爱及于物。程颢明确提出"仁者以天地万物为一体"论断，认为人之至善的本性"仁"源于"以天地万物为一体"之"一体"，凡保有"仁"之天性者，皆能与天地万物密切相干而为一体，故能爱人爱物，如同爱己。朱熹认为万物本根为"理"，理在事先，人禀受形而上的理以为性，所以理与人相通，理是天道和人道的统一，"天人合一"表现为"与理为一"。与程朱不同的是，陆王心学强调理不在心外，心即是理。陆九渊强调人心便是天理，"天人合一"时吾心与宇宙融合。王阳明继承和发展了程颢"仁者以天地万物为一体"思想，成为"天人合一"说之集大成者，他认为，人与天地万物一气流通，原是一体，人心与万物一体相通。王阳明指出，要达到"天人合一"，最好的途径就是"致良知"，即通过内省发现人心本来固有而被私欲遮盖的道德品性。

鉴于理学、心学天人观过于偏重"一",清末明初王夫之转而继承、发扬从王充到张载的唯物主义义气一元论。在本体论上,强调气是一切变化着的物质现象的实体,是客观实在,"尽天地之间,无不是气,即无不是理也"[1]他把"天"理解为"理"和"势"的统一,理解为自然规律和社会规律,以真实"实有"来概括物质世界的最一般属性。客观世界万事万物的本质和现象都是客观实在的,"从其用而知其体之有",可以通过认识物质现象概括本质。王夫之强调天和人之间的差别:天无心、无为,而人有心、有为、有意志。他认为,"天人合一"在于其道、理上的相通,强调要从对立统一中把握"天人合一",从理气、道器、体用等角度阐释"天人合一"。

(二)"民惟邦本"思想

民惟邦本,语出《尚书·五子之歌》:"皇祖有训,民可近,不可下;民惟邦本,本固邦宁。"殷人迷信极深,凡事皆求神问卜。周人在殷人以神为本的思想中,注入重民内容,"天视自我民视,天听自我民听",从而孕育了民本思想。

民贵君轻是春秋战国时期民本思想的主要理论观点,指在邦国中,人民有着比君主更为重要的地位。其最早的形态是"重民",《尚书·盘庚篇》提到"重我民,无尽杀"。孔子思想的核心是"仁","仁"的主要内容是"爱人",即爱民。孟子明确提出民贵君轻口号,"民为贵,社稷次之,君为轻。"[2]孟子之前的重民观念出发点是站在君主一方劝喻君主,而民贵君轻出发点则站在"丘民"即人民的一方。孟子认为,民心向

---

〔1〕《读四书大全说》(卷10)。
〔2〕《孟子·尽心上》。

背是政治成败的决定因素。宋代朱熹对民贵君轻展开论述，指出民贵君轻是民者国之本的民本思想，把民贵君轻诠释为贵民尊君。在《大学衍义》中，朱子学派的真德秀引"民贵君轻"论证"临民以敬"，进一步解释说，民本是民为立国之本，是指君主必须临民以敬，要体察民情，不可一人肆于民上。

汉初贾谊的民本思想一定程度体现了民水君舟的观点，指出民本乃大政，他不仅肯定民众在邦国中占根本地位，还强调民众的历史作用，指出战争的胜负要看人民的取舍，国家的盛衰兴亡也是如此。贾谊劝诫统治者顺应民心的同时，警告统治者不要与人民为敌，不可狂惑，他认为，君爱民，民必附，以仁义之道安民，必须实行爱民、惠民、富民。唐初李世民与魏征明确提出民水君舟说。李世民云："为君之道必须先存百姓，若损百姓以奉其身，犹割股以啖腹，腹饱而身毙。"魏征则上疏云："怨不在大，可畏惟人，载舟覆舟，所宜深慎，奔车朽索，其可忽乎？"

明清之际，一些民本思想家提出民主君客的观点，指出人民是国家的主人，而君主只是客人。黄宗羲继承了古代传统的民本思想，对爱民、重民、养民、惠民、礼民和安民思想赋予新的内涵，完成民本思想到民主思想的飞跃。黄宗羲以民主君客的观点看待历史的治乱。他认为历史的主体是人民而不是君王，应以历史主体的取舍看待历史上的兴亡，不应以一家一姓的兴衰来看待历史的治乱。清初唐甄认为，自秦以来，封建君主不仅是掠夺天下人财富的最大盗贼，而且是残杀天下人生命的罪恶凶手，因此，他提出抑制君主至尊权势、倡导社会人人平等的政治启蒙思想。他在批判封建纲常伦理的基础上，提出初步民主思想，"圣人定尊卑之分，将使顺而率之，非使亢而远之"，"天地之道故平，平则万物各得其所"。[1]

（三）"司法中和"思想

"中和"思想是儒家提出的一项重要伦理原则和基本道德标准。早在尧传位于舜时，已有"人心惟危，道心惟微，惟精惟一，允执厥中"的思想传承，其中，"允执厥中"意指言行不偏不倚，符合中正之道。作为王者的道德概念，"中和"始见于《礼记·中庸》。"中和"作为完整的道德概念乃至司法追求，在中国传统文化的发展中，有着较为清晰的演进脉络。

西周提出"明德慎罚"的法律主张，周公告诫康叔，"惟乃丕显考文王，克明德慎罚"。[2] 明德崇尚德治，提倡德教，要求统治者体恤民情，爱护百姓，慎罚是明德的具体落实，主张适用法律、实施刑罚时应当审慎、克制、宽缓、罚当其罪，而不应"乱罚无罪，杀无辜"。"明德慎罚"标志着立法指导由"恭行天命"神权思想开始转变，创造了道德教化和刑罚镇压相结合的治国理念和模式。在"明德慎罚"理论体系中，实施德教是前提和基础，而德教的具体内容为礼治。礼治以宗法制度为基础，以礼制为表现形式，以"德"为核心，要求君臣上下父子兄弟都按照"礼"的秩序去生活。"礼"的核心在于"亲亲"和"尊尊"。

春秋已降，礼乐崩坏，礼法合一开始动摇。孔子十分崇尚周礼，倡导为国以礼，为政以德。孟子主张德法兼施，认为，"徒善不足以为政，徒法不能以自行"。[3] 这说明孔子、孟子在崇尚德治、仁政的同时，并不排斥法治。西汉初期，法治和

---

〔1〕《潜书》。
〔2〕《尚书·康诰》。
〔3〕《孟子·离娄》。

德治结合，以儒入法，以儒率刑，儒法结合，确立"德主刑辅"的治国方略。董仲舒倡导"王者法天""天人合一""天人感应"的同时，主张先德而后刑，大德而小刑，最终确定"德主刑辅"在中国的历史地位。隋唐时主张"明刑弼教、迭相为用"。隋文帝认为，刑可助化，不可专行，主张以德代刑，刑以辅德，但又认为法不可违。长孙无忌在《唐律疏议》中阐述了法与礼的关系，"法礼为政教之本，刑罚为政教之用，犹昏晓阳秋，相须而成者也"。

中国传统法文化讲求中庸与宽恕之道。孔子认为，中庸是一种"道"，它不偏不倚，无过无及，恰如其分，恰到好处。中庸是"时中"，是不中之中、不用之用，是率性自然、无为而治，是尊重规律并按规律办事。孟子主张中道而立，认为人欲富贵，人恶贫贱，须遵循一定的"道"，孟子的中庸在于执中有权，明礼通权，即在固守"中"的同时，通权达变。荀子主张中则可从，认为最好也最可从的方法就是"中"，有偏有倚，固不可为，若不明乎于此，则必然大惑。孔子认为，忠恕是实行爱人原则的基本内容，爱人离不开忠恕。忠恕作为中国传统道德中的重要规范就由此而产生，是孔子学说的核心内容，被孟子、荀子、朱熹、韩愈等人加以发展和扩充，成为儒家处理人际关系的基本原则之一。

中国法文化传统源远流长，丰富多彩。其中，"天人合一""民惟邦本"和"司法中和"思想，是我国传统法律文化所追求的最高境界，对法文化思想产生了深刻的影响。"天人合一"学说中，不管是"天、地、人三才之道"，儒家的"天人合一"，道家的"道通为一"，还是阴阳家的"五德终始说"，都是将人放在中心地位。在此基础上衍生、发展和完善的法文化思想，秉持以人为本的理念，坚持法的主体性。"民惟邦本"

思想在不同的时代背景下具有不同的表述，但万变不离其宗，无论是"民贵君轻""临民以敬"，还是"民水君舟""民主君客"，都从不同的角度阐述了"民"与"君"亦即人民群众和统治者之间的关系。在二者之间存在矛盾和冲突的情形下，"民惟邦本"主张人民群众的利益一般应优先于统治者，这为统治者亲近人民群众、以民为本提供了行为准则和价值追求。"司法中和"思想的核心是追求凡事"中庸"，不偏也不倚，在处理"法"和"礼""德"和"法""德"与"刑"的关系上，注重相互之间的平衡和协调。检察工作亲和力的概念在理论基础上溯源于上述学说蕴含的亲和因素，其承认、重视并坚持人作为主体在认识活动和法律实践中的地位和作用，追求立法者、司法者、执法者和人民群众之间的协调与亲和关系，主张施行刑赏以忠厚为根本，以理性、平和、客观、审慎、宽缓为基本要义，这是研究检察工作亲和力的基本出发点和着眼点，为构建民主法治、公平正义、诚信友爱、充满活力、安定有序、人与自然和谐相处的社会提供根本遵循。

二、西方法文化传统中的亲和因素

中西方文化存在较大的差异，法文化也不例外。但是，二者具有一些共性的、进步的价值观，与中国法文化传统相比，西方同样不缺乏亲和的因素。特别是西方的人本主义、理性主义、平等主义和民主主义等思潮蕴含着以人为本、亲民爱民等积极因素，对于立法和司法实践有着重要的意义。

（一）人本主义思想

古希腊古罗马时期提出"人是万物主体"的观点。公元前5世纪，古希腊智者普罗泰戈拉提出"人是万物的尺度"人本主义命题，在法律本体论和认识论上具有里程碑意义。苏格拉底要求"认识你自己",认为人和动物的最大差别是人受理性控制。古希腊后期,斯多葛学派思想开放,关心政治,呼吁人们发扬"民胞物与"的精神,古罗马西塞罗提倡一种以个人为人类生活重心的哲学,用 Humanism 一词表达人本主义,意为"人性""人情"和"万物之灵"。

中世纪欧洲,神高于一切,主宰一切。人文主义努力打破宗教神秘主义一统天下的局面,强调人的地位、价值和尊严,强调个性自由。文艺复兴时期,但丁将人们关注的重点由对上帝的盲目崇拜转向了对人性的肯定与世俗生活的赞美,并树立了人的精神世界独立性和人类道德的尊严,大胆地歌颂人的价值和尊严。当时的人文主义反对基督教禁欲苦行、追求来世天堂的说教,强调现实生活的意义,倡导积极人生,鼓励人们追求现实幸福生活和世俗享乐,以享乐主义否定禁欲主义。

17 世纪后,资产阶级用文艺复兴以来已经发展起来的人文主义思想来嫁接自然法学,形成人道主义理论。该理论假设了一个人类未进入社会之前的状态,即自然状态。洛克认为,在自然状态下,人人享有自然权利,这种自然权利包括自然自由、生命权、财产权和平等权这四种原权利,以及惩罚和赔偿权等派生权利。他还提出,财产权具有绝对的意义,保护财产权是法律的根本目标。霍布斯论述了自由和法律的关系,提出自由是法律所允许或不干涉之事,"自由一词就其本义来说,指的是没有阻碍的状况"。孟德斯鸠关注政治上的自由,"在一个国家里,也就是说,在一个有法律的社会里,自由仅仅是:一个人能够做他应该做的事情,而不被强迫去做他不应该做的事情"。

生物学人本主义强调人对自然界、他人及社会的依赖,费尔巴哈为主要代表人物。费尔巴哈以人为出发点,最终落脚点又回到人，对人、人的本质、人与自然环境以及人与他人的关系等进行探析，主张建立一种爱的宗教，用对"类"的爱来代替对上帝的爱，把异化为上帝的人的本质重新回归于自我，试图用社会性，通过社会关系来解释人的本质。

在探索人与世界的过程中，马克思非常关注人的本质问题。他从德国古典哲学的人的"自我意识"的探索开始，遇到了"应有"与"现有"的对立，这一对立使他逐步摆脱了旧人本主义的抽象与思维，从现实基础出发，探索人的本质。继而提出，人的本质是自然属性和社会属性的统一，"不是单个人所固有的抽象物，在其现实性上，它是一切社会关系的总和"。[1] 马克思认为，人的本质要求人要全面发展，人的全面发展包括人的劳动活动、劳动能力、社会关系、自由个性、人的需要和人类整体的全面发展。马克思还论述了人的发展和社会形态发展的关系，他指出，人的全面发展与社会形态的发展包括前资本主义、资本主义和共产主义具有内在的一致性，它的实现是一个历史过程。

（二）理性主义思想

法律是以人类理性来解决社会纷争所形成的规则，是凝结在规则中的理性。理性是法律的生命和本质，从古希腊古罗马至今法律思想的发展史表明，法学、司法与理性主义有着深厚的渊源，理性主义的不断发展，推动法学、司法向更高、更深的层面发展。

赫拉克利特最早提出自然理性的概念。他认为，宇宙的进程由规律所支配，而非偶然或随意的。苏格拉底把神庙箴言"认识你自己"作为研究主题，把希腊人对自然和诸神的关注

---

〔1〕《马克思恩格斯选集》（第1卷），人民出版社1995年版，第56页。

彻底转向现实的国家和社会，以及社会中的个人。他强调人自身应具备理性能力，"善是目的"，引导人们在法律实践理性中去思寻立法、司法作为"真善美统一"的伦理意义和终极价值。柏拉图"理念论"认为，现实世界之外，还有一个先验的自存自在的本体即理念世界，其作为现实世界的模本，包含绝对的美、绝对的公正和绝对的善。亚里士多德结合苏格拉底的目的论和柏拉图的理念论，用"自然正义"代替自然理性，并将自然正义解释为人类社会行为的普遍标准。斯多葛学派提出自然法思想，该思想将自然、人和理性三位一体作为枢纽，自然学作为核心和基础，求善和正义的伦理学作为目的，逻辑学作为其体系正确性保证，系统而细致地展开其"与自然一致地生活"的全新论证。古罗马法学家认为，法分为自然法、万民法和市民法，自然法是普遍理性的具体体现，效力不仅遍涉人类社会，而且及于所有生灵。他们还认为，自然法是理性的法则、箴言和命令，自然理性是正义之母，正义作为一种美德，源于自然。西塞罗把自然和理性等而视之，主张按照自然生活是最高的善，法律是最高的理性，源于自然，源于宇宙的天性。

　　中世纪时期，自然法思想和基督教神学高度结合，一些法学家则是通过这种高度结合来阐述理性主义和法的内在关系。教父学奠基人奥古斯丁对基督教教义进行重新阐释，区分了"属天之城"和"属地之城"两个世界，说明了上帝的至高无上以及人在上帝面前的渺小和无能。奥古斯丁在对自然法进行改造时，强调通过此岸的赎罪和忏悔而实现彼岸的个人完善。他将法的理性分为永恒法、自然法和人为法三个领域，认为自然法是永恒法和人为法的纽带。作为经院哲学的集大成者，托马斯·阿奎那继承和发展了奥古斯丁的思想，最终完成了神学自然法。他把亚里士多德理论巧妙地和基督教教义结合起来，用经院的方法从哲学上论证了理性和信仰的关系，把意志和理性结合起来，把自然法和神权结合起来。

近代以来，欧洲经历了从神权到人权的转变，法学不再依附于自然哲学生存，不再从"上帝的启示"去阐释自然法，而是从人的理性出发，探讨人文主义的自然法，并形成全新的理论体系。作为近代自然法学发展的第一阶段，以格劳秀斯等为代表的国家主义承认人的理性和天赋人权，但主张人们放弃全部自然权利，在个人与国家的关系上推崇君主制，人民无反抗君主和国家的权利。作为近代自然法学发展的第二阶段，以洛克等为代表的自由主义主张天赋人权，倡导社会契约与权力制衡，人们只应交出一部分权力给政府，其余部分为公民所保留。认为人们在协议建立政府、进入政治社会以后，有些权利如生命、自由和财产权是不可转让的，因此坚决反对公权力机关侵犯个人的天赋权利。作为近代自然法学发展的第三阶段，以卢梭等为代表的综合主义强调自由是人们以人的资格从自然所获取的禀赋，抛弃自由是理性所不允许的。如果政府超越或滥用权力，人民有权反抗。

18 世纪之后，实证主义从方法论上造成了自然法学发展的理论困境，19 世纪中叶，辉煌三百多年的自然法学开始从顶峰跌落，理性的自然权利说被视为无稽之谈。20 世纪初，德国施塔勒姆、法国惹尼和意大利韦基奥等发起自然法复兴运动，第二次世界大战后，自然法学恢复了昔日的繁荣、地位和学术声望。自然法学复兴后，以价值相对论和多元主义为基础，通过实践理性对人类社会生活的直觉、经验等说明自然法的存在及其正当性。坚持法律的道德性，但在认识论上由古典自然法的科学主义论转向价值合理性判断。

　　黑格尔由理性入手，结合法律和理性的关系，以理性作为审查和检验事物的标准，展开实质理性与形式理性的探讨。黑格尔认为，规律分为自然规律和法律，自然规律是"自在自为的东西"，合乎理性，法律的合理性实际上是合乎自然规律，体现自然规律的法律具有实质理性。在此基础上，韦伯明确提出实质理性与形式理性并对之深入系统论述。他认为，法律的实质理性侧重于内容，在本质上是关于实质价值的逻辑关系和主观价值判断，主要是指伦理道德、公平正义、功利主义、适当性等实质原则，体现价值理性、意义合理性、信仰和价值承诺。另外，法律的首要意义是形式的法，是一种清晰明确、稳固、目的合乎理性、系统化的准则或规则体系，"以形式理性为特征的法律的理想类型是这样一种类型：其中法律表现为一种逻辑一致的抽象规则的结构，根据这种结构，能够认定特定案件和问题中的有效事实并解决这些案件和问题"。[1] 这种形式准则具有可预期性，能为人们的行为提供预判的标准，从而排除擅断与专权；同时还具有可操作性、可应用性，有助于法律阐释从而进一步推动了法律体系化。形式理性体现工具理性，其要求法律产生是由立法机关根据严格的法律程序予以制定，要求凭借严谨的司法技术、诉讼程序、证明标准、推理过程来保障司法的有效运行。

　　（三）平等主义思想

　　早在亚里士多德之前，对于"平等"命题，古希腊思想家就有一定的认识。伯里克利在他著名的葬礼演说词中强调雅典

---

〔1〕［美］伯尔曼：《法律与革命》，贺卫方等译，中国大百科全书出版社1993年版，第653页。

的法律优于邻国之处，在于为所有的人都提供了平等的公正。[1] 柏拉图和亚里士多德对平等作了明确的界定，为古希腊的城邦生活提供了道德准则和尺度。柏拉图认为，法律的目的是获得最大的善，制定法律的目的是获得最大的善，这是最高的美德。正义就是做自己分内的事而不兼做别人的事，就是给每个人以适如其分的报答。最好的平等，是"合乎比例的不平等"，如给大人物多些，给小人物少些。亚里士多德认为，正义分为分配正义和矫正正义两类。分配正义与立法正义相近，是以应该付出恰当价值的事物授予相应收受的人，是对社会的财富、荣誉、地位等资源进行平均与否的分配；矫正正义与司法正义相近，是对非正义、不公平、不公正行为的纠正，要求法官等裁判者保持中立、中间人身份，才能找到矫正不公应当具有的"中间线"。亚里士多德继承并发展了柏拉图的公平观，否定"平民政体"和"寡头政体"支持者的平等观点，认为公正主要是"比值平等"，即按照个人的价值，按比例分配与之相衡称的事物、权利。

卢梭提出基于自由论的平等观。他论证了人类社会从平等走向不平等，再从不平等走向平等的必然性，认为平等的基础是自由，主张从人性的角度去论述自由。卢梭提出平等式的自由，表面上看，平等是自由的基础和目标，没有平等，自由便不能存在，但实际上，恰如罗素所言："自由是卢梭思想的名义目标，实际上他所重视的、甚至牺牲自由以力求的是平等。"[2] 卢梭认为，不平等包括自然或生理的不平等以及精神或政治的不平等两类。在自然状态下，人受自然法保护，是平

---

〔1〕 参见〔古希腊〕修昔底德：《伯罗奔尼撒战争史》，徐松岩、黄贤全译，法律出版社 2002 年版，第 28 页。

〔2〕 〔英〕罗素：《西方哲学史》（下），马元德译，商务印书馆 1976 年版，第 237 页。

等的。自然状态与社会状态之间存在一个具有过渡性的中间状态即"开始建立的社会"状态，在这个状态下，人类脱离了原始状态，这导致不平等的产生，随之而来的是统治、奴役和掠夺乃至可怕的战争，为摆脱这种状态，全体社会成员自觉联合，社会契约应运而生。卢梭坚信，推翻专制，签订社会契约，实现向平等复归，是人类社会发展的必然结果，因为社会契约能够以道德和法律的平等取代生理上的不平等。

边沁、密尔等提出基于功利主义的平等观。边沁认为，自然把人类置于两位主公——快乐和痛苦的主宰下，快乐和痛苦可以通过数量计算，为此，他将快乐和痛苦划分为简单的快乐痛苦和复杂的快乐痛苦，提出计算时应当考虑的强度、持续时间、确定性等七个因素，将痛苦和快乐的来源归结为自然、政治、道德及宗教四种并提出相应的自然、政治、道德、宗教四种制裁。密尔对快乐这一概念进行重新阐释，认为快乐不仅有程度上的不同，还有性质上的差异，人们愿意而且应该选择更高级的快乐，放弃低级的快乐。他提出，幸福的目标就是在质和量上都得到满足的生活。为防止财富分配的不平等，平等待人原则不可缺少，即每个人的幸福都是平等的。

罗尔斯提出基于正义论的平等观，主张通过正义理论解决平等问题。他认为，正义的基本含义是平等，是一种合理地确立各种权利义务的原则，主要体现在社会政治制度中。罗尔斯借助"原初状态"和"无知之幕"两个虚拟假设的概念，提出正义二原则。第一个原则为平等自由原则，强调的是每个人都能够平等地享有社会基本自由。第二个原则为机会平等和差别原则，要求人们平等地竞争，社会上的各种机会对所有人开放，从而使同等禀赋和意愿的人享有同样的机会和成功前景。差别原则认为，正义意味着平等，差别的存在也不容否认，而且差别会使不同的人有不同的成功前景。

德沃金提出基于权利论的平等观。德沃金倡导整体性法律的法学理论范式,整体性法律是其法律思想的核心,而权利论又是整体性法律的灵魂所在。他选择了自由主义的原动力即"平等"作为权利论的基石。德沃金认为,较之自由,平等是更根本的价值追求,捍卫自由主义就是捍卫平等。在所有个人权利中,最重要的是"平等关怀与尊重的权利",即每一个公民都有得到政府平等关怀和尊重的权利。德沃金对平等的结论性主张有两点:一是自由与平等不会产生冲突,这是他对自由优先性前提假设的反驳;二是一旦自由与平等出现冲突,平等优先。他提出,体现分配和法律正义最重要的是这种不变、最基本的平等权利。德沃金分配正义的起点是资源平等,为此他设想了一种"拍卖模式",在这种"拍卖模式"下,资源按照需求信息进行等额划分,进入拍卖市场,直到在拍卖市场上都可以在某一特定价位只有一个人购买,而且都能够卖出去,否则就调整价格直至达到可以清场。德沃金将平等作为人的自由、分配正义、法律正义的核心和基础,将平等权放到至高无上的地位,作为一切权利中最核心的权利,将平等原则作为最高、最根本的法律原则。

英国工党代言人吉登斯在划分传统左派和右翼保守主义观点的基础上,运用政治光谱分析法,超越了左与右的对立,形成颇具特色的平等理论——新平等主义。吉登斯认为,精英统治与平等是对立的,他采用包容性来界定平等,同时用排斥性来界定不平等。他认为,社会分层指个人之间和群体之间存在的不平等,是不同人群间的结构性不平等,在分层体制中,不同地位的个人和群体获得报酬的机会是不相同的,自然这也是不平等的。吉登斯从三个维度提出自己的新平等主义政治价值观，即机会与结果融合，责任与权利结合，效率与平等并进。

（四）民主主义思想

民主主义一词形成于公元前 5 世纪，起源于古希腊语，意为人民统治和人民当家做主，16 世纪由法语 demoratie 引入英语，从其出现直到一个世纪以前它一直是个政治概念，意味着政治民主。自 19 世纪以来，人文社会科学等学科的发展，使这一概念被更多的领域引进，成为人类社会生活的主流模式。

古希腊和古罗马思想家们主张政体要实行混合政体，即君主制、贵族制和民主制的混合体。柏拉图在《法律篇》中指出，要实现国家的稳定、团结、统一、和谐，必须使政治权力变成"一种正确要素的混合物"，既要反对极端权威、过分集中的立法，以保证人民的自由；又要反对"完全不要权威"的极端自由民主，这"比服从一种中等程度的控制要坏得多"。亚里士多德继承了柏拉图的混合政体思想，认为一切政体都要有议事机能、行政机能和审判机能三个要素。他把所有政体分为好政府和坏政府两大类。古罗马时期，波利比阿对罗马政体作了详细分析，提出其著名的政体演变论和混合政体理论，前者旨在发现各种政体依次更替的规律，后者包含三种政体的成分，力图融合三种正常单一政体的优势。西塞罗沿袭了波里比阿的混合政体理论，他把政体分为君主政体、贵族政体和民主政体三类，三者都存在内在的缺陷，三种单一政体总会处于不稳定状态，这样便难以实现共同体的目的，而混合政体则将君主政体的"恩爱"、贵族政体的"智慧"和民主政体的"自由"集于一身，通过"法权的适当分配"手段来实现国家政体的稳定和公平。

中世纪处于神权和君权的统治下，但人民主权思想却逐渐萌生。人们继承古代的共和政体和混合政体理论，倡导以代议制民主来实现人民的同意权或主权。阿奎那明确认为君主制是最好的政体，即一个国王执掌政权的政体是最好的政体。阿奎那同时还承认，君主制隐藏着蜕变为最有害政体的危险，需要对君主的权力加以必要的限制，最好并且又最安全的政体是把君主的美德、贵族的智慧以及多数人的同意结合起来的混合政体。奥里斯姆指出，教会政体是法治混合政体，一种有限的、混合的教皇君主制，将君主制教皇、贵族制主教和民主制大公会结合起来。在上述混合政体思想的影响下，大公会运动应运而生。该运动主张大公会是整个教会中最权威的立法和教义机构，其地位高于教皇。

在民主思想方面，西方近代思想家实现了突破，如运用自然法理论彻底否定主权在君理论，提出代议制思想，明确将国家的权力划分为立法、行政和司法权。阿尔瑟修斯最先提出人民主权思想。他认为，主权必须寓于作为法人团体的人民。人民离不开主权，因为主权是特定社团的特征。主权不能转让，不能交由一个统治阶级或者家族拥有。权力根据国家法律授予行政长官。如果掌权者失去了这种权力，它就得归还人民。斯宾诺莎依据自然法人的自私性，提出民主制是最好的政体形式。"在民主政治中，没人把他的天赋之权绝对地转付予人，以至于对事务他再不能表示意见。他只是把天赋之权交付给一个社会的大多数。他是那个社会的一分子。这样，所有人仍然是平等的，与他们在自然状态中无异。"[1] 密尔认为民主制有两个优越性：一是有利于提供良好的管理；二是有助于提高人民的品德、智力和积极参与能力。潘恩阐释代议制的必要性，主张实行民主共和国的代议制。他否定英国君主制，把英国选

---

〔1〕 〔荷兰〕斯宾诺莎：《神学政治论》，温锡增译，商务印书馆1982年版，第219页。

举议会制与君主制剥离，使议会制与民主制相结合，创立了民主共和国"代议制"的政府模式。潘恩还论证了代议制的优势，如代议制能容纳简单民主制所无力容纳的利益、能形成权力和知识的结合以及便于人民监督政府。

现代思想家提出参与式民主的概念。参与式民主理论建立在对精英民主理论批判的基础上，回应了代议制民主制度在现实中遇到的困境，为当代民主的发展提供新的发展思路。启蒙主义者通过社会契约论证明国家权力源于人民。但在建立资本主义民主制度的过程中，托克维尔等注意到古希腊直接民主制无法适应国家领土广阔、人口众多的政治组织形式，意识到民主所潜在的"多数专制"危险，发现代议制政体是解决所有理论和实践问题的有效途径，使民主理论从人民民主转向精英民主论。代议制民主并不包括人民参与制定公共政策和作出决议这部分内容，投票权只是在选举当天属于人民，由人民行使，而后便成为政府掌权者的专属。20世纪上半叶，英国费边社会主义的后期代表柯尔对代议制民主做了主要批判。他认为，每一个人都是独立自主、无法替代的，一个人不能代表别人，同样也不能被别人所代替，而代议制使一个人在被代表后变成了一个对政治再无影响的零，其个人自由和权利全部丧失，由此，"真正的民主政治不应当在单独的、无所不能的议会中去寻找，而应当在各种有调节职能的代表团体这种制度中去寻求"[1]。他提出职能民主制，认为一个人可以同时是不同团体的成员，职能民主制在本质上具有参与式民主的特征。1960年，美国学者考夫曼首次提出"参与式民主"概念。1970年，美国政治学家佩特曼、巴伯等系统阐述参与民主在政治生活中

---

[1]　[英]道格拉斯·柯尔：《社会学说》，李平沤译，商务印书馆1959年版，第70页。

的作用，标志着民主理论的正式形成，其理论体系主要如下：一是将参与作为体系的核心理念，对参与的阐述更加接近古典民主理论；二是对代议制民主理论的补充和完善，扩大公民参与，可以弥补代议制民主精英政治、选举民主和多数原则的不足；三是强调参与的教育功能。

20世纪中后期，西方民主理论模式进入重大发展时期，主要体现为参与式民主对自由主义民主的批判与超越，同时完成民主理论的"协商转向"，即把商谈看作一个结果取向的过程。协商转向主要表现为如下四个方面内容：一是超越选举民主忽视平等的倾向，强调必须为所有人提供平等参与和表达的机会与自由，确保参与者实质平等，消除参与公共协商的各种制度性障碍。二是强调要充分发挥公共领域的民主潜能，形成所有公民都能够自由平等参与协商的公共性平台。三是以公共性为前提，以公共利益为导向。承认多元社会中利益冲突与价值分歧的存在，鼓励和支持利益相关者通过公开表达不同的诉求形成公共理性。四是强调必须以公开、中立、透明的程序来保障每个利益相关参与者都享有平等的机会参与决策。

西方法文化传统中，人本主义、理性主义、平等主义和民主主义学说从不同的角度集中体现了亲和因素。人本主义强调人的地位、价值和尊严，强调个性自由和自然权利的神圣不可侵犯，倡导人的全面发展。理性主义以自然法状态和自然理性为基础，主张以理性主义法律观为前提，以理性作为审查和检验事物的标准。平等主义主张从人性的角度去论述自由，无论是基于功利主义，还是基于正义论，捍卫自由主义就是捍卫平等。民主主义意为人民统治和人民当家做主，在继承古代共和政体和混合政体理论的基础上，倡导以代议制或者参与制来实现人民的同意权或者主权，形成公民能够最大限度自由平等参与协商过程的公共性平台。人本主义和理性主义侧重于人的本性，平等主义和民主主义适当延伸，侧重于人对公众生活的介入和参与，侧重点不同，但都体现以人民为根本、平等关怀与尊重等内容，是检察工作亲和力所蕴含的亲民爱民、理性包容因素的理论渊源。

第二节　检察工作公信力的本源探究

检察工作公信力所包含和体现的公信因素根植于中西方思想特别是法文化传统。基于法文化传承，深入探究检察工作公信力的历史脉络，其既溯源于中华法文化传统，又溯源于西方法文化传统。

一、中华法文化传统中的公信因素

公信是蕴含在中华法文化传统中的重要因素之一，影响甚至决定着中华法文化的品格和特征，其主要体现在依法而治、刑无等级、援法断罪等法律思想之中。

（一）"依法而治"思想

儒家的理想和治国主张继承了西周时期的传统，可用礼治、德治和人治来概括。孔子侧重礼治，但也论述德治和人治的问题，孟子对孔子思想的发展重在德治，而荀子对儒家思想的发展在于提出礼法并重以及完善了人治的思想。

春秋时期，随着宗法制的破坏，维护宗法制度的礼治思想开始动摇，管仲、子产等主张改良礼治。管仲主张用传统的礼治安抚、收揽人心，但管仲并不主张僵化地固守礼治，也主张"以法治国"，即改良西周礼治的"亲亲"原则，委重任以有才能的人，对有功的人要用奖赏激励，对有罪的人要用刑罚惩罚，用刑罚来加强国家的权威。子产铸刑鼎，剥夺了贵族在司法中临时擅断的权力，在法律上给"民"以新的地位，即人民可以根据公布的法律争取自己的权利。至战国时期，荀子提出"有治人，无治法"，从法律自身特征论述人治，即法是由人制定和执行的，世上没有包罗万象的法律，法律不是万能的。荀子还提出"隆礼至法"的思想，一定程度体现了法治的因素。"隆礼"就是遵奉礼治，是对儒家思想的继承与弘扬，即尊崇礼治，因为荀子认为礼治提倡的亲亲、尊尊、长长、男女有别的等级制度是"天下之通义"。"至法"则重视法律的作用，是荀子基于现实社会需要对儒家思想所作的变通，即强调要设立制度，规范人们的言行。荀子指出，"治之经，礼与刑"，[1]只有礼法并重，国家才得以治理。荀子"隆礼至法"思想开儒家与法家德治、礼治与法治的合流之先河。

商鞅认为，实现法治是时代的要求，因为社会是发展的，治国之道也应随着历史的发展而不断发生变化，不可一成不变，即"三代不同礼而王，五霸不同法而霸"。[2] 他还认为，推行法治也符合人类"好利恶害"的本性，正是人有这种本性，刑赏才能起到统一人们言行的作用，而刑赏正是法治的主要内容，因此，法治要比礼治、德治、人治更为合乎人性。推行法治，应做到法、权、信三者的有机结合，法乃"国之权衡"，是国家颁行的法令，颁行时必须完备、准确、切实可行。权是指君主所独有的集一切权力于一身的至高无上的地位，是推行法治的后盾。最主要的是信，"信者，君臣之所共立也"，强调法的权威性，即法一旦颁行，就应该遵循不易，绝不受舆

---

〔1〕《荀子·成相》。
〔2〕《商君书·更法》。

论、亲情等其他因素干涉。在先秦法家中，韩国申不害以重"术"而著称，其认为，君主应有一套公开的行之有效的奖惩制度来治理国家和官吏，还应有一套"藏于无事，窜端匿迹，示天下无为"之术。申不害的"术"为法的实行提供了路径，使法家的法治理论更贴近于实际，便于君主操作。赵国慎到"抱法处势"的法律思想以尚法为前提，提出法治优于人治的论断，但其突出的特点是重势，即重视君主所独有、至高无上的权力，而这种权力是推行法治的保证。

法家集大成者韩非在总结前期法家法、势、术三派主张的基础上，提出了以法为本，法、势、术相结合的思想。韩非认为，实施法治是历史发展的必然结果，是人之"趋利避害"本性的必然产物。法治具有传统礼治无法比拟的公正性，因为法是国家的权衡，不允许任何人挟私而随意轻重，而且，法治较礼治简明，并易于操作。只有以法为本才能取信于民，"小信成则大信立，故民主积于信"，否则再好的法律也没用，"赏罚不信，则禁令不行"。[1] 韩非指出，要实行法治必须具备以下条件：一是以法为本，具有完备的法制并树立法律的权威；二是君主要善用君主手中的"二柄"——赏与刑，厚赏重罚，少赏多罚；三是法、势、术结合，其中法是君主治国的原则，也是君主衡量官吏的标准，官吏不论其人品、才能如何，以守法为贵，"言行不轨于法令者必禁"。[2] 韩非提出"势治"说，即只有在君主牢牢掌握了权势并推行法治的情况下，天下才能达到治理，"抱法处势则治，背法去势则乱"。[3] 他还强调法与术的结合，"徒术而无法，徒法而无术"，皆不可达到天下的

---

〔1〕《韩非子·外储说》。
〔2〕《韩非子·问辩》。
〔3〕《韩非子·难势》。

治理。

（二）"刑无等级"思想

中国古代社会中，皇权制度占统治地位，讲究等级观念，但自先秦到明清，一些思想家提出"刑无等级"的思想和观念，成为中国传统法文化的有机组成部分。

"刑无等级"的思想与先秦儒家、道家、墨家的平等观念在本质上是相通的。孔子的政治思想中，主要体现为以"仁"为核心的平等观念。孟子不反对等级制度，指出等级的存在是人类社会分工发展的必然结果，但其思想中仍体现出某些平等的理念。孟子主张性善论，认为人性的最初形态是平等的，在成圣基础上的平等是人类的理想状态，不论人们的政治地位和身份如何，只要付诸努力，都可以成为圣人，"人人皆可以为尧舜"。[1] 道家主张"万物与我为一"。老子针对社会生活中存在贫富不均的不平等状况，提出"损有余而补不足"。庄子提出在自然面前人人平等的观点，"以道观之，物无贵贱，以物观之，自贵而相贱。以俗观之，贵贱不在己。以差观之，因其所大而大之，则万物莫不大；因其所小而小之，则万物莫不小"。[2] 墨家主张"爱无差等"，认为社会纷争混乱的根源在于人类的私爱，一人有一义，"背私为公"，导致不相爱，主张以"兼爱"为核心，提出"兼相爱、交相利"，强调人与人之间的平等，人们之间应是一种无差别、无等级的兼爱。

法家主张在适用法律的时候应当遵循平等的思想，主张"法不阿贵""刑无等级"。商鞅认为，要推行法治，应当做到"一教""一刑""一赏"。一，即划为或统一之意。"一刑"有

---

〔1〕《孟子·告子上》《孟子·离娄下》。
〔2〕《庄子·秋水》。

两层含义：一是法律应是统一的、有权威的；二是法令面前除君主之外，应是人人平等的，也就是"刑无等级"，"壹刑者，刑无等级，自卿相将军以至大夫、庶人，有不从王令、犯国禁、乱上制者，罪死不赦。有功于前，有败于后，不为损刑。有善于前，有过于后，不为亏法"〔1〕"一刑"的中心思想是用法律统一人们的言行，把人们的行为乃至思想都纳于国家的法治轨道。商鞅反对君主依个人喜怒而违法破律，指出君主以喜怒治国，是天下混乱、百姓怨恨的原因："君人者舍法而以身治，诛赏夺予从君心出矣。然则受赏者虽当，望多无穷；受罚者虽当，望轻无已。君舍法而以心轻重，则是同功而殊赏，同罪而殊罚也。怨之所由生也。"〔2〕商鞅主张法律一旦颁行，君王也有恪守法令的义务，"故明主慎法制。言不中法者，不听也；行不中法者，不高也；事不中法者，不为也。言中法，则辩之；行中法，则高之；事中法，则为之"〔3〕从言、行、事三方面论述君主与法之间的关系。在商鞅看来，法在推行和严格执行过程中是一个严肃性、权威性和有效性的诚信问题，而这是迈向法治最为关键的一步。

韩非认为，法是由国家制定、由官府实施、让天下老百姓所知并予以遵守的规范，法的公正性表现在"法不阿贵"与"刑无等级"，法律在确定时可以赋予不同的人以不同的权利和义务，但是，国家官吏在施加刑赏时只能依据法律来进行，而不能被执法者的感情所左右，"故明主使其臣不游意于法之外，

---

〔1〕《商君书·赏刑》。
〔2〕《意林》。
〔3〕《商君书·君臣》。

不为惠于法之内", [1] "故至治之国, 有赏罚而无喜怒"。[2]
执行法律时必须对臣民一视同仁, 信赏必罚, 做到 "刑过不避
大臣, 赏罚不遗匹夫", "法不阿贵, 绳不挠曲", "法之所加,
智者弗能辞, 勇者弗能争", [3] 要求公道地执行法律, 不分等
级贵贱, 对任何人都平等对待。

(三) "援法断罪" 思想

中国古代援法断罪思想源远流长, 成为国家制定成文法的
重要动力, 其出发点是维护法律的统一适用, 约束司法权的滥
用。春秋后期成文法的公布, 战国时期频繁出现的立法活动,
标志着古代中国援法断罪的萌芽。成文法的公布, 打破法律神
秘主义, 开创了援法断罪的先河, 而战国初年魏国《法经》的
制定, 为援法断罪的形成奠定了基础。

秦汉时期, 援法断罪的思想和实践开始规范化, 标志着援
法断罪的正式形成。秦自商鞅变法到秦始皇统一中国, 力图实
施封建法治原则。商鞅变法, 其核心就是援法而治, "自卿相
将军以至大夫、庶人, 有不从王令、犯国禁、乱上制者, 罪死
不赦"。[4] 根据云梦秦简记载, "明法律令" 为 "良吏", "不
明法律令" 为 "恶吏", 司法官如断狱失轻失重为 "失刑罪",
重罪轻判、轻罪重判为 "不直罪", 故意减轻情节、放纵犯罪
为 "纵囚罪"。秦代法律规范相当细密, "法繁于秋荼, 网密于
凝脂", 治道 "皆有法式"。汉代在提出以德化民、约法省禁的
同时, 统治者十分重视法律的作用, 强调要以身守法、明法守
身, 不以个人意志掣肘法律的执行, 以维护法律尊严。汉文帝

---

〔1〕《商君书·有度》。
〔2〕《商君书·用人》。
〔3〕《商君书·有度》。
〔4〕《商君书·赏刑》。

清楚地意识到公正执法对治民的重要性，提出："朕闻之，法正则民悫，罪当则民从。且夫牧民而道之以善者，吏也。既不能道，又以不正之法罪之，是法反害于民，为暴者也。"汉代有些思想家也认识到援法断罪对治国安邦的重要性，东汉桓谭鉴于"法令决事轻重不齐，或一事殊法，同罪异论……刑开二门"，建议"可令通义理，明习法律者，校定科比，一其法度，班下君国，蠲除故条，如此天下方知，而狱无冤滥矣"。[1]

在晋代，援法断罪从思想到法条更为明白和具体，执法中要求严格维护法律统一和权威。晋惠帝时，三公尚书刘颂上书，批评惠帝为政多于法外随意轻重，"先王议事以制，自中古以来，执法断事，既以立法，诚不宜复求法外小善也。若常以善守法，责人遂善而不忌法，其害甚于无法也"。他还引用晋律规定："律法断罪，皆当以法律令正文，若无正文，依附名例断之，其正文名例所不及，皆不论。"他建议："今限法曹郎令史，意有不同为驳，唯得论释法律，以正所断，不得援求诸外，论随时之宜，以明法官守局之分。"[2] 侍中太宰汝南王司马亮认同刘颂的建议，奏请惠帝"以为宜如颂所启，为永久之制"。[3]

隋唐宋时期，法制臻于定型，援法断罪也步入成熟阶段。隋初发展了晋律的援法断罪，"诸曹决事，皆令其写律文断之"。开皇五年，针对一件诬陷反坐案，隋文帝下诏曰："人命之重，悬在律文，刊定科条，俾令易晓。分官命职，恒选循例，小大之狱，理无疑舛……自是诸曹决事，皆令具写律文断之。"隋文帝要求司法官断狱时具写律文，是对依法定罪量刑

---

〔1〕《后汉书·桓谭传》。
〔2〕《晋书·刑法志》。
〔3〕《晋书·刘颂传》。

的保证。唐代初年，唐太宗在总结天下兴亡原因时指出："自古帝王多任情喜怒，喜则滥赏无功，怒则滥杀无罪，是以天下丧乱，莫不由此。""法之不行，上自犯之。"为此，他提出人人平等的守法思想，"理国守法，事须划一"。唐代把法律上升到"国之权衡，时之准绳"的高度，提出明正赏罚，一断于律。"诸断狱皆须具引律令格式正文，违者笞三十"。这是援法断罪的简明概括，标志着封建时代司法活动的规范化。[1] 宋代封建法律全面发展，统治者以法律为"理国之准绳，御世之衔勒"，要求"食禄局官之士"，皆为"亲民决狱之人"。[2] 在刑事审理上采取鞫狱分司，设司理院并由司理参军专管狱讼勘鞫，成为"鞫司"，将原来执掌狱鞫断刑的司法参军改为"检法断刑"，成为"谳司"。"鞫狱分司"制度的实施，为援法断罪提供了重要保证，提高了适用法律的准确性。

明清时期，随着专制主义的极端强化，司法大权被皇帝垄断，援法断罪走向衰微。明代在"断罪引律令"上沿袭唐宋旧律，更注意法律的统一适用。但由于在皇帝的亲军、内侍参与司法特别是宦官干政的干扰下，法治破坏，黑白颠倒，冤狱丛生。清代在依法断狱的法律规定上，援引明律，增加小注，使律义明晰。具引律例，例的法律地位凸显，适用范围广泛，以致在法律体系中律高于例，在司法实用价值上例大于律，有助于确保依法定罪的贯彻实施，但皇帝通过秋审等制度进一步垄断最高司法权，乾隆曾在诏谕中公开宣称"此乃本朝家法"。援法断罪逐渐形式化，失去活力和生机。

---

〔1〕《唐律疏议》。
〔2〕《宋会要·选举》。

二、西方法文化传统中的公信因素

人类社会的法文化多姿多彩，不同民族、不同国度的法文化，在不同条件的作用下，在不同的历史时期，总是循着各自特定的路径发展演化。与中国传统法文化相比，西方法文化具有不同的历史渊源、法律本位、价值取向等，但同样蕴含着公信因素，其主要体现在天赋人权论、社会契约论、人民主权论等法律思想。

（一）天赋人权论

关于"人"的价值和权利所在，自古便是思想家们苦苦思索的主题，而这也是检察工作公信力可以溯及的具有根本性的思想渊源。作为近代自然法学派的一个重要概念，"天赋人权"论可以追溯到14—16世纪的文艺复兴和17—18世纪的启蒙运动，它源于拉丁文，也可译为"自然权利"。它认为"人"是客观的存在，而每一个存在物都有自身的价值，同时都有自己的权利，这种权利既不是上帝赋予的，也不是国王赐予的，而是与生俱来的，换言之，它是一种基于人类本性的一种权利。这种与生俱来的权利，就是自然的权利。人类进入文明社会以前，受自然法则支配，人人都平等享有天生的生存、自由、追求幸福和财产的权利，但由于人们同时具有自私自利等缺点，从而会对他人权利构成侵害和破坏，因此有理性的人们便联合起来，组成国家以保护人民的权利。由此得出的必然结论是：国家权力的基础乃人权，国家权力的原旨和目标就是维护人权，进而推论政治民主化是天赋人权的内在要求。

欧洲启蒙运动时期以来，"天赋人权"思想首先由荷兰思想家格老秀斯和斯宾诺莎提出，特别是斯宾若莎明确阐述"天赋人权"，认为天赋人权就是自然权利，国家就是人们通过缔结契约转让一部分自己的自然权利而产生的；转让之后，人们还保留了一部分自然权利，这些得以保留的权利既不能转让，也不能剥夺。这种观念经霍布斯、洛克与孟德斯鸠的发扬光大，最后在卢梭等人的学说中完成了理论系统化。笛卡尔认为，对所有的人来说，良知和理性都是天赋的、平等的，理性是人之价值的最终依据。当他提出"我思故我在"命题的时候，人类对自我价值的认同达到了前所未有的高度。

正如有论者所指出的，"权利概念是一个典型的现代性词语，如果说传统社会以德性为主要特征，那么，近代社会则以权利为主要特征"，[1] 所有近代以来的政治哲学论者都是以天赋人权或自然权利作为基础来为政治制度的合法性论证奠基。天赋人权思想倡导自由、平等和私有财产神圣不可侵犯，在它产生之初就附带了人本主义思想，张扬了人的价值和德性的力量，代表了新兴的生产关系和新兴阶级的利益，是资产阶级反抗封建统治和压迫的理论武器。

当然，天赋人权论并不是绝对完美的。如果我们单从天赋人权的字义来看，它的确是非常美好，是一种理想化的理念。但当我们深入探索它的深层内涵，就能看到天赋人权的思想片面强调了"人"的权利，存在忽略"人"之外"他者"的危险。毕竟天赋人权的思想产生于西方，是在西方文化传统中从微观到宏观思维方式下的产物，是在强调自我、个性、竞争的环境中运作发展而来。它以人类自身为价值基点，强调人与生俱来的某种权利，这种话语结构明显的带有西方以自己为中心的思维特征，也不可避免地含有西方文明的某些缺憾。但无论如何，"天赋人权论"在人类历史上第一次提出具有普遍意义

---

[1] 贾丽民：《从天赋人权到人赋人权》，载《中国人民大学学报》2013 年第 4 期。

的"人权"概念，对资产阶级革命的胜利起过积极作用，为引申出符合自身要求的人权内容提供了基本前提。

（二）社会契约论

社会契约论认为，社会状态和自然状态的主要区别就是国家和实在法的产生，而社会契约是国家和实在法产生的唯一途径。全体或大多数社会成员感觉自然状态不好，经过协商达成协议，自愿把自然权利交出来，建立国家，制定法律规定人们的义务和行为，保障人们享有各种正当的权利，使之不互相侵犯，以维护社会的和平与秩序。

霍布斯从人性恶、人人都是利己主义者的观点出发，对人类的初始状态即自然状态作了描述，"根据这一切，我们就可以显然看出：在没有一个共同权力使大家慑服的时候，人们便处在所谓的战争状态之下。这种战争是每一个人对每一个人的战争"。[1] 在自然状态下人们享有一种自由或权利，凭借这种自由或权利，人们用自己的智力和体力，按照自己所愿意的方式，去取得和保护自己所需要的东西。自然权利在自然状态下是无限的，其主要内容是生命和安全。霍布斯认为，人们在自然状态下生活非常痛苦，生命安全毫无保障，虽然人们的理性使他们认识到自然法，但因为没有权威性机构强制人们遵守它，所以自然法难以发挥作用，"没有武力，信约便只是一纸空文，完全没有力量使人们得到安全保障"。[2] 为摆脱自然状态，霍布斯认为，唯一的办法就是签订一个社会契约，把每个人的自然权利交出来，以建立一种能抵御外来侵略和制止相互侵害的共同权力，以便保障大家能通过自己的辛苦和土地的丰

---

〔1〕〔英〕霍布斯：《利维坦》，黎思复等译，商务印书馆1985年版，第94页。
〔2〕〔英〕霍布斯：《利维坦》，黎思复等译，商务印书馆1985年版，第128页。

产为生并生活得很满意，把大家的意志集中起来变为一个统一的意志，形成一个代表他们的人格。国家"就是一大群人相互订立信约、每人都对它的行为授权，以便使它能按其认为有利于大家的和平与共同防卫的方式运用全体的力量和手段的一个人格"。[1]

与霍布斯一样，洛克也假设在政治社会之前存在一个自然状态。不过，与霍布斯不同，这一状态不是战争状态，而是相反的自由平等的和平状态。人们凭借理性，按照他们认为合适的办法，决定他们的行动和处理他们的人身和财产，无须得到任何人的许可，无须听命于任何人的意志。他认为在自然状态下，人人享有自由、生命、财产和平等权等自然权利，但自然状态也存在明显的缺陷，即缺少一种确定的法律，缺少依法裁判的公正的裁判者，缺少支持正确判决的权力。为克服上述缺陷，人们签订了社会契约，交出了一部分自然权利，建立了国家和制定了法律，以便更好地保护和享受自然权利。[2]

卢梭社会契约论的出发点也是自然状态。他也反对霍布斯等人把自然状态解释为战争状态的理论，指出霍布斯等人以现代人的人性为基础而不是以古代人的人性为基础来推测自然状态，犯了以今证古的错误。卢梭认为，自然状态下，人受本能支配，只知道保存自己并对同类有怜悯之心，没有道德、权利义务和统治观念，不知道所谓善恶，过着孤独、和平、自由、平等的生活。保护自然状态的是自然法，其基本原理是自保和怜悯。农业和冶金术的发明给人类社会带来巨大的变革：产生了社会分工、交换和土地私有制，随之而来的是统治、奴役、

---

〔1〕 ［英］霍布斯：《利维坦》，黎思复等译，商务印书馆 1985 年版，第 132 页。

〔2〕 参见 ［英］洛克：《政府论》（下篇），叶启芳、翟菊农译，商务印书馆 1996 年版，第 77 页。

掠夺——可怕的战争状态。这种状态下受害最大的是富人，于是富人就欺骗穷人订立社会契约。卢梭的社会契约论有它的特点：一是每一个人大家都是平等的；二是大家把自己所有的东西都献出来，以使社会结合完美；三是这种献出实际上没有使任何人丧失什么，因为每个人都平等地向全体献出，他也就没有向任何人献出自己。[1]

霍布斯的社会契约论是人民通过社会契约把自己的权利转让给君主，君主不是缔约的一方，君主只从契约中获利，人民丧失权利，换来安全。洛克社会契约论的特点是人民通过缔结社会契约并没有献出自己的权利，权利是不可献的，人民献出的只是"执行权"，从而证成民主的正当性。

（三）人民主权论

人民主权论是古典自然法学家们关于国家权力归属问题的理论，也是社会契约论的逻辑推理。这一理论产生于古典自然法学发展的中期，是随着其发展的民主倾向而产生的，主要代表是卢梭。该理论认为，国家起源于社会契约，由人们的自然权利集中而成，因此，人民是国家真正的主人，国家工作人员只是人民的公仆，其任务就是执行法律，如不称职或者滥用职权，人民可以撤换他们。国家的当权者如果以权谋私，用权力压迫和奴役人民，人民可以推翻他们。人民主权论为西方现代民治主义奠定了基础。

近代政治学上的"主权"学说肇始于法国人让·博丹，之后这一革命性概念被逐渐发扬光大。到启蒙思想家时代形成了现代意义的人民主权理论。概言之，"人民主权意味着国家的

---

〔1〕 参见［英］卢梭：《社会契约论》，何兆武译，商务印书馆 1990 年版，第 24—25 页。

一切权力来源于人民的授予，国家权力尊重和保障公民的权利与自由，人民能自主、平等地参与国家权力的运转和公共政策的形成，人民能对国家权力进行有效的监督和控制，人民是一切国家权力的拥有者"[1] 如卢梭认为，主权属于人民，具有绝对性、不可转让性、不可分割性和不可代表性等基本特质，主权不能转让给任何个人和组织，即使通过社会契约，最终决定权仍属人民，人民始终是主权者[2] 卢梭认为，"人民"以所有人的自愿而结合为基础，民意是全体人民的整体性的公共意志，是一个"由全体个人的结合所形成的公共人格"，它是国家和政府的一切政治权力的最终本源。任何个人或者部分的个体都不是主权者，而只是主权的参加者。

卢梭的人民主权首要特点是至上性。这种至上性体现在它是绝对、至高无上、神圣不可侵犯的，并且不受法律所约束。这是因为，人民主权来自于全民的意志结合，法律作为一种工具性的存在，其效力和资格来自于主权所派生，社会契约本身也不能约束主权者，故如果用法律来约束主权者，就违背了该政治共同体的基本政治逻辑。进之，拥有至上性的主权也是不可转让的，因为既然人民主权是人民公意的产物，而意志当然是不可转移、不可让渡的；如果将人民主权转移让渡给第三方，就意味着他成为了人民的主人，实际上迫使人民屈服于他的意志，从而必将导致人民主权的死亡。卢梭说："如果人民单纯是诺诺服从，那么人民本身就会由于这一行为而解体，就会丧失其人民的品质。只要一旦出现一个主人，就立刻不再有主权者了，并且政治体也就告毁灭"[3] 人民主权还具有不可

---

〔1〕 肖君拥：《人民主权论》，山东人民出版社2005年版，第18页。

〔2〕 参见［英］卢梭：《社会契约论》，何兆武译，商务印书馆1990年版，第121—125页。

〔3〕 ［英］卢梭：《社会契约论》，何兆武译，商务印书馆1990年版，第36页。

分割性。因为主权是以整体而存在的，是全体人民共同的意志，如果将主权加以分割，则必然将公共的意志割裂为部分人的意志，从而使主权的根基消散殆尽。卢梭说："意志要么是公意，要么不是；它要么是人民共同体的意志，要么就只是一部分人的。"[1] 所以，人民主权是不可被代表的。这意味着，在一个人民主权之下所构建的国家和政府，所运行的民主只可能是直接的民主，而不可能采纳间接民主。卢梭认为，此中道理与主权的不可转让性具有内在一致性。因为从本质上讲既然主权是由人民之公意所组成，而意志又是不可代表、不可分割、不可转让的，那么就只存在此一意志与彼一意志之别，而绝无二者的中间状态。故而，"人民的议员就不是也不可能是人民的代表，他们只不过是人民的办事员罢了，他们并不能作出任何肯定的决定。凡是不曾为人民所亲自批准的法律，都是无效的；那根本就不是法律。英国人民自以为是自由的，他们是大错特错了。他们只有在选举国会议员的期间才是自由的，议员一旦选出之后他们就是奴隶"[2]

人民主权理论思想，对马克思产生了重大的影响。马克思指出，国家主权只有一个，不是君主的主权，就是人民的主权。马克思认为，君主主权是一种虚构的幻想，"人民的主权不是从国王的主权中派生出来的，相反，国王主权倒是以人民的主权为基础的"[3] 西方自由主义论者常质疑卢梭人民主权论有可能会成为极权主义的渊薮，进而指斥奉行人民主权和议行合一体制下的社会主义制度的法哲学根基及其道德合法性。其实，即使断定人民主权论只不过是一个假设，也是有重大理

---

〔1〕［英］卢梭：《社会契约论》，何兆武译，商务印书馆1990年版，第36—37页。
〔2〕［英］卢梭：《社会契约论》，何兆武译，商务印书馆1990年版，第125页。
〔3〕《马克思恩格斯全集》（第1卷），人民出版社1956年版，第279页。

论意义的，这些指责并没有抓住人民主权论的宏旨所在。人民主权论的规范逻辑在于，它一方面作为批判的武器，否定了反动的暴力强制型政体的合法性根据；另一方面它在此基础上证成现代国家社会制度的合法性与正当性。换言之，它将国家和政府的统治正当性基础由强制力转向被统治者的同意和授予，而这正是一切近现代民主制度的基石所在。

天赋人权论赋予检察工作公信力必须具备的政治意涵，这里的"人权"即自然权利，是自然界生物普遍固有的权利，并不限由法律或信仰来赋予，其不可转让、不可剥夺。社会契约论用契约关系来解释社会和国家起源，通过把社会和国家看作人们之间订立契约的结果，来说明政治权威、权利和义务的来源、范围和条件等。契约的本质在于信用，社会契约也不例外。人民主权论是在天赋人权论和社会契约论的基础上提出和深化的，根据该理论，国家或政府的最高权力来源于和最终属于人民，即权力民有和民享，而且这种来源是政府或国家权力的合法化依据或前提。天赋人权论、社会契约论和人民主权论一道，与中国古代一些思想不谋而合，构成了检察工作公信力的重要渊源，它意味着检察权在内的一切国家权力都来源于、归属于人民，并且这种来源奠定了检察权合法性的基石。具体而言，首先，检察权由一个人格化主体（整体意义上的"人民"）集中控制，国家一切权力包括检察权最终都源于人民享有的各种权利。其次，由人民（现实、具体、个体的"公民"）亲自、直接地参与和评判检察工作，对检察权进行有效的监督和控制。最后，检察机关与人民群众的关系是权力行使者和权力所有者的关系，决定了检察机关必须以人为本，执法为民，在执法办案中讲公信。

第三节 检察工作亲和力和
公信力的基本意涵

　　检察工作亲和力和公信力的理论溯源，揭示了检察工作亲和力和公信力的文化传承与理性内核。中西方法文化传统所包含的"亲和""公信"因素，实际上从不同角度证成了检察工作亲和力和公信力的脉络传承与基石。而对事物的准确认知，需要从理论溯源的宏观认知扩及概念的具体揭示，继而明确事物探究的现实意义。

一、检察工作亲和力的概念

　　亲和力[1]概念源自自然科学领域，在社会科学中，狭义上亲和力是指个人或组织在其所面对的群体心目中的亲近感，广义上亲和力是指个人或组织能够对所在群体施加的正面影响力。其表达的内涵不在于彼此之间物理距离的远或近，而在于心灵上的通达与投合，是一种基于平等立场的和谐关系，最大限度地释放和传递事物"正能量"。

　　事实上，无论是中华法文化传统的"天人合一""民惟邦本""司法中和"理念，还是西方的"人本主义""理性主义""平等主义""民主主义"思潮都指向司法对于民众的亲近，蕴含着"亲和"的因素。而现代意义上的司法，"不是一种单向意志性的、可以靠压服发挥作用的'统治机器'，作为一种

_____

　　〔1〕 亲和力（affinity），按照《现代汉语词典》的解释，是指"两种以上物质结合成化合物时的相互作用的力。"《辞海》对"亲和力"的解释是："染料化学术语，染料直接性的一种定量表示方法，常以卡（或焦耳）/克分子为单位表示之。"亲和力的概念何时从自然科学领域进入社会科学领域，已经无从考证。

被设计、被考评、被期待的上层建筑，司法需要主动满足社会要求，以尽可能高的社会接受度来实现其社会使命"。[1] 由此延伸至检察工作中，检察工作亲和力是指检察机关在行使检察权时，与人民群众相互间关切与投合的关系。它的提出，意味着检察机关在惩治犯罪、保障人权、追求社会公平正义的同时，要注重各项制度的可接近性，秉怀柔性、谦抑的执法理念，提升人民群众对检察工作的认知和认同程度；本质上是检察机关对于社会要求的高度满足性、人民群众对检察工作的高度信赖性，以及在此基础上建立的一种和谐相处的关系。

透过理论溯源与概念研析不难发现，检察工作亲和力意味着人民的幸福是最高的法律，检察权运用得如何，应当由人民掌握评判权。因此，检察工作亲和力的内涵具备如下内在特质：一是人民性，检察机关的职责在于履行法律监督职能，终极目的在于顺应时代潮流和社会经济的发展，主动贴近人民群众的切身利益和情感倾向，针对人民群众的合理诉求提供切实的法律服务，秉持平实而不虚假、具体而不抽象的执法方式，最大限度地满足社会需求。二是平等性，平等是现代社会的价值追求，检察机关虽是国家机关，但面对人民群众应克服衙门习气，以人民公仆之心态，把平等思想贯穿于执法办案的全过程，"视民如伤"，身同感受。三是情理性，亲近感往往是个人内心的感受和评价，是一种将心比心获得的同情感或者平衡感，具有一种模糊性。在某种意义上，可以说法律实际上就是一种感性的存在，同时中国社会是一个"情理社会"，"情理"之于中国人不仅是一种行为模式，而且是一种正义观。四是谦抑性，检察机关作为政法机关，虽然在权力性质、运行程序上

〔1〕 赵芳：《司法亲和力的法理思辨》，载《法律适用》2007 年第 1 期。

具有国家强制性，但也应注意保持谦抑、平和的品格，使检察权的运作得到人民群众的自觉服从和内心认同，令检察权的行使方式"在以权威性为取向的同时，有高度的可接受度和社会认同度"。[1]

检察工作亲和力的外延，是指检察工作亲和力的特有属性及其适用对象的范围，可以从四个层面的亲和来加以概括：一是检察工作与社会主义法治精神的亲和，即检察活动和检察权配置运行的指导思想应当符合现代法治的基本要求与基本理论；二是检察工作与中国传统法文化的亲和，即检察工作理念应当善于从传统法文化中汲取营养，实现传统因素与现代价值的结合；三是中国检察制度与世界检察发展潮流的亲和，即凡是有利于加强我国社会主义民主法治的人类法律文明、法治文化成果，都要积极借鉴，走出一条具有中国特色、遵循人类法制文明发展一般规律的检察制度建设之路；四是检察权运行与现实民众法治心理及接受能力的亲和，即注重检察工作的人文关怀，在公平与效率的框架下，使宪法和法律的权威得到更人性化的体现，使检察制度真正适应社会运行的良性轨道。

二、检察工作公信力的概念

公信力[2]的概念源自于新闻媒体传播学，是指在社会公共生活中公共权力面对公众交往以及利益交换所表现出的一种公平、正义、效率、人道、民主、责任和信任。其既是一种社会系统信任，同时也是公共权威的真实表达，关涉公权力机关安身立命的政治伦理之根本。

---

〔1〕　赵芳：《司法亲和力的法理思辨》，载《法律适用》2007 年第 1 期。

〔2〕　公信力（Accountability），《现代汉语词典》的解释是：使公众信任的力量。在英语中，意指为某一件事进行报告、解释和辩护的责任；为自己的行为负责任，并接受质询。

究其本源，无论是中华法文化传统的"依法而治""刑无等级""援法断罪"思想，抑或是西方的"天赋人权""社会契约""人民主权"理论，均指向司法在民众中树立的正义与权威，蕴含着"公信"的因素。由法文化传统延至现代检察工作，检察工作公信力指检察机关通过履行法律监督职责，维护社会公平正义，服务党和国家工作大局，回应和满足人民群众的司法需求，从而逐渐形成和积累起来的，在人民群众心目中享有的信任度、美誉度、权威性和影响力。检察机关的公信力对检察机关而言是对社会公众的信用，对社会公众而言是对检察机关的信任，信用是前提和基础，信任是结果和目标。从本质上来讲，公信力反映的是人民群众对检察机关的一种主观评价和价值判断，是衡量人民群众对检察机关满意程度、信赖程度和认同程度的重要标尺。检察机关的公信力是通过行使检察权在整个社会中建立起来的一种公共信用，是检察权的行使得到了人民群众的自觉接受和遵从，自然而然产生的一种信赖乃至信仰。

检察工作公信力首先意味着在执法办案中诚实守信、公平透明、不枉不纵。"公"是指公众，而不是指个人或少数人；"信"是指信仰、信赖、信誉、信用；"力"是指作用力、影响力、权威力。公信力具有执法机关是否依法执法和公众是否信服的双重含义。它具有如下内在特质：从检察工作公信力的流变来看，公信力具有历史性、稳定性和不均衡性等特性；从检察工作公信力的主体来看，其具有公共性、权威性、公正性、能动性和不对称性等特性。有人认为，公信力的来源具有多元性，公信力的评价主体具有广泛性，公信力的主客观表现具有差异性。也有人认为，公信力在根源上具有坚实的宪政基础，以人民授权为根本；在内容上具有明确的职能要求，如检察机关以履行法律监督职能为基本途径；在目标上具有鲜明的工作指向，以满足人民群众的要求和期待为宗旨。公信力的构成要素是：法律规则的权威性、执法主体的公正性、执法过程的开放性、执法裁判的权威性等。

检察工作公信力的外延可以由检察主体、执法过程与程序、司法结果三方面要素构成。在主体要素方面，检察人员要具备良好的检察职业道德和高超的司法技能；在执法过程要素方面，要遵循法律的正当程序；在司法结果要素方面，要实现实体公正。检察机关公信力的外在体现应由检察工作的影响力、对公众诉求的回应力、检察决定的说服力、检察官的战斗力和检察监督的约束力五个相互联系的基本能力构成。

三、检察工作亲和力和公信力的现实意义

理念品质是司法的灵魂。检察工作亲和力和公信力作为创新性理念的提出，对于整个检察体系运作以及检察人员素质养成都起着灵魂和指导作用。尤其在推进"法治中国"的愿景下，强调提升检察工作亲和力和公信力更是兼有历史必然与时代价值。

（一）引领法治理念创新

当今世界"全球化"已成趋势，法治的认同逐步深化。例如，"人权"概念提出并被《世界人权宣言》大力弘扬，但就其基本概念、内容以及实现路径，各国各法域依然认识不一，甚至分歧颇大。相比人权所受到的诸多质疑，法治则似乎受到广泛接受和认同。[1] 在检察工作亲和力和公信力的理论溯源中，中西方法文化传统所指向的"亲和""公信"因素，亦多

---

〔1〕 参见王立峰：《法治中国》，人民出版社 2014 年版，第 73 页。

处可见法治踪迹以及对于法治的尊崇。例如，"亲和"本源中的"司法中和""理性主义"事实上都在强调对于规律的遵守，这种规律与现代法治在理念内核上高度契合；而"公信"本源中的"依法治国""刑无等级""援法断罪"以及"天赋人权""社会契约""人民主权"甚至构成了现代法治的渊源，体现了中西方法文化传统与现代法治的理念共通。换言之，中西方法文化传承至今，法治已经成为几乎普遍性的诉求。当然，应当注意的是，这种法治的共识主要源于人们对法治的形式品格殆无疑义；但法治不仅具有法治品格，也含有实质价值取向，而这也是当前对于法治的概念与内核仍存争议的症结所在。

现代法治首先以形式理性为特点，即"作为普遍性、自治性、公共性和实在性规则体系的法律的核心，即使不能充分决定，也可以限定官员和私人可以做些什么"[1]而中华五千年历史传承，深受农耕文明和封建传统思想影响，民众对于法的理解往往较为片面，评价特定行为仍然主要从情理、风俗、道德角度考虑，较少从法律角度出发。在此背景下，容易滋生长官意志和一言堂现象，人治大于法治，人情关系、裙带关系，各种贪污腐败、行贿受贿屡禁不止。为此，要使政府依法行政，社会有序发展，商业行为有所预期，就必须首先完成形式法治。形式法治，就是要通过法治建设，健全完善中国特色社会主义法律体系，并使国家各项工作走上法治化轨道，从而彻底消除以言代法、以权代法等现象，实现国家的各种制度和规律依法运作，不因领导人的意志而转移[2]而强调检察工作亲和力和公信力，实际上兼容了形式与理性。亲和力旨在形成检

---

〔1〕 〔美〕昂格尔：《现代社会中的法律》，吴玉章、周汉华译，中国政法大学出版社1994年版，第190页。

〔2〕 参见王立峰：《法治中国》，人民出版社2014年版，第79—80页。

民关切与投合的和谐关系；公信力意在形成检民信用与信任的互动状态，都将引领着法治理念的创新与发展，即在形式法治中既要形成规则外壳，又要兼顾良法内核。规则外壳构筑了形式法治框架，即法律应当透明、可知、公开，而非专制任意；法律应当至上，任何人不得凌驾于法律之上；法律应当良性运行，确保司法公正、独立运作。法治的形式品格与社会公正之间也存在紧张关系，不利于弱势群体的人权保障；而良法内核则弥补了形式法治不足，即形式法治对于效力、稳定性以及确定性的强调都容易走向专制，滑入专制的深渊。[1] 这就意味着，需要为法治注入理性的内核，实现法治保障权利、限制权力、追求民主以及和平繁荣等实质目标，即实质法治。目前，中国正在致力于经济的持续健康发展，致力于发展中国特色社会主义，实现国家治理体系和治理能力现代化，法治事关党执政兴国、事关人民幸福安康、事关党和国家长治久安。在此背景下，强调提升司法亲和力和公信力，继而引领法治理念创新，无疑具有深远而重大的现实意义。

（二）推进国家治理体系和治理能力现代化

党的十八届三中全会把完善和发展中国特色社会主义制度、推进国家治理体系和治理能力现代化作为全面深化改革的总目标。2014 年 2 月，习近平总书记对推进这个总目标问题进行深刻阐述，指出："改革开放以来，我们党开始以全新的角度思考国家治理体系问题，强调领导制度、组织制度问题更带有根本性、全局性、稳定性和长期性。今天摆在我们面前的一

---

〔1〕　形式法治假定社会成员之间的利益分配是平等的，也就是说，形式法治的前提是分配正义。但这一前提实际上忽视了社会不平等现象，对于形式平等的追求可能带来的副作用是，边缘化的人群受到主流社会的排斥和忽视。如何从社会结构上实现社会公正，才是保障弱势群体权利的根本之路。参见王立峰：《法治中国》，人民出版社 2014 年版，第 86—87 页。

项重大历史任务，就是推动中国特色社会主义制度更加成熟更加定型，为党和国家事业发展、为人民幸福安康、为社会和谐稳定、为国家长治久安提供一套更完备、更稳定、更管用的制度体系。"[1] 中国的特殊国情注定了中国国家和社会的特殊治理之道以及特殊的法律现代化道路。[2]

从时间维度上看，中国开启现代化的历程，与殖民史息息相关，具有压缩的现代性。自清末变法开始，历经民国"六法全书"、国共内战，新中国成立初期的社会主义法制建设、"文化大革命"，到十一届三中全会之后，中国一直处在社会转型中，一直扮演着法律现代化角色，推动着国家治理现代化。而西方现代化进程大致以启蒙运动或 17 世纪末为分水岭。伴随着资产阶级革命和工业革命，欧洲经济、社会和文化相继发生结构转型。相较第三世界国家，西方的现代化并非以断裂的方式突然出现，而是历经数个世纪演化的结果。如西欧国家，以作为现代化重要指标的工业革命而言，大约花费三百多年才完成；而中国自 1978 年改革开放以后，以短短不足 40 年时间完成西欧三个世纪才达成的工业革命，这就是中国国家治理中压缩的现代性。延伸至法律领域，西方国家法律现代化是渐进的生成过程，中国法律的现代化是法律移植的过程。相较而言，中国的法律现代化必然面临着西方文化与中国传统文化的碰撞以及传统文化内部的冲突，加上时间的压缩，均导致问题的产生更加严峻复杂。例如，改革开放之后短短不足 40 年时间，中国特色社会主义法律体系快速建立、立法数量迅猛增长、法律职业急速扩张，甚至法学教育的迅速扩增，都可以视为压缩

〔1〕《习近平总书记系列重要讲话读本》，学习出版社、人民出版社 2014 年版，第 47 页。

〔2〕参见王立峰：《法治中国》，人民出版社 2014 年版，第 5—10 页。

的法律现代性。与此同时，由于时间进程的大大压缩，根本无法奢求法治意识的普遍形成，压缩的现代性带来了颇多负面效应——法律缺乏应有权威、民众自愿守法意识不强。虽然基本实现了"有法可依"，却依然未能做到"有法可依、执法必严、违法必究"。

从空间维度，面对辽阔的国家、庞大的人口以及复杂的国情，中国法治建设成本更高，具有弥散的现代性。由于空间延伸，中央和地方之间以及各个地方之间的信息不对称、治理构架多层次。如何平衡中央和地方的立法权限，保持法律的统一性，是大国法治面临的普遍难题。此外，中国人口众多，这就意味着价值的多元化，关涉民族、宗教、语言风俗等多个方面呈现文化多样性，增加了统一法律体系的形成难度；同样还意味着民主共识的形成成本高昂以及执法成本的增加。况且庞大的人口基数，还意味着民众受教育水平参差不齐，利益诉求多元化，也很难奢求在短时间之内迅速形成统一的法治精神。诚如朱苏力所说："一个大国和一个相对来说的小国在法治的统一和确立的难度上会有很多不同。大国意味着有更为繁复的小型社会的秩序体系，意味着形成统一规则的艰难，也就意味着更漫长的实践，意味着立法者必须考虑更多既成的地方性秩序的利益，意味着有更多的地方性秩序会以各种方式反抗为了现代化的进程而强加给它们的据说是为了他们的利益或他们的长远利益的法律，而这些为了现代化的法律至少在目前以及未来的一段时间内不可能对这些尚未现代化的或正在现代化的小型社会或社区带来利益，甚至可能带来损害或不便。因此，一个社会的地域空间并不仅仅是一个空间的问题，它还意味着形成法治所面临的难度和所需要的时间。"[1]

从时间和空间维度同时印证了中国国家治理现代化的特殊性和艰难性。显然，为了加快推进现代化进程，中国应该向西方国家学习，汲取人类文明的成功治理经验，却不可以照搬照抄西方的治理模式。即便从理论逻辑层面，也应当坚定不移地遵循中国特色社会主义道路，探索中国特色的治理现代化路径，渐进推进中国法治的理性实践。当前，法治之于国家治理体系和治理能力现代化的相互作用已经毋庸讳言，延伸至司法领域，自然呼吁着司法理念的时代转变，而这种理念的转变同样将有助于治理体系和治理能力现代化的大力推进。在司法领域中提升亲和力和公信力的时代意涵，实际上强调了司法对于法治运作差异性与统一性的关注。亲和力强调司法机关与民众之间的关切投合，要求执法司法必须从民众实际出发，平衡民众之间的不同利益诉求与现有立法的矛盾冲突；公信力强调司法机关与民众之间的信用信任，要求执法司法秉持统一尺度，树立法治权威，赢取民众信任。换言之，检察工作亲和力和公信力的提升显然有助于消减和抚平中国国家治理和法律现代化的时间压缩与空间弥散，要求治理者着手完善体制机制、形成相应素养，推进治理体系和治理能力的现代化。

（三）促进社会主义和谐社会建设

党的十六届四中全会提出"构建社会主义和谐社会"的明确目标，之后党和国家领导人相继进行了深入阐述和部署，明确了其理性内核与推进路径。简言之，社会主义和谐社会是民主法治、公平正义、诚信友爱、充满活力、安定有序、人与自然和谐相处的社会，对于秩序的期待和依赖是和谐社会的基本

---

[1] 苏力：《二十世纪中国的现代化和法治》，载《法学研究》1998 年第 1 期。

要求。只有在组织机制健全、安定有序的社会中，社会各方利益才能得到有效衡平，纷繁复杂的社会矛盾才能得到妥善处理，社会公平正义才能得到切实实现。和谐社会作为中国国家和社会治理的理想追求，并非是对于矛盾冲突的忽视和超脱，而是拥有有效处理和化解矛盾的长效社会机制，"一个旨在实现正义的法律制度，会试图在自由、平等和安全方面创设一种切实可行的综合体与和谐体"。[1]　司法作为调控社会、维护秩序的重要手段，其重要使命就是通过有效解决纠纷使受损的权利得到救济，合理的诉求得到满足，并通过国家权力的中介，把占统治地位的意识形态、价值观念以及社会习惯制度化。在很大程度上，社会的和谐与稳定有赖于司法层面的和谐，司法的重要使命也决定了和谐司法成为一个独立的时代理念。司法不和谐，就容易激化社会矛盾，就无法期望社会纠纷得到及时妥善解决，社会主义和谐社会建设更是无从谈起。概言之，和谐司法的本质是诉讼活动的理性和协同，它强调当事人对事实和法律的理性认识和判断，寻求激烈的诉讼情绪的缓和，强硬的诉讼立场的软化，尖锐的利益冲突的调和，不同诉讼环节的相互配合等。[2]

不难想象，在和谐司法模式下，诉讼是司法人员与当事人协同努力、共同促进的作业，司法人员与当事人之间应当是一种良性互动的关系。这就要求司法人员在不同司法方法和手段之间进行理性的权衡和择优，在诉讼活动中充分尊重和保护当事人的各项诉讼权利，既要严格依据法定程序进行，体现司法的社会信用；又要实际考量个案情况，体现司法的人文关怀，

[1]　[美] 博登海默：《法理学、法律哲学与法律方法》，邓正来译，中国政法大学出版社 1999 年版，第 426—427 页。

[2]　参见邹川宁：《司法理念是具体的》，人民法院出版社 2012 年版，第 226—227 页。

通过司法手段的协调统一，最终实现司法结果的理性和谐。而检察工作亲和力和公信力的司法意涵显然包括了司法的人文关怀与社会信用，契合了和谐司法的理性追求。司法既是构建和谐社会的推进器，又是维护和谐社会的防火墙。况且，"立法机关有时放弃了自己的责任，而将这个责任传给了法院"，[1]一些本应由立法机关制定的公共政策规则实际上由司法机关制定。尤其是当下中国已经迈入全面深化改革的深水区，各种不同的社会利益格局剧烈变动，立法往往无法及时有效地回应社会的变化，需要司法机关在司法过程中逐渐发现相应规则，并适时加以提炼完善和具体细化。因此，新时期司法理念的与时俱进以及司法权能的理性运作至关重要。社会转型时期，不当的司法无异于火上浇油，利益再分配过程中出现的积怨，加上诉诸司法而无从获得公正救济所带来的绝望感，很容易把社会置于火山口上。而司法层面对于亲和力和公信力的强调，正是基于传统司法理念无法适应社会发展的沉重反思以及与时俱进应对社会变化的创新之举。在这种新型理念引领下，通过适当的司法手段，无疑将为转型期的社会纠纷提供及时有效的法律救济，推动有效化解社会矛盾、维护社会稳定，促进社会主义和谐社会的有序构建。

同时，强调检察工作亲和力与公信力，追求司法和谐，也有着深厚的文化积淀以及紧迫的现实意义，与社会主义和谐社会的理性追求相契合。探究检察工作亲和力和公信力本源，中国传统法文化中"天人合一""司法中和"的理念都体现了"和谐"实质。中国传统法文化崇尚礼治秩序，讲究中庸之道，

---

〔1〕 参见［美］本杰明·卡多佐：《司法过程的性质》，苏力译，商务印书馆2013年版，第5页。

注重道德和血缘人伦关系对社会关系的维系，强调对立面的均衡统一，将均衡地打破和对立面的矛盾冲突视为应予竭力避免的灾难。绵延至今，传统的法律意识形态趋同认为，人皆生活在关系网络之中，情理构成根本性的行为准则，法律上的连贯性固然重要，但更重要的确是恢复被纠纷破坏的人际关系，重新达到结构上的均衡和整合。[1] 这几乎是"亲和力"词源的传统释义，而在社会发展中糅入时代释义，同样契合"公信力"的时代演变。毋庸讳言，当前中国司法机关的权威和公信尚在进一步树立之中，人民群众对于现代司法程序和理念尚未完全熟悉和接受，即便通过司法裁断解决纠纷，也往往难以均衡各方利益，达致息诉息访。加之中国法律现代化进程中借鉴西方法治经验，现代化的压缩性和弥散性都容易导致法律的"水土不服"，与国家传统的规则体系和地方民众的现实生活存在一定差距。特别是进入转型期，传统性与现代性此消彼长，也迫切期待着一种新型纠纷解决方式的介入，既能契合传统法文化的理性内涵，又能与时俱进满足现代演变的合理需求。在这种时代背景下构建社会主义和谐社会，更需要提升检察工作亲和力和公信力，以从根源上化解社会矛盾。

（四）改善领导方式方法

领导方式方法事关事业成败。深化依法治国方略，全面推进法治中国建设，致力于国家治理体系和治理能力现代化，是中国共产党在新的历史条件下带领全国各族人民进行的新的伟大改革。加强和改善党的领导，把党的领导贯穿于依法治国全过程是当代中国最深刻制度变革取得成功的根本保证。中国法治建设离不开党的领导，谈司法体制和机制创新同样离不开领

---

〔1〕　邹川宁：《司法理念是具体的》，人民法院出版社 2012 年版，第 230 页。

导方式方法。一方面，中国共产党主导了法治建设的进程；另一方面，法治理想落到实处，必须依靠具体制度，而具体制度必须面对传统制度——中国共产党的存在以及党的领导方式和执政方式。[1] 坚持党的领导是中国特色社会主义道路的重要组成部分，是"道路自信、理论自信、制度自信、文化自信"的重要基石。当前我国正在大力推进新一轮司法改革，涉及体制性的重大变革。司法体制改革作为政治体制改革的重要组成部分，必须遵循政治体制改革的总体框架进行司法改革的顶层设计，必须坚持党对司法机关和司法工作的领导。这就要求正确处理坚持党的领导与确保司法机关依法独立行使职权的关系，而改善和加强党对司法机关和司法工作的领导，不断提高党领导司法的能力，提高科学化法治化水平，成为眼下中国的当务之急。[2] 同样，"检察一体化"趋势下，检察机关上下领导体制也呼吁着领导方式方法与时俱进得到加强和改善，亲和力和公信力的提出和强调也成为适时之举。

当代中国，司法与政治之间的关系是个无法回避的重大命题，改善领导方式方法理应在体制内寻找契合点。这就是党和司法都主张人民利益至上，以人民利益为圭臬，并通过他们所共同依托的制度平台（人民代表大会制度）达到平衡，实现互动，最终通过遵守人民选举出来的代表所制定的法律达致殊途同归——维护人民的利益，让人民群众感受到公平正义。[3] 而对于人民利益的关注和强调恰恰是亲和力和公信力的理念初

---

〔1〕 参见王立峰：《法治中国》，人民出版社 2014 年版，第 100 页。

〔2〕 参见张文显：《司法改革的政治定性》，载张文显主编：《良法善治——民主、法治与国家治理》，法律出版社 2015 年版，第 158—159 页。

〔3〕 参见宋方青：《实现司法与政治之间的平衡》，载张文显主编：《良法善治——民主、法治与国家治理》，法律出版社 2015 年版，第 183 页。

衷，之于领导方式方法的改进，首先要求将党的领导贯穿于依法治国全过程。法治意味着秩序，在一个社会尚且动荡不稳的国家，追求法治理想显然遥不可及；法治也意味着法律的权威，在一个国家权威尚且缺乏认同的国家，强调法律权威同样无从说起。理想和现实都需要将党的领导作为坚强核心，但也必须正视发展中存在的问题和弊病。"方向决定成败。"对于亲和力和公信力的追求，要求将党的领导贯穿依法治国全过程中，牢牢把握法治改革的性质方向。同时，充分发挥总揽全局、协调各方的领导核心作用，注重改革的系统性、整体性和协同性，确保法治思维与方式方法的协调统一。

提升检察工作亲和力和公信力，还要求在领导方式方法改进中应遵循和加强依法执政。2012 年 12 月 4 日，习近平总书记对改进党的领导方式和执政方式做了阐释："党领导人民制定宪法和法律，党领导人民执行宪法和法律，党自身必须在宪法和法律范围内活动，真正做到党领导立法、保证执法、带头守法。"[1] 可见，中国共产党依法执政的三大要务并没有改变，而领导立法就是善于使党的主张通过法定程序上升为国家意志，善于使党组织推荐的人选成为国家政权机关的领导人员，善于通过国家政权机关实施党对国家和社会的领导。保证执法，就是支持国家权力机关、行政机关、审判机关、检察机关依照宪法和法律独立负责、协调一致地开展工作。带头守法，就是各级党组织和党员领导干部要带头厉行法治，不断提高依法执政能力和水平，不断推进各项治国理政活动的制度化和法律化。[2] 换言之，党领导立法、保证执法、带头守法，既

---

〔1〕 习近平总书记在首都各界纪念现行宪法公布施行 30 周年大会上的讲话。
〔2〕 参见王立峰：《法治中国》，人民出版社 2014 年版，第 126—127 页。

要保证党与人民群众、司法机关与人民群众信任与信用的良性关系，又要注意方式方法，形成关切投合的和谐状态，而这正是提出和强调亲和力和公信力之于领导方式方法改变的核心所在。提升亲和力和公信力同样有助于在检察一体化与检察权依法独立行使之间寻找平衡的支点，促进改进和完善检察机关领导方式方法。

第二章
检察工作亲和力和公信力的制度生成

检察工作亲和力和公信力，究其本源包含了中西方传统法文化的时代精髓与理性内涵。然而，这种本源探究多是限于宏观的、理念性的思考，需要微观的、具体性的政治制度与法律措施与之相匹配，才能发挥最大效果。因此，回顾传统司法制度中亲和力和公信力的历史脉络，对于现阶段分析探究检察工作亲和力和公信力的相关问题就显得尤为必要。

第一节　司法亲和力的制度生成

回顾历史上与司法亲和力相关的制度，离不开中国传统意义上的审慎司法审判、人道刑罚执行与宽怀司法权利救济制度，离不开对西方亲民司法的历史考察和当代借鉴。

一、中国传统司法制度的亲和力实践

在古代传统法文化的熏陶和影响下，中国传统司法一直践行着审慎、人道、宽怀的制度实践和做法，对于后世有着不可

忽视的影响。

（一）审慎的司法审判制度

司法的功能在于"明断是非""定分止争"，关涉生命、人身、财产等权利。因此，历史上人们对司法都秉持审慎的态度，主要体现在五听、罪疑惟轻等制度。

1. 五听制度

"五听"是指中国古代司法官在审理案件时观察当事人心理活动的五种方法，是辞听、色听、气听、耳听和目听的简称。"五听"制度源远流长，发端于奴隶社会，发展于封建社会，消亡于近现代司法改革。

"五听"制度最早见于《尚书·吕刑》，"听狱之两辞"，"两造具备，师听五辞，五辞简孚，正于五刑"。意即古代司法官"断狱息讼"时，应当要求原告和被告双方当事人都到场参加诉讼，认真听取诉讼双方的陈述，通过察看"五辞"的方法，审查判断当事人的陈述是否确实，并据以对案件事实作出判断，进行定罪量刑。"五听"制度要求司法官在审理案件时，以"五听"的方式对陈述进行综合考察，听讼时"察辞于差"，注意比较和发现陈述人言词中的差异和矛盾。

封建社会的法律承继"五听"制度并不断发展和完善。秦代狱讯"必先尽听其言而书之"，如果供词矛盾或情节陈述不清，可反复讯问，如当事人多次变供，"更言不服"，可采用刑讯，即"笞掠"。[1] 两汉时期沿用"五听"之法。唐代"五听"制度进一步发展，《唐律·断狱》规定："诸应讯囚者，必先以情审查辞理，反复参验；犹未能决，事须讯问者，立案同判，然后拷讯。"宋承唐制，《宋刑统》规定，凡审理案件，

---

[1] 参见张晋藩：《中华法治文明的演进》，中国政法大学出版社1999年版，第133页。

应先以情审察辞理,反复参验;如果事状疑似,而当事人又不肯实供者,则采取拷掠以取得口供。《元典章》等要求司法官在审理案件时"以理推寻",强调审讯中司法官必须先行"问呵""讯呵"程序,不得罪囚"言语回者",方可启用"拷掠"之刑。明代法律要求审讯时司法官要"观于颜色,审听情词","其词语抗厉,颜色不动者,事理必真,若转换支吾,则比理亏"[1] 清代法律也非常重视通过五听获取口供,"凡狱囚徒流死罪,各唤囚及其家属,具告所断罪名,仍取囚服辩文状。若不服者,听其自理,更为详审"[2] 清末司法改革中,由于张之洞、刘坤一等建议废除刑讯,产生据众证定罪的原则,司法制度逐步向近现代法治转变,口供在证据体系中的地位随之下降,"五听"制度正式退出历史舞台。

从形态来看,"五听"最初表现为辞、色、气、耳、目五种对当事人表情的感性认识,这些感性认识构成"五听"制度的基本内容,在此基础上发展为"以理推寻",以情理和事理进行判断。这赋予"五听"制度理性认识的合理因素,使该制度成为古代司法官审理案件时必须遵循的要求。

2. 罪疑惟轻制度

罪疑惟轻,又称罪疑从轻,出自《尚书·大禹谟》:"罪疑惟轻,功疑惟重,与其杀不辜,宁失不经。"这是中国上古时期、夏朝以前对疑罪案件的处理记载。商代对疑狱持慎重态度,主张广泛征求意见后定案,如有疑点,采取赦免方针,"疑狱,泛与众共之,众疑,赦之,必察大小比以成之"[3] 西周推行罪疑从轻、罪疑从赦原则。春秋时期儒家治国思想影

---

〔1〕《皇明制书》。

〔2〕《大清律例》。

〔3〕《礼记·王制》。

响最大，儒家提出罪疑从无的原则。随着法家的兴起，他们主张信赏必罚，选择了罪疑从有，秦代信奉法家，司法实践中出现疑罪从有的做法。汉代时是否有罪疑从轻制度，未见记载，但现有相关的资料表明当时应当没有罪疑从轻制度。晋代时罪疑从轻上升为法律，《晋书·王湛传附王坦之传》记载有司法成例。《唐律·断狱》疑罪条是"罪疑惟轻"观念形成后疑罪处理最早、最完整的条文，该条文列举了疑罪的两种表现，处理结果均为"各依所犯，以赎论"。

明清时期，当法典中疑罪处理模式被取消以后，例文中的疑罪处理规范仍未摆脱"罪疑惟轻"的影响。明代条例将本应作无罪处理的模式也定为从轻，清代乾隆初年定例称："或有续获强盗无自认口供，伙盗已决无证者，俱引监候处决，以明罪疑惟轻之义。""罪疑惟轻"成为司法官员所信奉的教条。明朝末年广东推官颜俊彦审理钟观成盗窃案，因被告自他盗拔供，无赃证可凭，且被告不招。颜俊彦主张对钟观成拟充军，称"罪疑惟轻，谁曰不宜"。[1]

（二）人道的刑罚执行制度

古代的刑罚执行，融入一定程度的人道主义情怀，主要体现在宽宥老幼妇孺、秋冬行刑、断屠月、禁杀日、存留养亲等制度。

1. 宽宥老幼妇孺

矜老恤幼是中国古代社会一项重要的法律原则和制度。西周周公制礼时，对于老幼犯罪减免刑罚，"三赦之法"规定，对于幼弱、老耄等三种人，如果触犯法律，应该减轻、赦免其

---

〔1〕《盟水斋存牍》。

刑罚，"一赦曰幼弱，再赦曰老耄，三赦曰蠢愚"[1]春秋时齐国也有关于刑事责任年龄的规定，如《管子》记载："老弱勿刑，参宥而后弊。"秦代时规定刑事责任年龄，未成年人犯罪不负刑事责任或减轻刑事责任，秦律以身高判定是否成年，身高不足六尺为未成年人。汉代统治者标榜"以仁孝治天下"，也确立了矜老怜幼的恤刑原则。汉律直接按年龄确定刑事责任，规定八岁以下八十岁以上，七岁以下七十岁以上，或者七岁以下八十岁以上，十岁以下八十岁以上，在此年龄之内，根据犯罪情节，确定科刑轻重，但一般都处以轻刑或者免刑；应拘押者，"颂系之"，即宽容拘系，其犯罪当关押者不戴械具。元代法律矜恤年老或有疾者不便赴官，自诉能力有限，故允许代理，据《元史·刑法志·诉讼》："诸老废笃疾，事须争诉，止令同居亲属深知本末者代之。"这是矜恤其年老或有疾而不便赴官，自诉能力有限，故许代理，但"同居亲属"只限于男性。

妇女犯罪在行刑上享有特殊的规定。魏明帝时，为免对女犯用刑使身体裸露，改妇人加笞还从鞭督之例，以罚金代之。《晋律》规定："女人当罚金杖罚者，皆令半之。"《梁律》加以沿用，且扩大对女子的照顾，规定："女人当鞭杖罚者，皆半之"，"女子怀孕，勿得决罚"。《北魏律》则进一步明确："妇人当刑而孕，产后百日乃决。"《唐律疏议》对于妇女尤其是孕妇也有限制适用死刑的规定："诸妇人犯死罪，怀孕，当决者，听产后一百日乃行刑。"明清法律皆承此制，但细节上略有差异。

2. 秋冬行刑

秋冬行刑是我国古代一项重要的司法制度，其滥觞于西

---

[1]《礼记·曲礼》。

周。《礼记·月令》曰："孟秋之月……戮有罪，严断刑"。春秋时期有"赏以春秋，刑以秋冬"之说。战国时期阴阳家提出春夏行德、秋冬行刑的德刑时令说，以五行相生的原理来解释四时运行和万物变化，并规定政府各项活动。据此，阴阳家提出"阴阳者，天地之大理也；四时者，阴阳之大经也；刑德者，四时之合也。刑德合于时则生福，诡则生祸"，[1] 主张明于阴德，审于刑德，春夏行德教，秋冬施刑罚，以符合"春生夏长秋收冬藏"的原理。在儒家"慎刑"基础上，阴阳家强调德教刑罚的合"第次"："刑德易节失次则贼气速至，贼气速至则国多灾殃。"[2] 秋冬行德、春夏行刑是大的"易节失次"，而庆赏不当、刑罚枉滥是小的"易节失次"，都会产生"贼气"，干扰四时运行而引起灾难。

阴阳家的德刑时令说被汉后各朝各代统治者沿用。董仲舒"天人感应"说，融合阴阳家的神学目的论，把"秋冬行刑"说加以神化。汉代法律规定以冬月行重刑，遇到春天则赦或赎，除谋反大逆等"决不待时"者外，一般死刑犯须在秋天霜降以后、冬至之前执行，因为此时天地始肃，杀气已至，可申严百刑，以示顺天行诛。"秋冬行刑"遂成定制。后代统治者将"秋冬行刑"加以制度化，立春至秋分停止决囚，春季行赦、迁灾异行赦，秋冬行刑等逐渐成为定制。唐律规定除犯"谋反"等重罪及部曲、奴婢杀主的，在所谓"天有肃杀之气"的秋分时节，执行死刑，官吏违犯者判处一年徒刑。怀孕妇女犯死罪，法律规定产后百日才能执行死刑，官吏违犯者，判处一至二年徒刑。宋刑律规定，从立春到秋分，除犯恶逆以

〔1〕《管子·四时》。
〔2〕《管子·四时》。

上及部曲（家仆）奴婢杀主人之外，其他罪均不得奏决死刑，违者徒一年。明律规定，若立春以后秋分以前决死刑者，杖八十。清代自顺治十五年始，"秋决重犯"成为定制。

明清法律朝审、秋审制度规定，经朝审、秋审应处决的人犯要在霜降后、冬至前始得行刑。朝审始于天顺三年（1459年），明英宗鉴于"人命至重，死者不可复生"，因此下令："自天顺三年为始，每至霜降后，但有该决重囚，著三法司奏请会多官人等，从实审录，庶不冤枉，永为实例。"[1]由于朝审于秋季举行，成为秋审制度的发端。秋审的制度化是清朝司法制度的重要发展，秋审于每年秋季举行，是各省斩监候、绞监候案件的复审，也是最重要的会审形式，其程序大致如下：各省于每年秋审前，以秋审案件起数，按照情实、缓决、可矜、留养承祀的顺序，逐案唱报，经会审后刑部领衔将情实案件向皇帝具题，皇帝勾决后，即执行死刑。其余缓决、可矜、留养承祀拟名具题，恭候皇帝裁决。秋审制度虽然有形式主义之处，但对法律的统一适用和某些案件的纠错，也起了一定作用。

3. 断屠月、禁杀日

佛教戒律是佛教规定的教徒必须严格遵守的规则，东汉时期传入中国后在中国演变发展，同时影响中国古代法制，最终体现在立法司法诸多方面。佛教"慈"与"悲"从不同角度体现佛教对众生的关怀，慈是给予众生乐，悲是拔除众生苦。基于慈悲思想，佛教有不杀生的根本之戒与传统。在慈悲思想的指引下，佛教有"断屠月"和"十斋日"的传统，有所谓"岁三月六"的持斋。"岁三"是正月、五月、九月这三个月

---

〔1〕（清）薛允升：《唐明律合编》（卷30），《有司决囚等第》条按语。

从初一到十五素食斋戒，"月六"是每个月的初八、十四、十五、二十三、二十九和三十这六天素食斋戒。此处的"岁三"称为"断屠月"，"月六"称为"六斋日"，后被道教加上初一、十八、二十四、二十八四天，称为"十斋日"，也称"禁杀日"。

断屠月、禁杀日入律，自南北朝和隋朝时即已有之。主要规定在断屠月、禁杀日不可宰杀猪羊等牲畜，涉及行刑制度的，目前有记载的主要有南朝陈武帝规定六斋日不得行刑。据《全隋文》记载，隋文帝开皇三年、仁寿三年颁布《敕佛寺行道日断杀》《生日海内断屠》，对断屠月、禁杀日作出类似的规定。对此，明代陆深在《传疑录》中也提及："唐朝新格，又以正月、五月、九月为忌月，至今仕宦上任避之。此本无谓，房玄龄等损益《隋律》，亦存之以不行刑，谓之断屠月。"真正将断屠月和禁杀日系统地推广到行刑制度上是唐代。唐高祖武德二年下诏："释典微妙，净业始于慈悲……自今以后，每年的正月、五月、九月及每月的十斋日，并不得行刑；所在官司，宜禁屠杀。"《唐会要·断屠钓》记载："武德二年正月二十四日诏：自今以后，每年正月九日，即每年十斋日，并不得行刑，所在公私，以断屠钓。"《唐律疏议·断狱》"立春秋分前不决死刑"明确规定在断屠月、禁杀日时不执行死刑，在断屠月的闰月也不执行死刑。《大唐六典》进一步扩大了断屠的时间范围："自立春至秋分不决死刑，若犯恶逆及奴婢、部曲杀主者，不依此法。其大祭祀及致斋，朔望、上下弦、二十四气，雨未晴，夜未明，断屠月日即休假，亦如之。"

宋、明、清均沿袭上述制度。宋律在规定春夏等特定月份不能执行死刑的同时，还规定特定的节气以及国忌、国家庆典等特定的日期内不能执行死刑。明律规定每年立春以后至秋分以前禁止执行死刑，其中，五月和六月是禁止执行死刑最主要的两个月份。明律还规定，在可以行刑的月份中，特殊的天数也不能行刑，这些特殊的天数称为停刑之日，包括初一、初八、十四、十五、十八、二十三、二十四、二十八、二十九、三十日，违反者将受到相应的处罚。《大明律·刑律·断狱》"死囚覆奏待报"规定："若立春以后秋分以前决死刑者，杖八十。其犯十恶之罪应死及强盗者，虽决不待时，若禁刑日而决者，杖四十。"清律规定每年的一月、六月和八月这三个月份内不能执行死刑，其中一月和六月这两个月份禁止执行所有的死刑，包括斩立决和斩监候两种情况。

4. 存留养亲

存留养亲是我国古代判处死刑、流刑、徒刑的人，因父母或者祖父母年老，更无其他成人子孙，又无期亲可以照料生活，将犯人有条件地不执行原先判处的刑罚，准其奉养尊亲属，待其尊亲属终老后再执行刑罚或者改判刑罚的一项刑罚执行制度。儒家以"孝"治天下，主张"孝"是立身和治国之本。子孙对于祖父母、父母应克尽孝道，"生事之以礼，死丧之以礼，祭之以礼"。[1] 而"祭之以礼"为存留养亲制度的出现提供了最基本的理论基础。

存留养亲最早见于北魏法律。北魏太和十二年（488 年）诏曰："犯死罪，若父母、祖父母年老，更无成人子孙，又无期亲者，仰案后列奏以待报，著之令格。"后这道诏令被编入正律，北魏宣武帝正始元年（504 年）定律时，遂将"存留养亲"正式规定于《法例律》中，规定死刑犯和流刑犯皆可以留养，死刑犯留养须经过皇帝批准，流刑犯由州司直接依法判

---

〔1〕《论语·学而》。

决，无须奏裁。北魏之后，北齐、北周对存留养亲制度不断修订，唐代更为明确地规定于律文中，存留养亲制度基本定型。对存留养亲制度，宋代基本沿袭；金代存在存留养亲制度，但在一些案件上以"官与养济"即官府代为济养的办法代替存留养亲；元代对"侍亲缓刑"的标准规定较为宽泛灵活，明律将《唐律·名例律》第 26 条"犯死罪应侍家无期亲成丁"和第 27 条"犯徒应役家无兼丁"合并，并将律文的名称改为"犯罪存留养亲"，至此产生于北魏的留养制度正式定名。

封建社会后期，存留养亲制度逐渐臻于完备，清代律例更是将这一制度发展到了完善的阶段。《大清律例·犯罪存留养亲》规定："凡犯死罪非常赦所不原者，而祖父母、父母老、疾应侍，家无以次成丁者，即与独子无异……余罪收赎，存留养亲。军犯准此。"清朝还不断以"例"和谕旨的形式加以补充和发展，主要表现在承祀制度的形成，即在特殊条件下，统治阶级对被判处死刑的犯人变通执行刑罚。清末修律时，沈家本等人指出，有些人倚侍留养承祀之例，故意行凶杀人，建议予以废除，至此存留养亲制度最终退出了历史舞台。

（三）便民的司法救济制度

司法救济是保障当事人权利的重要渠道，古代司法制度在这一方面积累了丰富的经验，提供了多种便民的救济措施，如直诉、京控等制度。

1. 直诉制度

直诉制度是指有冤情的当事人或者近亲属，为伸冤情，直接将案件陈述于最高统治者，希望最高统治者予以公正审判的一种诉讼制度。直诉制度本质上属于一种越级上诉。其最早见于《周礼》所记载的路鼓和肺石制度。《周礼》记载："建路鼓于大寝之门外而掌其政，以待达穷者遽令，闻鼓声，则速逆御仆与御庶子。"　"以肺石达于穷人，凡远近惸独老幼之欲有复于上而其长弗达者，立于肺石三日，士听其辞以告于上而罪其长。"西周时路鼓和肺石即可昭雪冤情，也可上达民意。在路鼓和肺石制度的基础上，汉代实行"周鼓上言变事"原则，具备登闻鼓制度的核心要素和外在形式。《汉书·刑法志》记载，汉文帝时齐太仓令淳于公有罪当刑，解送长安，其小女缇萦，随父到长安，上书天子，请求以自己当官奴婢来赎父刑罪，这说明汉代时可向皇帝直诉。晋代正式实施登闻鼓制度，晋武帝时，"西平人路伐登闻鼓，言多妖谤，有司奏弃市"[1] 后历代相承，成为古代申诉的一项重要制度。北魏太武帝时，宫阙左面悬挂登闻鼓，允许事主击鼓鸣冤，由主管官吏公车上奏其表，《魏书》记载：世祖阙左悬登闻鼓，以达冤人。南北朝时，登闻鼓作为定制延续使用。

隋律规定，有枉屈逐级申诉，不能解决，"听挝登闻鼓，有司录奏之"[2] 唐代直诉制度表现为邀车驾、挝登闻鼓、上表和立肺石四种方式，[3] 还规定进一步的细则："以身事自理诉而不实者，杖八十。自毁伤者，杖一百。虽得实，而自毁伤者，笞五十。即亲属相为诉者，与自诉同。""即邀车架，即挝登闻鼓，若上表诉，入部伍内，杖六十。"[4] 武则天当政时，借鉴梁代投肺函制度，制成东西南北四个铜匦，置于朝堂，接受天下表疏，其西的铜匦称为"伸冤匦"，有冤抑者投之，每天令正谏大夫、拾遗、补阙一人掌管，后来四匦合为一匦，其作用却没有改变。设知匦使、理匦使掌管，每天受纳诉状，早

---

〔1〕《晋书·武帝纪》。
〔2〕《隋书·刑法志》。
〔3〕《唐六典·刑部》。
〔4〕《唐律·斗讼》。

晨拿出，傍晚收进。宋代直诉制度与唐代大致相同，并进行有针对性的机构化、专员化、程序化，分设登闻鼓院、登闻检院、同判鼓院、判检院，规定如有冤者，可先到鼓院呈事，如民意不达再到检院受理。

元、明、清代也有击登闻鼓、邀车驾等直诉方式。元代将先向地方政府申诉作为直诉的前提，规定："诸事赴台、省诉之，理决不平者，许诣登闻鼓院击鼓以闻。"[1] "诸陈述有理，路、府、州、县不行，诉之省、部、台、院，省、部、台、院不行，经乘舆诉之。未诉省、部、台、院辄经乘舆者，罪之。"[2] 明代登闻鼓先是置于午门外，非冤情重大以及涉及机密，不得击鼓，击鼓即引奏。后登闻鼓移至长安右门外，让六科锦衣卫轮流值班，接纳击鼓申诉上奏，不许阻遏。清代时直诉制度更为多样化，渠道更为通畅，包括击鼓制、迎驾制、封奏制、密奏制四种，同时，对直诉制度限制很严，如规定"迎车驾或击登闻鼓申诉不实，杖一百；冲突仪仗而又申诉不实，绞"，规定"凡车驾行幸瀛台等处有申诉者，照迎车驾申诉律拟断；车驾出郊外行幸有申诉者，照冲突仪仗律拟断"等[3]。顺治时期，命令在鼓厅的鼓前面刊刻木榜，列明以下要点：一是状内事情必关军国重务，大贪大恶，奇冤异惨，方许击鼓；二是凡告鼓状，必开明情节，不许黏列款单，违者不与准理；状后仍书代书人姓名；三是民间冤抑，必亲身赴告，果本身羁押，令其亲属确写籍贯年貌保结，方准报告，违者不准。光绪二十八年，作为以情达法和以声鸣冤载体的登闻鼓制度被废除。

〔1〕《元史·世祖本纪》。
〔2〕《元史·刑法志》。
〔3〕《大清律例增修汇纂大成》（卷30）。

2. 京控制度

京控，俗称告御状，即当事人或其亲属到京城呈控。作为专门术语的京控，出现于清代嘉庆时期，但京控并非清代社会所特有，秦代法律承认对初审案件的上诉权，汉代早期皇帝曾命令将疑难案件上呈御前审判。清代，京控制度才发展到完善的程度，成为清代诉讼制度的重要组成部分。京控者在将冤情带入京城同时，也将一些重要的社会信息传递给皇帝，皇帝能够借助京控案件把握吏治民情，因此，最高统治者相当重视发挥京控制度的作用。嘉庆五年（1800 年），皇帝决定重振大清朝政，广开言路，命令受理所有京控，导致京控案件的数量连年剧增。

清代地方分为县、府、司、院四级，其中州县为初审级，任何一起诉讼案件若初审不服，应逐级"控府、控道、控司、控院，越诉者笞。其有冤抑赴都察院、通政司或者步军统领衙门呈诉者，名曰京控。[1] 可见，京控与直诉不同，直诉要直达最高统治者，京控则具有上控性质，不是直接到皇帝处，要经过通政使司等有关部门审理后再"奏闻请旨查办"。"直隶各省，民有冤抑，许赴原问衙门及部院等控告。如不准行，方许叩阍"。[2] 京控案件须经督抚以下各级衙门控告，各级衙门不受理或者审理不公，当事人方可赴京控诉。

京控案件每年由都察院会同步军统领衙门接收呈词，"两次将咨交未结各案，汇开清单奏催"。[3] 接收京控案件以后，都察院和步军统领衙门可咨刑部与上奏皇帝，可咨回各省督抚审办，也可径行驳斥。相对于直诉等，对于京控的刑事处置较

---

〔1〕《清史稿·刑法志》。

〔2〕《清太祖实录》（卷11），第4册，第177页。

〔3〕光绪《大清会典事例》（卷815），第14714页。

轻。如对于以擅自入午门、长安等门内叫诉冤枉方式直诉，"奉旨勘问得实者，枷号一个月，满日，杖一百。若涉虚者，杖一百，发边远地方充军。其临时奉旨止拿犯人治罪者，所诉情词，不分虚实，立案不行，仍将本犯枷号一个月发落"[1]而京控案件一般处置较轻，按越诉定罪。除非在京控过程有过激行为，才可以比附其他罪名。清末发生的杨乃武与小白菜冤案就是京控得以昭雪的。

总而言之，中国古代司法制度作为古代法律重要的组成部分，是在长期的司法实践过程中形成和发展起来的。无论是司法审判、刑罚执行还是司法权利救济制度，其间蕴含的审慎、人道和宽怀，与检察工作亲和力所体现的亲民爱民、敬民保民一脉相承，对于保证国家和社会的稳定，防止司法官吏滥用权力、罪刑擅断，保障诉讼对象合法权利起到积极的作用。

二、西方司法制度亲和力的历史考察和当代借鉴

司法制度是一个国家政治制度的重要组成部分。由于历史渊源、经济制度、政治制度等诸多原因，中西方的司法制度存在较大的区别，如制度形成理论基础、组织体系和审判制度等。对西方司法制度的历史沿革和司法实践考察，也在一定程度上体现亲和力因素。

（一）西方司法制度亲和力的历史考察

古希腊和古罗马的法律思想是法治思想的源流，深刻影响了后世的宪政学说和实践。通过各个阶段的立法和改革而逐步发展和完善起来的城邦民主、贵族共和等制度为后世的亲民司法奠定了基础。

---

[1] 光绪《大清会典事例》（卷815），第15326页。

1. 公民大会和议事会

在古希腊，公元前 621 年德拉古改革规定只有能自备武器的人才有公民权，由公民抽签选举组成一个 401 人议事会，以替代贵族的统治。公元前 594 年梭伦改革原则上废除了贵族后裔的政治特权而代之以财产法定资格，按照土地及财产多寡确定公民权利和义务，将全体公民分为富农、骑士、中农和贫民四个等级，全体公民都有参加公民大会的权利。公民大会作为最高权力机关，直接选出执政官和其他执政官员，通过国家的重要政务。公民大会每月举行二至四次，有资格出席的公民总数大约有 3 万人，一般都有 6000 人参加，公民大会解决城邦一切重大问题，如宣战和媾和、缔约和建交、城邦粮食问题、听取负责人报告、审查终审法庭的诉讼、实行国家的最高监督等。公民大会有权对执政官进行信任投票，以检查执政官是否称职，对卸任官员在职期间的活动和账目进行审查。公民大会采用抽签或者投票的方法，如果票数很接近，公民大会的任何成员都可以要求重新计票，公民大会的决议全都加以公布，重大决议镌刻在石头上。[1] 氏族部落选举产生 "四百人议事会" 为公民大会预审重大议决案，议事会由雅典四个部落各选 100 人组成，不经过议事会的讨论，任何事情不得提交公民大会讨论。公元前 509 年克里斯提尼改革中，取消原有的四个氏族部落，将雅典分为雅典城及其近邻、内陆中央地带和沿海地区等三个区域，每个区域分为十个部分，每个部分名为 "三分区"，三个区域各抽出一个 "三分区" 共三个 "三分区"，合在一起成为一个选区，这样雅典境内实际上被分为十个选区。与以前不同的是，这种选区不是集合在一起的毗连地带，而是跨越了

---

〔1〕　参见任寅虎等：《古代雅典民主政治》，商务印书馆 1983 年版，第 35—36 页。

三个区域的一种人为的集合，唯有在公民大会表决期间才能结合起来。这种组织方法依据地区原则，打乱了氏族传统，削弱了以氏族为基础的贵族势力，削弱了僭主复辟时所依恃的力量。在"三分区"之下再设立一个集政治性、经济性、行政性、宗教性和军事性于一体的基层单位即"自治村社"，负责招募兵士和用抽签的方法选出陪审员。村社满 18 岁男性要登记入公民和兵役名册，负有服兵役义务，享有参与审判权利，满 20 岁男性便取得全权公民的资格。每个公民都有当选为陪审员和行政官员的资格。针对那些滥用权力、危害国家利益和侵犯公民权利的官吏，每年春季召集一次非常公民大会，先用口头表决的方式提出是否有要被放逐的人，如果有，就召开第二次公民大会，每个人在陶片或贝壳上写下他认为应被放逐的人名。凡被大多数人投票认为应该被放逐的人，就要离开雅典，为期 10 年，但其财产不被没收，期满返回后仍享有财产权和其他公民权利。陶片放逐法被视为最早的弹劾制度，其设立和实施有效防止了阴谋夺取政权的僭主政变。克里斯提尼改革还创设了 500 人议事会，由每个选区选出 50 人组成，取代了梭伦时期的 401 人议事会。议事会按照选区选出议长委员会，共 50 人，分十组，每组 5 人，轮流主持日常事务。有资格选任为议事会成员的仍限于公民中富农和骑士阶层，中农和贫农两级仍不得选任为议事会成员。500 人议事会多数时候作为公民大会的执行机构，要安排公民大会所有会议的议程，其中包括起草议案，以建议的形式或者公开讨论的议题供公民大会作决策，还要安排与公共事务有关的财政或者编制问题。每个选区还选出一名将军，统率本选区征集的公民军，并组成"十将军委员会"定期轮流替换，不得擅权。将军任满离职要接受审查，有叛国行为或作战失败的要受到制裁，陪审法庭和公民大会可以没收其财产，可以将其放逐或处死。伯里克利改革中，规定所有公民都可以通过抽签方式当选为执政官和其他官员。公民大会成为雅典城邦国家的最高权力机关，具有立法、行政、司法等多重功能，其中包括立宪、改宪、监督宪法的实施，任命或罢免领导人，还掌管宗教、军事、审判等重大活动。公民大会每年召开 40 次，由 500 人议事会主持。凡年满 20 岁男性公民都可以参加公民大会，在公民大会上有权提出建议和弹劾公职人员的渎职和违法行为，参与讨论国家一切重大政策。500 人议事会作为公民大会的常设机构，除了为公民大会准备议案，还负责执行公民大会的决议，监督国家行政部门的日常事务。

　　无论是王政时期，还是从共和国走向帝国，罗马都不像希腊诸邦那样是民主化的城邦国家，但是罗马政治的发展含有民主的基因。在王政时期，元老院每一位元老能够任职终身并可由子孙世袭，造就了一批贵族阶层。公元前 6 世纪左右，罗马第六代王赛尔维乌斯效法雅典梭伦改革，进行了一次影响罗马政制史的决定性改革。赛尔维乌斯废除了氏族制度，以地域组织取代原来的血缘关系，将原来的 3 个血缘部落，按地区划分为 4 个城市和 16 个乡村，居民实行户籍和财产登记，并将贵族和平民按财产多少划分出五个等级。创设百人团会议取代库里亚会议。[1] 一个以地域和财产为基础的罗马国家初具雏形。大约公元前 510 年，罗马进入贵族和平民的共和时期，政治格局仍是赛尔维乌斯改革的基本格局。

　　古罗马共和国的主要权力机构包括元老院、人民大会和各种共和国高级官员。元老院是议会组织形式的机构，成员大约

---

〔1〕　参见由嵘主编：《外国法制史》，北京大学出版社 1995 年版，第 64 页。

300 人，来自平民或者贵族，有权批准人民大会的决定，但没有法定的司法职能。人民大会有库里亚大会、百人团大会（亦称森都里亚大会）和特里布斯大会三种形式。库里亚大会在共和时期已经只是一个象征性组织，百人团大会是全国性的制宪会议，职权广泛而重要，负责选举执政官、裁判官、监察官等高级官员；还具有重要的刑事司法职能，负责审判一切有关剥夺被告全部公民权的刑事案件；百人团会议实行投票表决方式，总共有 193 个百人团，每个百人团一票，97 个百人团同意即算通过。特里布斯大会是地方人民大会，作为部分人民即平民的会议出现，没有财产资格限制，是一种比较民主的形式，后来随着平民会议颁布具有法律效力的决定，特里布斯大会成为贵族与平民同时参加的会议，在全城邦范围内取得了立法机关的职能。

2. 陪审法庭

在雅典，最初裁决纠纷的是国王，随着贵族阶层的成长，他们越来越多地要求分享共同体的权力，九执政官和战神山议事会（后改称元老院）一起分享原先属于国王的司法审判权。后来，司法由民政长官、阿留帕格斯和埃非特法院所主持，阿留帕格斯作为氏族贵族的权力机关，拥有审判权，到公元前 5 世纪，逐渐演变为具有司法性质的普通审判机关，主要审理故意杀人、投毒及纵火案件。埃非特法院由 51 人主持，审理过失杀人、教唆杀人等案件。全体雅典公民作为一个整体，具有审判其成员的资格，审判员从年满 30 岁的公民中抽签决定。特殊的、政治意义特别重大的案件，须由 6001 人组成"大审判团"即民众大法庭进行审判，一般刑事案件由 1501 人、1001 人或 501 人分别组成的审判团来审理，民事案件由 201 人组成的审判团处理。

梭伦改革首创陪审法庭制度。陪审法庭原意是"作为法庭的民众大会"，与近现代意义上的法院是有区别的，实际上是由行政官员于集市日在市场上审理诉案，并由若干公民参加。梭伦将这一做法制度化，使陪审法庭成为雅典的最高司法机关，每个声誉良好的公民均可以当选为陪审员，参与审理案件，这是公民"参与审判权"的表现，打破了贵族对于司法的垄断。陪审法庭成为雅典民主制度的一个重要组成部分，是国事罪、渎职罪等重大案件的第一审级，也是其他法院判决案件的上诉审级。"在雅典宪政制度下，差不多任何争议，政治的、行政的或民事责任的，现代国家还未知的多种多样的方式，都能提交陪审团审判；任何一个公民，几乎就每一个案件都能启动这一程序。"[1]

希腊波斯战争中，民主派领袖阿菲埃尔特推行立法改革，通过一系列剥夺贵族权力的法案，取消了元老院审判公职人员渎职的权力。伯里克利改革增强陪审法庭的民主性，每年以抽签的方式从年满30岁的男性公民中选举产生，设立10个陪审法庭，共有5000个成员。每位陪审员每次的任期不得超过一年，每个公民大约每三年会轮到一次。法官由陪审员中选举产生。为防止舞弊，担任审判的陪审员是在最后一分钟抽签决定的，且大多数案件在一天内审理完毕。陪审法庭主要审理叛国案、破坏民主制度案、重大刑事案以及在职人员的资格审查。陪审法庭可以不受原有法律约束，依公正原则和推理，创立新法律，并有权判处死刑、剥夺公民权、没收全部财产、宣布为"人民公敌"、禁止埋葬叛国者尸体等。对于陪审法庭的陪审

---

[1] [美]威格摩尔：《世界法系概览》，何勤华等译，上海人民出版社2004年版，第224页。

员，国家实行官职津贴制，一律实行津贴和补助，例如公民陪审员每出庭一次配发一枚证章、一根法庭杖和两枚"奥玻罗"（钱币单位）。陪审法庭受到亚里士多德的高度赞扬，称之为最有民主特色措施之一。

3. 保民官制度

在罗马共和国早期，平民与贵族围绕土地和债务等问题，矛盾十分尖锐，斗争异常激烈，社会日益分裂为平民和贵族两大对立的阶级。广大平民强烈要求平分土地，取消债务，在政治上也要求维护合法权益，参政议政，遭到贵族的激烈反对。公元前495年一个曾是战斗英雄的平民老兵的悲惨倾诉引发了平民和贵族的冲突爆发。平民撤离罗马，使罗马国面临丧失税收和兵役主要来源的危险，元老院遂派出10名议员的使团与平民进行谈判，除同意解决平民债务程度问题外，很重要的一项内容就是设立保民官，以保护平民的利益。

保民官是平民保民官的简称，最初的数目相对不确定，根据较为普遍的观点，最早是2人，公元前471年达到4人或5人，公元前457年达到10人。保民官最早必须从平民中推选，后来随着平民与贵族矛盾的缓和，平民和贵族在担任官职上差别的缩小，贵族也可以当选保民官。保民官一年一选，一般不得连任。保民官原则上不属于国家公职，不属于罗马的正式官员，但是，保民官的权力是比较大的。首先，保民官人身权神圣不可侵犯。当时法律规定："任何人不得视保民官如寻常百姓，强迫他做任何违反其意愿的事，不得自己或令别人鞭打他，不得自己或令别人伤害他；违犯者将以大逆罪论，并没收其财物，将之奉献给赛列斯神；如有人违犯此任何一项禁令者，将以谋杀罪论。"其次，保民官拥有较多的权力，如否决权、立法提议权、召集和主持会议权、强制权等权力。保民官的所有权力中，最为核心的是否决权，保民官几乎可以否决任何官员的命令，无论哪一个平民受到执政官的虐待，保民官都有权取消执政官命令。在法律不公正时，他可以阻止法律的实施，甚至可以旁听元老院会议，否决元老院通过的事项和法案。保民官的权力不是来自法律，所以政府和法律对保民官没有约束力，任何对保民官的侵犯都会招致一场灾难或者死亡。随着共和国的发展，保民官权力逐渐加大，可以召开特里布斯平民大会并成为大会主席，召集元老院会议，受邀请商讨议案，具备进入元老院的资格。

保民官是罗马民主的一大特色，对罗马共和国民主制的发展起了重要的推动作用，进一步加强了公民的民主意识。平民通过保民官，不断斗争，维护了合法权益，并获得了各项政治权利。保民官权力来自平民，离开平民的力量，其权力将成为无源之水，无本之木。保民官制度一定程度上体现了主权在民的思想，为后来资产阶级民主思想家的人权和民权理论提供了丰实的思想源泉。

（二）西方司法制度亲和力的当代实践

自 20 世纪中叶以来，许多西方国家经历了"司法危机"，在意大利著名法学家卡佩莱蒂倡导的拉近人民与司法距离、纾解司法职业化樊篱的"接近正义"运动兴起之后，亲民性的司法理念成为欧陆与英美两大法系国家司法改革和法治进程的趋向，形成了许多富有借鉴意义的做法。

1. 大陆法系国家司法亲民运动

接近正义的理念及有关立法早已存在，但作为一面司法改革运动的旗帜，接近正义却是 20 世纪中叶以后的事情。当时，许多国家的司法制度已逐渐僵化，不能满足民众需要。没有有效的保障诉讼机制，拥有平等权利毫无意义。接近正义，其实就是由国家"为正义埋单"，是分配正义的体现。现实中，高昂的诉讼费用与冗长的诉讼过程已成为民众寻求司法救济的重大阻碍，国家司法系统无法提供高效、便捷的途径。

为此，卡佩莱蒂提出，保护当事人的接受裁判权是国家义务，政府必须为当事人从实质上实现接受裁判权提供应有保障，"新型的正义以对有效性的探索为标志——有效的起诉权和应诉权，有效接近法院之权利，当事人双方实质性平等，将这种新的正义引入所有人可及的范围"。在这一司法运动中，一些大陆法系国家从福利国家的政治立场出发，积极担负起保障公民诉权的使命。其主要内容包括：放宽起诉条件，建立公益诉讼制度；改革诉讼费用和律师费用；加强对贫困者的法律援助；推动快速展开诉讼程序；建立多元化的裁判组织等方面。

除国家在分配正义上对人民诉权进行充分的保障之外，一些大陆法系国家司法制度也经历了重要变革。如在日本，为克服司法中立和职业内向对于普通民众的隔膜和疏离感，拉近司法与民众之间的距离，国家"积极进行司法改革，按照方便群众、保障人权的原则改善司法服务"[1]。如吸纳民众参与，强化对司法部门的监督；检察官在案件侦查和决定起诉时，通过司法的精密主义倾向，将案件的审理、判决以更加易于为民众所知晓形式呈现出来，从而贴近了司法与民众的距离。同时，日本为防止检察官滥用检察权，设立了富有特色的检察审查会制度，其宗旨是反映对公诉权的民意，职责是检察官不提起公诉决定是否正当，对改善检察工作提出建议或者劝告。

在德国，战后司法制度的发展也经历了"亲民化"的进

---

[1] 赵芳：《司法亲和力的法理思辨》，载《法律适用》2007 年第 1 期。

程，如德国《民事诉讼法典》强化了检察机关维护民众权益的职能，将某些侵害公益和民众权益的民事案件直接由检察机关作为公益代表人向法院提起公益诉讼和行政诉讼，以直接有效地制止侵权行为，保护民众的合法权益不受侵害；同时，还赋予检察机关诉讼活动参与人的地位，可以参与民众提起的民事诉讼，从而呼应民众的诉求，促进纠纷的解决。但是，德国司法亲和更重要的成就在于诉讼调解制度的改革。德国一向以"为权利而斗争"为法律文化，近几年"风向逆转"，改良了调解这种温和的、依赖双方彼此妥协，甚至迫不得已放弃自己部分利益的冲突解决机制。调解立法所呈现出来的迂回或者出路，带有明显的韦伯话语中的"祛魅"[1]色彩，它科学地把握了调解的逻辑架构，较好地回应了司法实践的客观要求。新调解法详细规定了调解员、调解程序和调解法官等，使调解内涵更加丰富，调解的运作日趋规范化，并为市民社会所接纳和包容。[2]

2. 英美法系国家司法亲民运动

卡佩莱蒂所倡导的"接近正义"运动也波及了英美法系国家。近三十年来，一些英美法系国家因应民众的司法诉求，积极进行司法改革，出现了许多值得借鉴和思考的司法亲和措施。

在整个 20 世纪，英国一直没有中断过改革民事诉讼制度的探索，而且某些改革已经触及到深层次的诉讼模式和法律文

---

〔1〕 "祛魅"，实际上就是消解笼罩于某一社会现象之上的种种被异化的光环，还原人们一个逻辑和经验的世界。在这里借用这个词，旨在对"魅"进行扩大化解读，将其界定为通过世俗的力量建立起来的某种权威的、典范的、元话语的认识偏见。参见龙柯宇：《祛魅与赋值：德国调解制度的路径选择与反思》，载《法治研究》2013 年第 4 期。

〔2〕 参见龙柯宇：《祛魅与赋值：德国调解制度的路径选择与反思》，载《法治研究》2013 年第 4 期。

化变革问题。但是传统的当事人主义诉讼模式不可能自发地保障"接近正义",却与诉讼拖延、费用高昂、诉讼结果的不确定性等司法弊病有直接关联。1992年7月,英国大律师公会和律师协会联合设立的独立工作小组的调查结论却表明,律师们一致认为,英国民事诉讼制度尤其是其中的诉讼方式和诉讼文化仍亟须根本上的变革和现代化。诉讼制度存在一些主要弊端:程序繁琐、诉讼拖延及耗费过大。由于缺乏对个案的司法管理和对法院整体的行政管理规定明确的责任,滋生了诉讼的放任性。[1] 为解决这些问题,英国进行了大刀阔斧的改革:一是从判例法传统转向以判例法为主、兼顾制定法,解决立法分散化、司法碎片化,方便民众行使诉讼权;二是从当事人主义诉讼模式转向兼顾法官能动性;[2] 三是建立律师值班等法律援助制度。政府付费,专门为犯罪嫌疑人或者被告人无偿提供法律服务的。

在美国,自由主义与民主主义的法治观之间一直存在内在紧张关系,自由主义奉行审慎的司法传统,而民主主义在疑难问题上则奉行政治决断。因此,自司法审查制度诞生以来,它就一直面临"反多数难题"。[3] 在美国判例法的法律传统和现实体制之下,公民个案能够上升为国家一般法律,产生普遍拘束力,但也不能过度迷信最高法院制定宪法规则的能力。在公民个案还无法上升为普遍性的法律规则或者作出原则性裁判还不合时宜时,面对大量公民权利诉讼案件,法院可以采取一种

---

〔1〕 参见刘敏:《接近正义与英国的民事司法改革》,载公丕祥主编:《法制现代化研究》(第9卷),南京师范大学出版社2004年版,第119—165页。

〔2〕 参见刘敏:《接近正义与英国的民事司法改革》,载公丕祥主编:《法制现代化研究》(第9卷),南京师范大学出版社2004年版,第129页。

〔3〕 蒋银华:《美国疑难宪法案件司法审查的两种模式及其补充》,载《法律科学》2012年第4期。

最小限度主义的裁决方法，一次一案式地裁决具体案件，避免原则性判决，将社会价值选择问题交由民意机关互动协商解决，以减少错误判决可能导致的严重社会后果，同时培养民意机关的民主协商精神和公民的参政素质，塑造一个健康民主的社会。[1] 在法律实务操作层面，"回归人群，服务社会"司法倾向也逐渐形成，司法部门要求司法工作人员对于民众应当礼貌、有问必答，尊重来办事的民众。为使民众增进对司法部门的接触和了解，司法部门倡导了一系列活动，如加州司法部门举办"第一印象工程"活动，向学生介绍司法系统，让学生参观法院的开庭审理，与司法人员交谈，模拟开庭，参观法警设施；举办"法官讲台"等讲演活动，让司法人员与社区共同探讨彼此所关心的问题；开办"会见你的法官"座谈会，促进司法人员与民众进行面对面的交流，增进关系和谐。[2]

除英国、美国外，其他英美法系国家的法庭"也体现了司法工作与服务社会的开放性思维，如有些国家的法庭不仅有一些便利性的设施，而且具有多方面功能的设计，既可以用以办公，还可供社会举办会议或展览"。[3] 这样，就能极大地方便民众与司法机关之间的交流互动，对于提升司法亲和力显然是一种正能量。又如，印度积极创新司法制度以回应环境问题带来的挑战，成为世界上第一个制定《绿色法庭法》的国家。这部法律极大地促进了印度"人与自然"的和谐。

---

〔1〕 参见颜廷：《司法最低限度主义》，载《环球法律评论》2011年第1期，第115页。

〔2〕 参见彭北平：《法院与社会的沟通——加州法院的行政管理》，载中法网，2005年7月10日。

〔3〕 赵芳：《司法亲和力的法理思辨》，载《法律适用》2007年第1期。

第二节 司法公信力的制度生成

研究司法公信力的相关制度，既离不开中国传统意义上的开明司法公开制度、团队审判制度和程序救济制度，也离不开对西方国家司法制度公信力的历史考察和当代借鉴。

一、中国传统司法制度的公信力实践

中国传统司法制度在君主专制政体的主导下，不断探索和践行开明的司法公开、多人共审的司法审判和宽怀的司法救济等制度，彰显司法的公信力。

（一）开明的司法公开制度

司法公开不仅体现在司法的依据公开，体现在司法的过程对两造及民众公开，还体现在一些社会力量参与了司法。

1. 成文法的公开化

中国历史上，在阶级产生、国家建立前，主要靠习惯法调整社会关系。国家建立后，奴隶与奴隶主阶级对抗激化，统治阶级内部矛盾进一步发展，在实际上产生了制定法律的需要与可能性。《左传·昭公六年》载："商有乱政，而作汤刑。"《竹书纪年》载：商代后期祖甲二十四年又"重作汤刑"。当时，奴隶主贵族采取垄断法律不予公布的法律秘密主义，以便统治者"临事议制"，随心所欲地断罪施刑，镇压奴隶与平民的反抗。春秋时期，各诸侯国基本上沿用西周的法律。

春秋中叶后，由于经济基础和阶级关系的变化，从而引起法律制度的变革，其中最大的一项改革就是各诸侯国公布了以保护私有财产为中心的成文法。根据史书记载，郑国曾两次制定法律，郑简公三十年（公元前536年），执政子产"铸刑书于鼎，以为国之常法"，[1] 成为中国历史上第一次正式公布成文法典。郑献公十三年（公元前 501 年），"郑驷歂杀邓析，而用其竹刑"，[2] 即认可和适用邓析私自编写、写在竹简上、便于携带和流传的竹刑。晋国自文公以后，三次制定法律。晋文公四年（公元前 633 年）作"被庐之法"，《汉书·刑法志》应劭注曰："蒐于被庐之地，作执秩以为六官之法，因以名之也。"孔子说这次制定法律还是遵守晋祖先唐叔的法度，即未公布于众；晋文公六年（公元前 631 年）执政赵盾制定"常法"，《左传·文公六年》记载，赵宣子"始为国政，制事典，正法罪，辟狱刑，董逋逃，由质要，治旧污，本秩礼，续常职，出滞淹。既成，以授大师阳子与大师贾佗，使行诸晋国，以为常法"，这次立法也没有公布于众。晋平公时执政范宣子制定刑书，当时并未公布，"施于晋国，自使朝廷承用，未尝宣示下民"。[3] 公元前 513 年，晋国贵族赵鞅铸刑鼎，将前述范宣子所作刑书予以公布，这是晋国开始正式公布成文法。

成文法的公开是新兴地主阶级摆脱旧贵族压迫和宗法等级制度羁绊的创新之举。以往奴隶主贵族不制定也不公开颁布关于犯罪和量刑的刑书，采取"议事而制"的方法审判案件，使人民经常处于"刑不可知，则威不可测"的极端恐惧之中。公开成文法限制了垄断法律的奴隶主贵族的特权，不可避免地遭到反对。郑国子产铸刑鼎时，叔向从维护旧贵族立场出发致信子产，提出反对意见，认为铸刑书违背了西周以来的判例法传统，使人民倚法力争而不再遵守礼，导致司法腐败。晋国铸刑鼎也遭到孔子的反对，孔子曰："民在鼎矣，何以尊贵。贵贱

---

〔1〕《左传·昭公六年》。
〔2〕《左传·定公九年》。
〔3〕《左传·昭公二十九年》。

无序，何以为国。"孔子担心老百姓都按照鼎上的法律条文行事，哪里再肯尊敬贵人，担心贵贱没有秩序，还怎么治理国家。但总体而言，成文法的公开，顺应奴隶制法制瓦解的历史趋势，一定程度上限制了旧贵族的特权，打破法律神秘主义的壁垒，是古代法律实践走向成熟的标志，正如子产所言，"不能及子孙，吾以救世也"。[1] 战国时期，制定和公布成文法成为一种潮流和趋势。韩非曰："法者，编著之图籍，设之于官府，而布之于百姓者也。"[2] 所谓"编著之图籍"，就是制定成文法；"布之于百姓"，就是要向百姓公布法律，使百姓人人皆知法而且有法可依，从而否定秘密法的状态。

2. 司法过程的公开

在中国，司法过程公开有悠久的传统。早在周代，遇到疑难案件时，法官行三刺断狱之法，即《周礼·秋官·小司寇》记载的"一曰讯群臣，二曰讯群吏，三曰讯万民，听民之所刺宥，以施上服下服之刑"。首先，司法过程公开表现为批呈词公示。古代民众提起诉讼，要向官府呈递状纸，对状纸官府照例要进行批示，并在衙门前公开悬挂批示牌，上载明"准告"或者"不准告"两种。批示准告时，用词一般比较简练，通常不写明确的理由；批示不准告时，必须明确说明不准告批示的具体理由以及裁决的结果。其次，司法过程公开表现为堂审公开，在司法官（多为州县官）的主持下，两造在堂审中展示证据、进行对质。举证、质证和认证均在堂上公开进行。司法官断案时，常鼓励民众前来旁听庭审，大堂上设有"升堂鼓"，击"升堂鼓"的目的之一就是告诉民众将要公开审理案件。对

---

〔1〕《左传·昭公六年》。
〔2〕《韩非子·难三》。

拒不招供的案犯采取刑讯手段，一般也在大堂上公开进行。堂审公开目的是为平两造之争和教化民众，清代汪辉祖指出："顾听讼者，往往乐居内衙，而不乐升大堂……不知内衙听讼，止能平两造之争，无以耸旁观之听。大堂则堂以下，伫立而观者，不下数百人，止判一事，而事相类者，为是为非，皆引申而旁达焉。未讼者可戒，已讼者可息……"[1] 勘验证据的过程中，民众也可到现场观看。如在宋代，发生命案后，地方官必须亲临案发现场，督促指导仵作进行勘验，刑书上填写尸格，勘验完成后还要现场传唤两造、证人等讯问案件的细节情况，勘验过程对民众公开。最后，司法过程公开还表现为判决公开和判决执行公开。户婚、田土之类民事案件和笞杖类刑事案件属于州县自理案件，如案情清楚，司法官审理后一般当堂定谳，现场宣告判决书，在衙门前张贴公示。西周司法就有判决执行公开制度"嘉石之制"，轻罪犯戴桎梏坐于嘉石之上，"嘉石之制"通过公开的羞辱方式促使轻刑犯对自己的罪行感到后悔，即"睹石而自悔"；死刑之执行，除妇人和王之同族有罪不即市外，"凡杀人者，踣诸市，肆之三日，刑道与市"。[2] 后世死刑之执行多遵循西周"刑人于市"传统，对判决处于笞杖刑罚的，在大堂上公开进行，对于复杂的田土等纠纷案件，还要召集若干人到田间执行判决。

3. 民众参与司法

司法公开还表现为民众参与和介入司法活动，这里的民众范围很广，既包括参与调处的士绅、参与执行的乡保、参与判决执行的师爷（幕僚），还包括协助两造、官府制作诉状、出

---

〔1〕《学治臆说·亲民在听讼》。
〔2〕《周礼·秋官·司寇》。

具鉴定文书的专业代理人。传统上司法官一般都有追求息讼的强烈倾向，尤其是对户婚、田土之类的民事案件，调解息讼贯穿于整个司法过程，在调解息讼过程中，司法官通常会借助乡土民间的力量，谕令士绅、里老和族长等参与调处。明代更是将士绅审理作为一些特定诉讼的前置和必经程序，如对于户婚、田土、斗殴等民间细故类诉讼，要求案件由里老在申明亭中公开进行审理，不服里老的裁决方可告官。较复杂的田土纠纷案件判决确定后，司法官经常会召集两造及乡保等一起参与执行程序，对拒不履行的，公开强制执行。师爷不食朝廷俸禄，不属衙门在编人员，由幕主支付报酬。师爷特别是刑名师爷虽不能在案卷中留下自己姓名，但参与协助司法，负责帮助决案断狱、审理案件，以长官的名义代批呈词、制作判决书。春秋后期邓析收取报酬为他人提供法律咨询服务，甚至帮人打官司，成为后期法律专业代理人的鼻祖，如《吕氏春秋·离谓》记载，邓析"与民之有狱者约：大狱一衣，小狱襦袴。民之献衣、襦袴而学讼者不可胜数"。到宋代，出现了书铺、抄写状书铺户，提供代写状纸的服务，有时还辅助官府鉴定书证的真伪。如审理田产纠纷案件，为辨别书契真伪，会请民间书铺进行鉴定。明清时，官府均要求由官方批准的代书人代写状纸，即"官代书"。

（二）多人共审的司法审判制度

会审，即会同审理，作为古代多人共审重大疑难或特殊类型案件的组织形式，是中国司法民主萌芽的表现。史书中有两处记载与西周时期"会审"相关的内容。一是《周礼·秋官·小司寇》讯群臣、讯群吏以及讯万民的"三刺断狱"制度，被认为是"会审的雏形"。二是《礼记·王制》记载的"王命三公参听之"，即周王命三公会审定案，后交由皇帝处理。

　　秦汉时期，廷尉掌管狱讼大权。汉代对重大案件实行"杂治"，由廷尉会同丞相、御史中丞、司隶校尉等共同合议审理。汉代侦查与审判由同一机关负责，会审也包括刑侦、拷讯、取证等内容。特别重大的刑事案件，由皇帝召集三公九卿等共同审理，成为"廷议"。案件如涉及重要权贵，由更多的公卿百官参加议刑。唐代会审制度逐步规范化，确立了徒刑以上的"长官同断"制，"八议"者犯死罪的"都堂集议"制和疑案"得为异议"制等，会审的主要形式有两种：一是"三司推事"，即京师特大案件由大理寺、刑部和御史台长官一起审理；二是"三司使"，即对较大案件或者各地的大案，不便解送京师的，派大理寺评事、刑部员外郎和监察御史前去审理。宋代实行"朝臣杂议"制，对于大理寺、刑部复审的疑难案件，由朝臣集议而判。元代在"尽收诸国，各依风俗"治国策略的指导下，形成独特的会审制度，即"约会"制度，当诉讼双方当事人属于不同户籍时、不同民族或不同宗教，就有不同的互不相统属的主管部门审理，在司法审理时得把相关当事人的上司请到场处理。

　　明初，对于重大疑难案件，明太祖朱元璋认为需要再议时，由刑部、大理寺和督察院等中央三法司会同审问。明代有"会官审录"做法，霜降后请旨在承天门外审录刑部狱在押的囚犯，由三法司、九卿、科道、锦衣卫、五军都督府等衙门官员与法官共同处理案件。明英宗天顺三年正式确立"朝审"制度，即三法司同公、侯、伯会审重囚，每年必行，被称为会审制度的典型代表。明代会审正式制度化，对会审人员、会审案件类型、审判方式等均予以规定。具体而言，由朝廷高官参与会审，主要针对疑难案件或者大案，审理结果由皇帝决断或为皇帝最后裁决提供意见。明代会审包括一系列不同形式，如九卿圆审、热审、朝审、大审等。清代统治者"以本宽仁",重视会审制度,"凡事不可一人独断,如一人独断,必至生乱",[1]进一步完善重案会审制度:废除明代大审制度,保留热审制度,将朝审发展为秋审和朝审两大会审制度并予以完备的规定。1840年鸦片战争后,领事裁判权确立后,会审制度被会审公廨制度所取代。

(三) 宽怀的司法救济制度

当事人的基本权利遭受侵害或者不服有关判决时,司法机关应当提供有效的补救,从而最大限度上维护基于利益平衡的司法和谐,这具体体现在乞鞫、录囚和死刑复奏等制度。

1. 乞鞫制度

乞鞫,是当事人及其亲属不服已生效判决向司法官吏或者司法机关提起请求,要求司法机关重新受理该案的一种诉讼制度。《周礼》有关于对判决不服可以要求复审的记载,《周礼·秋官·朝士》规定:"凡士之治有期日,国中一旬,郊三旬,野三旬,都三月,邦国期。期内之治听,期外不听。"战国时代的秦国乞鞫已存在,如《睡虎地秦墓竹简·法律答问》记载:"以乞鞫及为人乞鞫者,狱已断乃听,且未断犹听也?狱断乃听之。"秦统一中国后,仍然沿用乞鞫制度。《奏谳书》记载的"毛诬讲盗牛案",鲜明地展示乞鞫制度的具体运用。

汉代仍然沿用秦时的乞鞫制度,《二年律令·具律》对乞鞫成立的前提条件、乞鞫主体和乞鞫提起的时间等作出明确的规定。具体而言,乞鞫成立的前提条件是"狱已决",即刑事罪案已经判决定案。主观条件是"以罪不当",即认为判决不当。狱案判决满一年的,不得行使乞鞫权。东汉时乞鞫期限为

---

[1]《大清太祖高皇帝圣训》。

三个月。关于乞鞫案件的管辖，由乞鞫者向其所在的县、道提出乞鞫请求，县、道官令、长、丞应当认真听取乞鞫者的请求，并做好记录，然后将请求上报所属的二千石官即郡守，由郡守令都吏重新审理此案。都吏已复审的案件，郡守或郡的司法官吏再将案件移送至邻近的郡验审，御史、丞相已复审过的案件再移送至廷尉验审。至于乞鞫的效力问题，根据《二年律令·具律》的规定，乞鞫必然引起再审程序的发生。已再审过的案件当事人及其亲属认为仍不当者，可复乞鞫；当事人及其亲属的复乞鞫行为不停止判决的执行。对于乞鞫不当行为，设定了严格的法律责任，即乞鞫者请求再审理由不成立或部分不成立，对乞鞫者处以加罪一等处罚，这一定程度上防止滥用乞鞫权现象的发生。东汉末期，国家混乱动荡，乞鞫制度名存实亡。

2. 录囚制度

录囚，又称虑囚，是指封建国家的最高统治者和上级司法机关官员通过复核审录罪囚，监督和检查下级司法机关决狱情况、平反冤狱以及督办久系未决案件的一项司法制度。该制度渊源于西周，肇基于汉，发展于唐，兴盛于明清。西周就有司法官吏定期巡视监狱省录囚徒的制度，《礼记·月令》谓："命有司省囹圄，去桎梏，勿肆掠，止狱讼……"在西汉，录囚制度初建，以平理冤狱为主要任务，限于州刺史或郡太守每年定期巡视自己所管辖地区的狱囚。东汉开始，皇帝亦亲录囚徒，《晋书·刑法志》记载："光武中兴，留心庶狱，常临朝听讼，躬决疑事。"三国两晋南北朝时期，皇帝常常亲临听讼、录囚和理冤，刑狱较为平缓。

隋朝时，隋文帝把录囚作为审察狱情、监督司法的重要形式，多次亲录囚徒。唐朝吸取隋朝败亡教训，以宽仁治天下，录囚更是受到重视，将其作为各级司法官吏的重要职责，并规定严格的期限和程序。自唐高祖武德元年"亲录囚徒"开始，唐代唐太宗贞观年"亲录囚徒，闵死罪三百九十人，纵之还家，期以明年秋即刑，及期，囚皆旨朝堂，无后者"，[1] 唐太宗大为感动，下诏全部予以赦免，成为史载的"纵囚"。宋代标榜"布德恤刑"，录囚制度得到进一步的发展。宋太祖"亲录开封府系囚，会宥者数十人"[2] 开宝二年五月，宋太祖下诏命两京及诸州长官督促狱掾每五日一虑囚。明清两代对于录囚制度十分重视。明代录囚范围较唐代明确和宽泛，主要包括：重囚的会审、冤错案犯的平反、罪刑的减等、遣发、枷号的疏放乃至赦免的执行、因气候变异而疏通狱囚等。朝审作为汉唐以来录囚制度的直接延续和发展，对已决在押囚犯进行会官审理，充分体现录囚制度设计者"从实审录，庶不冤枉"的立法初衷。热审创始于明成祖永乐年间，是在每年小满后十余天到六月止，由五府、六部、六科协同三法司，共同审录囚徒。大审形成于明宪宗成化年间，主要由司礼太监一人，会同三法司官员在大理寺审录，每五年一次，为明代所特有。清代在审录囚犯的手续及程序上变得更加复杂和严密。清代秋审制度，把明代行于京师的朝审扩大到全国，废止外省遣官录囚，改为各省先自行审录，上报朝廷统一审定。乾隆时期，秋审制度逐步成为死刑缓刑复核制度，朝审则由刑部对京师在押监候死囚的审录。

3. 死刑复奏制度

死刑复奏是指执行死刑前，奏请皇帝进行最后审查，并考

---

〔1〕《新唐书·刑法志》。
〔2〕《宋会要辑稿》。

虑是否给予宽宥的制度。死刑复奏制度萌芽于西汉的报囚制度，在此之前，地方郡守县令一般享有专杀之权，不必奏请皇帝核准。随着中央集权制度的进一步确立，皇帝加大对司法权的控制，从汉代开始，一些重要案件的死刑判决，包括案情重大和二千石以上官吏的死刑案件都要经过皇帝的批准才可执行。

魏晋南北朝时正式成立死刑复奏制度。北魏法律对死刑复奏制度的适用对象、范围、程序、原因、时间、目的、方式、效力等作了明确的规定，全面展示当时适用死刑复奏制度的具体情况。[1] 隋代时死刑复奏制度趋于完备，隋文帝下诏曰："人命之重，悬在律文，刊定科条，俾令易晓。……杀生之柄，常委小人，刑罚所以未清，威福所以妄作。为政之失，莫大于此。……又命诸州囚有处死，不得驰驿行决。"[2] 隋文帝开皇十五年定制，死罪者三奏而后决，这意味着死刑三复奏制度的建立。

唐初沿袭此制，承续隋代三复奏程序，死刑复奏制度趋于完善。《唐律疏议·断狱》规定："死罪囚，谓奏画已讫，应行刑者，皆三覆奏讫，然始下决。"贞观五年，正式将死刑三复奏改为五复奏。因此，唐代时形成对一般死刑案件"在京五复奏，京外三复奏"和对重大死刑案件实行一复奏的两大类三种定制的模式。宋代初期，州级审判机关对于死刑案件具有定判权，不必报请中央核准，刑部只在死刑执行完毕以后，依据各州旬申禁状进行事后复查。宋太祖建隆三年（962 年）恢复死刑复奏制度，收回地方对死刑案件的判决权。明清时期死刑复

---

〔1〕《魏书·刑法志》。
〔2〕《隋书·刑法志》。

奏制度高度完备。明代仿照唐代死刑三复奏的制度，朝审成为一项每年秋后复审死刑囚犯的固定制度，其结果最后均须奏请皇帝定夺。清代创新、继承明代朝审制度，发展为秋审、朝审和热审三种，设立了专门的死刑复核机关。

二、西方司法制度公信力的历史考察和当代借鉴

西方语境下的司法公信，是指司法主体以其公正、廉洁、高效的司法活动获得社会公众信赖、尊重和认同的状态。司法公信是一个历史范畴，在不同社会时期，呈现不同的发展样态。

（一）西方司法制度公信力的历史考察

在西方司法制度的历史上，最能彰显司法公信力的制度和做法主要体现在成文法的公开以及重私权契约。

1. 成文法的公开

公元前8世纪提秀斯设立了以雅典城为中心的管理机关，将雅典的自由民划分为贵族、农民和手工业者三个等级，形成了城邦国家的雏形，当时城邦的权力主要掌握在氏族贵族手中，贵族操控司法、任意解释法律压制平民，引起平民阶层强烈的不满。随着商业、手工业的发展，平民阶层地位日益提高。公元前621年，在平民反对贵族的斗争中，德拉古当选执政官，整理编纂习惯法，颁布了德拉古立法，是有史记载的雅典第一部成文法，规定了三项改革内容。德拉古立法对贵族任意解释或运用法律给予限制，标志着雅典法已经进入成文法时期，具有划时代的意义。

罗马法经历了近千年的逐步完善，成为古代奴隶制社会最发达、最完备的法律体系，其中，成文法的公开至关重要。成文法是指一切用书面形式发表的、具有法律效力的规范，狭义

的成文法指各种民众大会通过的法律、元老院决议、皇帝的敕令，广义的还包括裁判官"告示"和法学家的解答等。王政时期主要是古老氏族的习惯和社会通行的各种惯例，后逐渐演变为习惯法。公元前510年，王政时期结束，开始进入共和时期。在共和时期前期，奴隶制尚处于早期阶段，土地所有制还没有完全摆脱共有的形式，当时在政治、经济上占统治地位的贵族不仅拥有大量的土地和奴隶，而且由于司法权通常掌握在贵族手中，加之采用的习惯法规范本身缺乏准确性，这就为贵族们任意解释法律，欺压平民提供了方便。随着奴隶制经济的发展，阶级矛盾的加剧，平民和贵族的矛盾越来越激烈，平民为反对贵族的司法专横，为争取颁布成文法进行了不屈不饶的斗争。颁布成文法与抑制贵族的武断和专横，也成为社会发展的必然趋势。公元前462年，贵族同意成立十人委员会，从事立法工作。委员们从希腊考察回来后，于公元前451年制定了法律十表，公布于罗马广场。公元前450年改组十人委员会，又制定两表，作为前者的补充，两者合称《十二铜表法》。《十二铜表法》是罗马第一部成文法，总结了古罗马以前的习惯法，共105条，涉及土地占有、债务、家庭、继承和诉讼等方面。《十二铜表法》的颁布，冲破了贵族对法律知识和司法权的垄断，标志着罗马成文法典的诞生。另外，《十二铜表法》设表分条地把不同的法律规范按类分别汇集，条理比较清楚，注意条文间的联系和一致性。《十二铜表法》反映的为平民大众立法的精神为日后罗马法律的发展指明了方向。

2. 重私权契约

与古希腊城邦整体主义法律思想不同，古罗马法律思想则表现为"世界国家"个人主义。古希腊犬儒学派已经开始重视个人权利，但这非希腊法律思想的主流，罗马最初的法律奉行氏族团体本位，在国家形成中，氏族血缘关系的摧毁导致了团体本位向个人本位的转变。罗马人开始从法律上确认公民个人的权利，切实改变长期以来不注重个人主义的思想，指出一切公民的私有财产都应得到保护，财产权被侵犯就意味着正义原则从根本上受到破坏。

重私权保护的思想是罗马法的一种基本精神，集中体现在罗马法对所有权的确认。罗马法主要是私法，是商品生产者社会的第一个世界性法律，是以私有制为基础的法律的最完备形式。作为罗马早期的法律，《十二铜表法》突出表现为家本位，家父的权力很大，完全掌握着他之下家属的私权，同时《十二铜表法》也用了很大篇幅的内容规定对私有财产的保护。到罗马帝国时期，随着商品经济的发展，商品交换和契约出现，交易表现为以独立个人为主体的活动，法律对平等主体之间的所有权的确认十分细致，对于契约强调以双方合意为基础，体现个人权利保护和自由平等精神，成为近现代民法制度的理论基础，"以致一切后来的法律都不能对它做任何实质性的修改"。[1]

古希腊大多沿袭古老的习惯法，没有完整的契约法。在罗马，契约的产生与物法一样，是商品经济发展到一定程度下重视个人权利法律思想的制度化。罗马法中的契约精神，体现了人们的平等、独立和自主，本质上是个人权利意识的勃兴，是对个人权利的尊重和承认。从身份到契约的运动标志着人类的一次巨大解放。契约法的出台，标志着父权、夫权开始松动，契约因素逐渐压倒了血缘因素。法学家开始用契约思想解释国家与法的产生及其实质，认为法律是一种契约。12 世纪、16

---

〔1〕《马克思恩格斯全集》（第21卷），第454页。

世纪两次罗马法复兴运动都起了思想先导作用，对后来资产阶级法律制度和法治精神产生了广泛而深远的影响。正如德国著名法学家耶林所说："罗马曾经三次征服世界，第一次用武力，第二次用宗教，第三次用法律。"[1]

（二）西方司法制度公信力的当代借鉴

在当代，随着传统社会向现代社会的转型，司法公信力被赋予新的内涵，模式也必然发生转变。人权保障意识不断提升，控辩对抗性逐渐加强，主要体现在司法公开和对抗式审判。

1. 司法公开

司法公开是国际人权规则的基本人权，是审判公正的基本要求，是正当程序所要求的基本制度，因而西方各国法律中都将其作为诉讼法的基本原则进行规定。

在英国，公众旁听审判权是审判的一个重要方面，所以法院很早就承认司法公开原则以及公众接近法院工作的权利了。英国《民事诉讼规则》第39条第2款规定："作为一般规则，听审是公开的。"但是，没有直接的明文条款规定公开审判原则，而体现于判例法中，较近的、被广泛引用的案例是1979年的"AG V. LEVELLER MAGAZINE 案"。司法公开原则的适用包括两个方面：一是要求法院的程序应该在公开的法庭上进行，公众和新闻机构可以获准旁听，所有向法院提交的证据都要向公众公开。二是在涉及向公众就法庭上所进行的程序作出公平和准确的报道时，不得采取任何行动来妨碍这种报道。美国宪法第六修正案要求被告人有权利得到公正陪审团的迅速、公开审判，而"迅速、公开审判"的含义是，不仅保护被告不

---

〔1〕　江平、米健：《罗马法基础》，中国政法大学出版社1991年版，第47页。

遭受秘密的私刑审判，而且还保护公众旁听和目睹审判的权利。在大陆法系国家，法国《刑事诉讼法》第 306 条、德国《法院组织法》第 169 条及日本《宪法》第 82 条也规定了司法审判公开制度。

分析世界主要国家司法公开的法律规定和运作情况，发现其共同点如下：审判公开是一项基本原则，是不容置疑的共识；都对审判公开原则规定了例外；审判公开一般都是指庭审的公开。但是，庭审公开之外的其他司法信息的公开也是公民知情权的要求，随着知情权运动的发展，从庭审公开走向司法信息公开。司法信息公开的国际发展趋势首先是应当最大限度公开，其基于如下假设，即公共组织持有的一切信息都应当公开；其次是电子形式的公开成为司法机关的义务；最后是鼓励司法机关向媒体提供信息。

2. 对抗式审判

在英美法系国家，对于对抗制审判，观念上根深蒂固，司法运行上由来已久。在欧洲大陆的一些国家，近年来也借鉴英美法系国家的对抗制审判，向对抗式审判程序转型，其目的旨在使法官不再承担决定事实真相的纠问职责，从而使法官转变为对当事人提供的证据作出判断的居中裁判者。进而言之，身为控方的检察官、身为辩方的辩护律师以及身为裁判的法官之间的明确分工得以彰显。比较典型的是，20 世纪 80 年代，意大利刑事诉讼法典改变国内根深蒂固的纠问制传统，引入对抗式审判模式，规定双方当事人负责通知证人到庭，并首先对己方证人进行询问。

1989 年意大利引进的刑事诉讼规则主要在以下两方面为控辩对抗制诉讼模式的建构作了准备：检察机关与法院职能的分离、审前程序与审判程序的分离。一是主要工作是废除了预审法官，即从法国司法传统中借鉴而来的侦查法官的设置，取消了初审法官的双重职责，为保证审判法官的公正明确划分调查起诉机构和审判机构的界限。诉审分离原则要求法官主动收集当事人没有提供的证据应当只是审判的例外。二是主要工作是对侦查阶段和审判阶段做了严格的划分，相应地，检察官的工作和刑事警察在初查中的工作被分别记录在两个不同的卷宗里。其中一个卷宗仅仅反映了诉讼中一些不可重复进行的程序，如检查、查封或者窃听。这个卷宗将被交给审判法官，审判法官可以在审判前获知相应的信息并允许在审判中宣读这些信息。另外一个卷宗包括了所有的侦查材料，如证人证言和犯罪嫌疑人供述，当事人可以自由查阅这份卷宗，并可以用于质疑证人或者被告人在法庭上与卷宗内容不同的证言或者供述。

第三节 检察工作亲和力和
公信力的历史实践

历史是折不断的链条。"八十多年来，人民检察走过不平凡的历程，形成了中国共产党领导下的中国特色社会主义检察制度。这一制度被称为'人民检察制度'，而行使检察权的国家机构称为'人民检察院'"[1] "人民检察"四字，是"人民"与"检察"的组合。"人民"二字表明检察制度的根本性质，表明检察权是由体现人民意志的宪法和法律所赋予。古语有云："前事不忘，后事之师"，[2] "以史为鉴，可知兴替"，[3] 研究总结人民检察在历史上所走的路，特别是回顾人

---

[1] 孙谦主编：《人民检察制度的历史变迁》，中国检察出版社2009年版，第2页。

[2] 《战国策·赵策一》。

[3] 《贞观政要》。

民检察亲和力和公信力的历史实践，对于推进当前检察工作是十分必要的。

一、工农民主政权时期检察工作亲和力和公信力的实践

工农民主政权时期，政权归属于人民，作为政权的有机组成部分，检察权也是归属于人民的。检察权的人民属性决定了检察工作不仅具有亲和力，还具有公信力，这主要体现在检察机关的机构与职权设置、人员构成和选任原则以及工农检察机关的亲民作风。

（一）检察机关的机构与职权设置

正是在革命与秩序的辩证逻辑中，1931 年 11 月 7 日至 20 日，中华苏维埃共和国临时中央政府成立，建立了政权机构，确立了检察制度，开创了植根于人民的红色检察。

临时中央政府成立之后，颁布了《苏维埃地方政府暂行组织条例》等一系列法律法规，初步搭建了革命的政权组织体系。这些法律法规明确规定了工农检察机关的设立目的和承担任务，主要是：监督行政机关及其工作人员是否遵守法律，坚决保护工农利益，正确执行苏维埃政纲、各项法律、法令，受理群众对机关、企事业单位工作人员的控告等。从这些任务可以看出，此时的工农检察机关具有除诉讼监督之外的一般法律监督的职能。这种职权设置显然受当时苏联检察制度的强烈影响，与纯粹意义上的检察机关有一定区别，带有较为浓重的行政化色彩，是一种集行政监察机关和职务犯罪侦查机关于一身的特殊机关。

为实现上述各项任务和职责，工农检察机关主要具有如下几方面的权力：一是检举权。凡是苏维埃政府机关、经济组织违反政府的政策和命令，违抗目前任务，或者各级机关工作人

员有贪污浪费、官僚腐化、消极怠工行为的，任何公民都有权向工农检察机关提出控告和检举。二是调查督促权。各级工农检察机关在受理群众的控告或检举揭发后，有权对案件事实进行调查。三是检察建议权。各级工农检察机关针对国家机关和企事业单位的工作人员，如有违法犯罪、消极怠工等违反苏维埃法令的行为，有权向同级苏维埃执行委员会或者主席团提出相关检察建议，建议撤换或者处罚这些工作人员。四是公诉权与抗诉权。各级工农检察机关如若发现存在贪污受贿等特定职务犯罪行为的线索，有权向审判机关提出控告，提起公诉。

工农检察机关采取审检合署制。就内部组织机构而言，在各级工农检察机关内设立控告局，控告局直属工农检察机关，受工农检察机关领导和指挥，控告局之间不存在相互隶属和上下级指导的关系。控告局职能是接受人民群众对苏维埃政府机关和各级经济机关的控告和检举，并有权对其所控告的事实进行调查核实。此外，各级工农检察机关为更好地扩大和开展检举工作，有时还会成立临时机构检举委员会。可见当时的检察机关具有多种职能，其法律定位还不是很明确，执法尚不规范、专业，贯彻的是群众运动的政治路线，附着于当时的政治、军事需要。

（二）人员构成和选任程序

在各级工农检察机关成立之后，选配检察人员极为关键。根据《工农检察部的组织条例》第 14 条之规定，各级工农检察委员会的委员必须具备两个条件："（一）有阶级觉悟，最忠实于苏维埃政权的工人、农民、贫民及其他革命历史的分子，但工人至少占百分之四十；（二）没有受过苏维埃法庭的刑事处分者。"[1] 这两个条件中，前者规定的是候选人的政治忠诚和道德素质，这也是首要的条件；后者限定的是候选人的法律资格。而对于候选人的法律工作能力和业务素质水平，则没有条件限制。这说明当时人员充任的政治色彩较为浓厚，司法专业化水平不高。但不论如何，"中华苏维埃共和国在极短的时间内从无到有、从小到大地建立起了一个从中央到地方的工农检察组织。"[2]

在选任程序方面，《工农检察部的组织条例》第 4 条规定："工农检察人民委员由中央执行委员会选任之，以下各级的工农检察部长及科长由各该级执行委员会或城市苏维埃主席团选任之，同时报告上级工农检察部或工农检察人民委员会备案，工农检察人民委员或工农检察部长及科长以下的工作人员，由工农检察人民委员或工农检察部长和科长以命令委任之。"从上述规定看，其选任程序较为粗糙，与后期的权力机关任免制颇有差异。

（三）工农检察机关的亲民作风

根据苏区群众的实际需要和当时的社会具体情况，工农检察机关的工作作风十分质朴，法律文书的文风朴实无华。我们可以从江西省瑞金市中央革命根据地历史纪念馆的一个信箱上所写的一则公告为例加以说明。

各位工农群众们：

还是一切的什么事情都可来这里控告。所写的控告意见书必须要盖好私章才能作效力，没有盖章的概作废纸。而且还要

---

〔1〕《工农检察部的组织条例》第 14 条，载于都县革命历史纪念馆《选举、检举、肃反运动》卷 23。

〔2〕 孙谦主编：《人民检察制度的历史变迁》，中国检察出版社 2009 年版，第 41 页。

用信套密封好，而且要注明送某机关工农检察部控告局长接收。

——江西省兴国县高兴区工农检察部控告箱顶盖文字

写有上述字句的信箱就功能而言相当于现今的"举报箱"。从内容可看出：第一，关于控告的主体规定为一切苏维埃的公民。换言之，任何公民个人都有权向检察机关进行控告检举，检察机关应当及时处理，以维护法制统一。第二，关于控告的事项规定得十分广泛。当然，虽然文字内容说明什么事情都可以控告，但并非毫无限制。主要的情形应当是苏维埃国家的一切机关有违反政府的政策和任务，违反工农利益，发生贪污浪费、官僚主义等不遵守法律政令行为。从检察权角度来看，已经颇有"法律监督机关"的色彩，只不过其职能配置与现今有所不同，具备较多的一般监督权。第三，语言风格活泼生动，通俗易懂。针对制作举报信的方法和注意事项也有详细描述。这可能是因为当时苏区群众的文化素质普遍较低，识字的人不多。因此，采取便于理解和传播的口语化文风，是人民检察工作方式的重要特色。这也体现了"法律文本在实践中为适应工农群众实际情况而作出的某种转化，或者说体现法律文本的通俗化、大众化的努力"[1]。

二、新民主主义革命时期检察工作亲和力和公信力的实践

新民主主义革命时期，检察制度具有新的特点，司法公开得以初步尝试，检察独立争鸣开始发微，检察一体开始初步确立，检察工作亲和力和公信力进一步彰显。

---

〔1〕　孙谦主编：《人民检察制度的历史变迁》，中国检察出版社2009年版，第36页。

（一）新民主主义革命时期检察制度的主要特点

长征结束后，中共中央迁移到陕北，"各边区抗日民主政府名义上隶属于国民政府，因而没有形式上的中国共产党领导的统一的民主政权"。[1] 抗日战争开始后，中国共产党发动群众开展人民战争，1945 年 8 月抗战结束时，建立了陕甘宁、晋绥等革命根据地。在根据地，随着民主政权建立和法制发展需要，检察制度纷纷落地生根。这一时期的人民检察制度基本延续了苏维埃时期的审检合署体制，在机构设置上奉行"简政便民"的原则，司法行政和检察职能也都由审判机关承担，开展司法审判和检察业务，实行两审终审制。

解放战争时期，随着战争形势的迅速变化和解放区的日益壮大，人民检察制度随之逐步发展。各根据地做法不尽一致，有的遵循原有组织体系和工作模式，实行审检合署，专职人员不多，有的还将检察权交予公安机关行使。这一时期值得特别关注的是 1947 年 6 月关东行署颁布的《关东各级司法机关暂行组织条例草案》规定"关东所有机关各社团，无论公务人员或一般公民，对于法律是否遵守之最高检察权，均由检察官实行之"，通过移植苏联检察制度的成果，赋予了检察机关在维护法制统一事业中的法律监督权；同时该条例还规定"关东高等法院首席检察官由关东人民代表大会选举之"，首次明确了检察机关由权力机关产生并向其负责的体制，开创了未来检察制度基本宪法定位的基础。

新民主主义革命时期的检察制度有如下特点：第一，形成、完善了党对革命政权的一元领导，以维护人民群众的利益为出发点。第二，检察体制设置从原有的审检合署向审检并行

---

〔1〕 孙谦主编：《人民检察制度的历史变迁》，中国检察出版社 2009 年版，第 79 页。

独立发展，开创了检察机关由国家权力机关产生并向其负责的制度实践，为确立新中国的检察机关宪法定位、"一府两院"的国家机构体制奠定了坚实基础。第三，采取审检分离的诉讼制度，由检察机关负责刑事案件的起诉，从司法制度上肯定了检察机关的诉讼地位，明确了公检法等各类政法部门的职能分工和相互间的关系，表明司法体制的建设走上了正常化和理性化。第四，开创了检察委员会这一中国特色的制度，将民主集中制贯穿于检察决策机制的始终，丰富了社会主义国家司法体制的组织模式。第五，确立了"司法半独立"的原则，即司法机关在党和革命政府的领导之下，按照法律的规定从事司法工作，行使审判权和检察权。但是，此处的"司法工作"是整体而言，并非指具体办案的法官个人或个案，行使司法权的是司法机关本身，而不是司法人员个人。这是当今中国"人民法院、人民检察院依法独立行使审判权、检察权"的重要渊源。[1]

（二）司法公开初步尝试与检察独立争鸣

检察工作针对刑事案件进行侦查，通过勘验现场、搜集证据、检举犯罪、支持公诉等工作，陕甘宁边区检察工作突出体现了人民检察的人民性和公正性，尤其体现在法律的适用平等上。在1937年10月的黄克功逼婚枪杀刘茜一案中，检察机关顶住了因被告人黄克功参加革命时间早、功劳贡献大的种种压力，严格遵照法律秉公办案，经审讯被告人、询问证人、群众代表发言和辩论等程序，法庭最终当庭宣布判决黄克功死刑，取得了良好的法律效果和社会效果。在毛泽东同志回复该案被告人黄克功和审判长雷经天的信中，充分论述了执法办案的民

---

〔1〕　孙谦主编：《人民检察制度的历史变迁》，中国检察出版社2009年版，第81页。

主性，并要求在公审大会上向群众公开宣读判决原因。

　　由于审检合一体制存在多种弊端，陕甘宁边区时期已经出现了许多深刻的反思，检察独立呼声逐渐发微。应当指出的是，当时的"检察独立"是有特定意涵的，与今天学术话语中的"检察独立"有所区别，指的是检察机关的机构设置应当从审判机关中分离出来，实行审检分立的体制。这股思潮的代表人物主要有李木庵、鲁佛民、张曙时、朱婴、何思敬等。他们的思想集中于以下几点：第一，认为审检分立是历史逻辑发展的必然，主张建立机构独立的检察体系，从而防止审判专断。第二，主张实事求是，按照边区具体情况和现实条件，反对立即全盘照抄苏联检察制度，而是在现行的已经取得一定成效的经验前提下，适度地"稍加扩大"。其主要理由包括防止审判专断、补救司法工作中的失误和契合司法法理逻辑。在"检察独立"呼声影响下，1946年10月，边区政府重新制定《陕甘宁边区暂行检察条例》，详细规定了检察机关办理各类案件所要遵循的程序，[1] 建构了检察体制、职权、程序等，这是人民检察历史上第一个单行法规，起暂行检察院组织法作用，具有开创性的意义。12月12日，边区政府发布文告，明确规定"各级检察机关之职权、组织及领导关系。与以前相比，此次建立的检察机构有很大不同：一是实行审检分立的检察体制，彻底改变了'审检合署'或'配置制'；二是在领导隶属关系上，受边区政府的领导，而不再受高等法院的领导"。[2] 这标志着人民检察制度逐步走向成熟和系统，是新中国检察制度的雏形。

---

　　〔1〕 值得指出的是，该条例公布之后国民党军队开始进攻边区，边区司法干部转移分散，这部法规实际上没有实行。

　　〔2〕 孙谦主编：《人民检察八十年：图说历史》，中国检察出版社2011年版，第48页。

（三）"检察一体"与检察委员会制度的确立

抗日战争时期，除陕甘宁之外，中国共产党领导的武装部队还建立了晋绥、晋察冀、晋冀豫、冀鲁豫、山东等 18 个根据地。在各个根据地，随着民主政权不断发展壮大，法制建设不断开拓，检察制度和检察机构也逐渐建立起来，基本沿袭苏维埃时期的成果，但各地仍有不少具有创新性的特色制度，如"检察一体"制度的确立。在这种制度中，各级检察官之间的关系是：高等法院首席检察官监督全边区之检察官，高等法院分院首席检察官监督该区域内之检察官，地方法院首席检察官监督法院之检察官，有监督权的检察官对于被监督的检察官有提起注意、警告和依法惩罚惩戒的处分权，各级法院之首席检察官得亲自处理所属检察官之事务，并将其转移于其他所属检察官处理。上述内容明显受到了国民政府《法院组织法》的影响，该法规定："检察长及首席检察官得亲自处理所属检察官之事务并得将所属检察官之事务移转于所属其他检察官处理之。"应当说，这与当时建立了抗日民族统一战线、苏维埃共和国结束的政治背景是密切相关的。当然，奉行检察一体更重要的原因，还在于检察一体符合历史潮流，是检察制度内生发展的必然结果。

为便于业务领导和加强检察决策的科学性，山东抗日根据地创立了检察委员会制度。1941 年 4 月 23 日发布的《各级检察委员会组织条例》对检察委员会的组织、人员、职权都作出了详细的规定。其主要特色体现在：第一，明确了设立检察委员会的宗旨和目的是"保障人权，保证政令之进行及检举违法失职人员"。检察机关是一个打击犯罪和保障人权并重、维护国家法制统一和正确贯彻实施的护法机关，这种关于检察制度的定位是超越时代的。第二，确立了独立的组织体系和委员数额。各级检察委员会"与各级行政委员会及同级法院系平行关系",体现审检并立的倾向。其目的与陕甘宁边区检察机关组织体系的目的一致,都是为克服审检合署的司法专断弊端。在委员数额方面,省一级检察委员会为 7—11 人,行政主任区为 7—9 人,专员区为 5—7 人,县为 3—5 人,每个检察委员会可设秘书 1 人。第三,提出检察委员会的运作规则和议事程序。条例规定,各级检察委员会每月召开常委会一次,必要时可以召集临时会议。虽然与现今的检察委员会制度还有较大差别,但山东的检察委员会是中国特色社会主义检察制度的重要创造,其价值体现在首次将民主集中制原则运用和体现在检察工作中,创立了委员会制的检察领导制度。它的工作方式是召开会议,而显然会议的举行、事项的议决都必须按照民主集中制进行。这样的安排,显然是为了避免苏联检察机关"一长制"的弊端,也说明当时处于草创阶段的检察机关并没有草率地完全复制苏联模式,而是有自己理性的思考和制度创新。

三、新中国成立后检察工作亲和力和公信力的实践

新中国成立后,检察工作亲和力和公信力同样经历了精神传承与制度生成的具体实践,检察机关秉承亲和公信理念并勉力践行,为新时期正式、系统提出检察工作亲和力和公信力提供了制度基础和实践源泉。

(一) 人民司法基本精神的确立

司法为了人民,司法也只能依靠人民。社会主义司法权同我国所有其他权力一样建立在人民主权的基础之上,源于人民,属于人民,服务人民,受人民监督。人民司法基本精神就是力图实现司法人民性、政治性和法律性的三位一体。"三者的统一是对于人民司法长期历史经验的科学总结,是吸取了

'以政治政策取代法律''运动型司法''单纯法律观点、单纯
业务观点''司法神秘主义'等观点之利弊得失之后的概括与
总结，是付出过沉重历史代价得来的"[1]　司法人民性、政治
性和法律性中，人民性是基础，是当代中国基本的政治伦理，
其反映在司法中，要求司法体现人民意愿，维护人民权利，要
求司法者以"为人民服务"的道德良知，在司法工作中贯彻群
众路线。唯有以人民性为基础，司法才能彰显政治性和法律
性，从而实现每一个案件中的公平正义。

　　在新中国成立之前，随着人民战争逐步走向胜利，毛泽东
已经开始思考中国未来的政治体制和治国方略。1948 年 9 月政
治局会议上，毛泽东认为人民民主专政的国家是以人民代表大
会产生的政府来代表它的，不必搞资产阶级的国会制和三权分
立。1949 年 6 月 30 日，毛泽东发表《论人民民主专政》，从历
史、现实和理论结合的高度分析了资产阶级的民主主义让位于
人民民主主义，资产阶级共和国让位于人民共和国的历史必
然。他进一步主张，将对人民内部的民主和对反动派的专政互
相结合起来的，就是人民民主专政。至此，中国共产党最终确
定了新中国将实行人民民主专政的国家制度。"毛泽东关于新
中国国体和整体的构想，……经过反复比较后作出的审慎抉
择。这些构想与新中国成立程序等思想，完整地回答了建立一
个怎么样的新中国与怎么样建立一个新中国这样一个重大课
题，它们共同构成了新中国成立前夕立足本国具体国情的政治
设计。"[2]　在新民主主义建国方略所确定的国体和政体设计思

---

　　〔1〕　孙谦主编：《人民检察制度的历史变迁》，中国检察出版社 2009 年版，第 136—137
页。

　　〔2〕　孙谦主编：《人民检察制度的历史变迁》，中国检察出版社 2009 年版，第 134—135
页。

路下，建立与之相对应的包括检察制度在内的人民司法制度，就成为了逻辑的必然。检察制度作为人民司法重要的部分，其基本的精神必然包括以下两大方面：一是检察制度本质上是人民民主专政国体的产物，要为人民服务；二是在组织体制和组织原则上要和人民代表大会制度的政体相适应，体现议行合一原则和民主集中原则，这"为检察制度框定了制度空间"[1]董必武是人民司法的大力倡导者，明确提出"人民司法"的概念，认为人民司法的基本精神就是为人民服务，维护人民的正当权益，保障社会秩序。

我国根本政治制度、权力来源、司法宗旨和司法活动方式决定了人民司法基本精神。我国实行人民代表大会制度，司法机关必须向人民代表大会报告工作，受人民代表大会监督，对人民代表大会负责。深化政治体制改革，发展社会主义民主政治，必须切实保证国家的一切权力属于人民。人民代表大会制度是人民掌握权力和当家做主的可靠保障。人民通过选出的人民代表，组成自己的权力机关，按照人民共同意志行使审判、检察等权力。我国司法宗旨决定了把人民群众司法需求的满足放在重要位置，以人民是否满意为审判、检察工作的出发点和落脚点。司法活动通过巡回法庭、诉讼调解等各种利民、便民的审判方式贴近民众而受到社会认同。人民群众通过人民监督员等制度参与检察工作，防止和纠正检察权行使过程中可能出现的各种问题；通过人民陪审员等制度参与审判过程，增加审判结果的透明度和公正性。

（二）检察机关的宪法地位与领导体制

《中国人民政治协商会议共同纲领》和《中华人民共和国

---

〔1〕 孙谦主编：《人民检察制度的历史变迁》，中国检察出版社 2009 年版，第 135 页。

中央人民政府组织法》规定，中央人民政府组织最高人民检察署，作为国家的最高检察机关，最高人民检察署检察长、副检察长和委员均由中央人民政府委员会任免。它的职权是对政府机关、公务人员和全国国民之严格遵守法律负最高的检察责任。这些规定，确立了中华人民共和国的检察制度及检察机关在国家政体和政权组织中的法律定位。

1954 年 3 月，中央批准最高人民检察署党组提交的《关于检察工作情况和当前检察工作方针任务的意见的报告》时提出："应根据需要和可能的原则，在国家第一个五年建设计划的时期内，有计划地、逐步地把各级人民检察署的组织和工作系统地建立和健全起来。"最高人民检察署召开了第二届全国检察工作会议，确立了建立专门维护社会主义法制的检察机关的思想，决定对检察机关展开有针对性的试点工作，首先孕育出一大批地方人民检察署，起到示范作用，力争在第一个五年计划内把整个检察体系和制度有序地建立起来。

1954 年 9 月 20 日，新中国第一部宪法颁布。作为根本大法，该法在第二章第二节对检察机关的设置、领导体制、职权范围以及活动原则等作了原则性的规定。9 月 21 日，《人民检察院组织法》颁布，其在宪法的基础上对宪法规定的关于检察制度部分的内容进行了进一步的明确，并规定了检察人员的任免和管理事项。宪法和《人民检察院组织法》的出台使中国检察制度初步成型，形成了中国特色的社会主义检察制度模式，主要表现在以下四个方面：一是将"人民检察署"改称为"人民检察院"。凸显检察机关在国家机构中的重要地位，形成国务院、最高人民法院、最高人民检察院的"三院"体制以及"审检并列"的司法体制。二是实行检察垂直领导体制。地方各级人民检察院和专门检察院受最高人民检察院的领导，下级人民检察院受上级人民检察院的领导。三是实行检察长领导下的民主集中制原则的合议制，调整了检察机关内部的领导体制，"检察委员会议"改称"检察委员会"，主要负责处理检察工作中的重大问题。四是规定了最高人民检察院检察长的任职期限，并要求各级检察机关向国家权力机关负责并定期向其报告工作情况。上述规定为日后检察工作的开展指明了方向，我国检察制度进入了迅速发展的新阶段。

1957年下半年开始，我国检察制度经历了第一个波折时期。当时出现了激烈的"反右"斗争，"左"倾思想使检察权的运行受到严重的阻扰。检察机关法律监督被认为是"矛头对内"，垂直领导体制则被诬称为"凌驾于党政之上"，在对检察制度的认识上出现了混乱和偏差，对于检察工作的开展、检察制度的发展产生了很大的破坏性影响。1960年11月，最高人民检察院与最高人民法院、公安部合署办公，检察机关名存实亡。1962年11月，在最高人民检察院第六次全国检察工作会议上，检察制度的重要性才被重新肯定，检察机关的各项职权恢复行使。1967年到1977年"文化大革命"是我国检察制度发展的中断时期，"彻底砸烂公、检、法机关"，全国各级检察机关遭到严重冲击，被迫停止工作。1975年宪法规定了"检察机关的职权由各级公安机关行使"，这样就通过根本大法的确认，正式撤销了检察机关。1978年宪法使检察机关重获新生，并规定其根本职能是法律监督。1979年《人民检察院组织法》和《刑事诉讼法》揭开了检察制度重建和发展的崭新一页，具体表现为：一是明确规定"人民检察院是国家的法律监督机关"。二是重新确立了双重领导体制，将上下级检察机关之间的监督关系更改为领导关系。三是实行民主集中制，由检察长主持检察委员会的工作。四是检察机关是刑事诉讼公诉机关。

1988 年之后，检察制度进入稳固发展和纵深改革阶段。由于检察机关的宪法地位明确，主要在检察职能上把握重点，找准工作方向，在提升检察人员素质和保障检察行为规范性等领域有所作为，搞好检察制度的基础建设。1995 年《检察官法》详细规定了检察官的职责、权利义务、任免等。2005 年，最高人民检察院通过了《关于进一步深化检察改革的三年实施意见》，立足于重点解决制约检察工作发展的体制性、机制性问题，对于检察改革和法律监督提供权威性的指导。

从新中国检察制度关于法律监督机关的宪法定位和"一府两院"的国家机构体制来看，可以说与苏联检察制度存在抹不掉的血亲关系，是后者当然的移植结果。在当今世界以苏联为首的社会主义阵营分崩离析、世界社会主义运动陷入历史低潮的全球化时代，这种检察制度模式似乎已经成为"落后"与"保守"的代名词，中国检察制度蒙受着前所未有的诘难和批判。然而在新中国成立的初期，法制建设完全是在一片空白的基础上建立的。在世界两极化的冷战格局之下，新中国别无选择地成为社会主义阵营的一员。在相同的意识形态之下，苏联的政治经济法律制度成为我们唯一可能的选择。正如刘少奇在中苏友好协会成立大会上所说："我们中国人民的革命，在过去就是学习苏联，以俄为师，所以能够获得今天这样的胜利。在今天，我们建国，同样必须'以俄为师'，学习苏联人民的建国经验"。以至于有观点认为："世界上没有哪个国家在学习借鉴外国法方面达到如此深刻的地步，而且中国法学家对于 30 年代苏联法的忠诚，比前苏联法学家要强得多，中国法对苏联法的继承和保留也远比在前苏联要多得多。"[1] 但是，在移植

---

〔1〕 孙谦主编：《人民检察制度的历史变迁》，中国检察出版社 2009 年版，第 240 页。

苏联检察制度的大背景下，当时的立法者和司法工作者结合中国实际作出了最积极的努力，体现了一定的中国特色。例如，对于检察权的范围，主张将重点放在司法领域，没有采纳苏联模式"一般监督"的规定；在领导体制上，倾向于民主集中原则下的合议制，没有采纳苏联总检察长总揽检察工作的"一长制"。当然，新中国成立之后，"一般监督"和"垂直领导"问题在检察制度发展历史上一再反复，也说明了检察机关宪法地位和领导体制问题的复杂性。

（三）保障人权的检察实践

李六如在第一届全国司法会议上所作《人民检察任务及工作报告大纲》提出了检察工作"保障人权"的提法。值得注意的是，李六如提出"保障人权"是与"镇压反动、调查检举损害经济建设与国家财产等行为"一起列为三大重点工作的："在保障人权方面，除检察、公安、法院、监狱，有无捕押不当、是否虐待用刑，或久押不问等外，特别要注意区乡机关干部有无乱捕乱押乱打等违法行为。在县级检察署尚未建立以前，省署或分署可择定一两个县作为典型试验或派人下去，调查一两个县，同时注意报纸材料检举一两个严重案件，作为惩罚与教育典型……这类违法事件，必须尽力纠正，才不会脱离群众与影响人民政府威信"。

新中国成立初期，进行了"镇反运动""三反五反"等政治运动，全国不少地方存在"宽大无边"的错误偏向，检察机关实施监督的重点就是防止右倾，纠正这种运动扩大化的偏差。因此当时"保障人权"主要涉及在检察工作中的渎职侵权检察，"错捕错判"则与侦查监督和审判监督密切相关，其目的和出发点都是为维护法律的正确贯彻实施，保障公民的基本权利和自由，对"三反五反"扩大化造成的弊端进行一定程度的补救。同时，"保障人权"司法倾向是和当时的法制建设全局密切相关的，反映了检察工作"为中心工作服务"的特色。1950年4月13日新中国《婚姻法》颁布，1952年11月15日，最高人民检察署发出《关于参加贯彻婚姻法运动给各级人民检察署的指示》，要求在运动中检举迫害妇女和干部干涉婚姻自由的犯罪案件，并检察纠正违法的判决。1953年，结合新三反运动，最高人民检察署将查办严重违法乱纪案件作为当年的工作重点，对于刑事案件中出现的"错捕错判"进行纠正，也取得了出色的成效。

改革开放之后，保障人权的价值凸显，逐渐成为我国检察工作和检察改革的一大主题，检察机关顺应了这一趋势，围绕犯罪嫌疑人和被告人权利保障，出台了一些措施：一是实行"检务公开"。1998年10月，最高人民检察院决定在全国检察机关实行检务公开制度，通过《人民检察院"检务公开"具体实施办法》和《关于进一步深化人民检察院"检务公开"的意见》，不断扩展检务公开的内容。二是建立预防和纠正超期羁押的长效运行机制。最高人民检察院下发《关于进一步清理和纠正案件超期羁押问题的通知》，通过《关于在检察工作中防止和纠正超期羁押的若干规定》，针对超期羁押推出八大举措。三是建立讯问职务犯罪嫌疑人全程同步录音录像制度。从2006年3月1日起，在全国检察机关逐步推进全程录音录像制度，检察机关办理职务犯罪案件，每次讯问犯罪嫌疑人时，应当对讯问全过程实施不间断的录音、录像。

进入新时期，我国逐步建立起了较为完善的人权保障机制。作为检察机关，保障人权意识更加鲜明，民本理念、公正理念、规范理念、文明理念增强，充分发挥检察监督职能，在侦查监督、刑事审判监督和刑事执行监督环节，突出维护公平正义，保障人权。随着检察体制改革的深化，将更加有效地促进履职，不断完善保障人权的检察机制。检察工作亲和力和公信力也将在卓有成效的人权保障中得到提升。

第三章
检察工作亲和力和公信力的辩证逻辑

　　追寻人类思维的演进之路，检察工作亲和力和公信力具有深厚的本源根基和辩证思维。党的根基在人民，党的血脉也在人民，为人民服务是最大的政治。人民性为检察工作亲和力和公信力提供了坚实的本源基础，政治性提出了检察工作必须坚持党的领导的方向自觉，而法律性意味着检察机关所应遵循宪法定位和法治规则的要求，三者统一于"为人民服务"这一根本宗旨的履职追求，从而书写出人民司法为人民的检察本色。

第一节　检察工作亲和力和
公信力的本源基础

　　检察工作坚持执法为民，提升亲和力和公信力，既是党的根本宗旨和检察机关的根本属性决定的，也是"权力属于人民"的宪法原则在检察工作中的重要体现；既是政治责任，也是宪法责任；既有着深厚的理论基础，也有着巨大的现实实践意义。概而言之，人民性从权力来源和宪法定位两个方面奠定了检察工作亲和力和公信力的本源基础，并且以"议行合一"的政权组织形式作为基点，赋予检察机关以生机与使命。

一、权力来源的人民性

人民主权论作为检察工作亲和力和公信力的政治基础，赋予了检察工作亲和力和公信力所必须具备的政治意涵。

第一，主权具有绝对、永恒、神圣不可侵犯的特性，由整体意义上的"人民"享有。法律作为一种工具性的存在，其效力和资格均来自于人民主权之所派生。这意味着检察权在内的一切国家权力都来源于、归属于人民，并且这种来源和归属奠定了检察权合法性的基石。简而言之，"一切权力的源泉一向是来自人民"，[1]因此主权属于人民，"人民"以所有人的自愿而结合为基础，民意是全体人民的整体性的公共意志，是一个"由全体个人的结合所形成的公共人格"，它是国家和政府的一切政治权力的最终本源。马克思指出，国家主权只有一个，"不是君主的主权，就是人民的主权"。而君主主权只不过是虚构的一种幻想，因为"人民的主权不是从国王的主权中派生出来的，相反，国王的主权倒是以人民的主权为基础的"。[2]这些有关"主权在民"的理论学说构成了我国检察机关人民性的理论根基。我国宪法规定中华人民共和国"一切权力属于人民"，国家包括检察权在内的一切权力最终都源于人民所享有的各种权利。这就要求检察机关加强与人民群众的密切联系，维护和保障人民群众的各项权利，在履职中展示亲和、增强公信。

---

〔1〕 ［英］弥尔顿：《为英国人民声辩》，何宁译，商务印书馆1958年版，第165页。
〔2〕 《马克思恩格斯全集》（第1卷），人民出版社1956年版，第279页。

第二，人民主权意味着人民性对于检察机关具有至高无上的特性，包括检察权在内的一切国家权力都必须服从于人民的意志。一旦检察机关将自己凌驾于人民之上，就意味着它成为了人民的主人，实际上将迫使人民屈服于自己意志，从而必将导致人民在国家政治生活中的主体地位遭到消解，使人民检察丧失其根本性质。一旦如此，则检察工作亲和力和公信力也就不复存在。正如卢梭所说："如果人民单纯是诺诺服从，那么人民本身就会由于这一行为而解体，就会丧失其人民的品质。只要一旦出现一个主人，就立刻不再有主权者了，并且政治体也就毁灭。"[1] 因此，检察官"不是也不可能是人民的代表，他们只不过是人民的办事员罢了，他们并不能作出任何肯定的决定。凡是不曾为人民所亲自批准的法律，都是无效的；那根本就不是法律"[2]。

第三，人民性意味着人民主权的利益就是组成主权的个人的利益集合而成，检察机关如果不能维护人民的基本人权，非但影响检察工作亲和力和公信力，甚至将导致检察机关立即失去合法性根基。包括检察权在内的国家权力虽然是不可侵犯的、神圣的，但却"不会也不能超出公共约定的界限；并且人人都可以任意处置这种约定所留给自己的财富和自由"[3]。因此，检察机关作为国家法制统一的捍卫者，履行检察职能、保障基本人权、维护人民利益是检察工作亲和力和公信力的使命所在。

第四，由现实、具体的人民，即个体的"公民"亲自、直接地参与和评判检察权行使是人民主权原则最完善的实现方

---

[1] ［法］卢梭：《社会契约论》，何兆武译，商务印书馆 1990 年版，第 36 页。
[2] ［法］卢梭：《社会契约论》，何兆武译，商务印书馆 1990 年版，第 125 页。
[3] ［法］卢梭：《社会契约论》，何兆武译，商务印书馆 1990 年版，第 44 页。

式，国家一切权力包括检察权都必须尊重和保障公民的权利和自由，人民能够有效地监督和控制各项国家权力，可以自主、平等地参与国家权力的运转和公共政策的形成，共享经济发展和社会进步的文明成果，国家权力必须为人民服务，接受人民监督。概言之，"人民是一切国家权力的拥有者"，[1] 因此提升检察工作亲和力与公信力需要人民群众的参与，积极主动回应人民群众的监督鞭策，实现检察机关与人民群众的鱼水交融。

二、宪法定位的人民性

西方自由主义论者常常质疑人民主权有可能会成为极权主义的窠臼，指斥奉行人民主权的社会主义制度的法哲学根基及其道德合法性。其实，人民主权论即便作为一个政治学意义上的假设，也是具有重大理论作用的。因为这些西方自由主义论者的指责并没有抓住人民主权论的宏旨所在。人民主权论的规范逻辑在于：一方面，作为批判的武器，否定了反动的暴力强制型政体的合法性根据；另一方面，它在此基础上证成了现代国家社会制度的合法性与正当性。换言之，它将国家和政府的统治正当性基础由强制力转向了被统治者（人民）的同意和授予，而这正是一切近现代民主制度的基石所在。故而，国家权力来源的人民性引申的必然结果是：议行合一的政权组织形式是实现人民主权原则的最佳制度途径，检察机关与人民群众的关系是权力行使者和权力所有者的关系，人民主权的政治制度决定了检察机关必须以人为本、执法为民。

在当代中国，人民代表大会制度赋予了检察机关独特的宪

---

〔1〕 肖君拥：《人民主权论》，山东人民出版社 2005 年版，第 18 页。

法定位，也奠定了检察工作亲和力和公信力人民性的制度基石。人民代表大会制度及其背后深刻蕴含的"议行合一"思想与西方"三权分立"学说在理念根基上是截然不同的，它源自卢梭启蒙思想，认为人民的公意不可分割，故而一个政治社会中只能存在一个公意，基于这一公意所产生的国家权力自然也无法分割，其他一切国家权力都是由其派生而来，都是基于同一权力关系所产生。这种权力的派生关系决定了检察机关在行使检察权时必须强调执法的亲和力，树立慎用权力意识，始终坚持检察权服从于宪法、法律，而不能够滥用，将自身权力凌驾于公民权利之上。

因此，这种议行合一的政治组织架构表现为三个方面：一是人民行使选举权，直接或间接选举产生代表机关，代表机关统一行使国家的权力；二是检察机关由人民代表大会产生，各自对人民代表大会负责并受其监督；三是尊重和保障人权条款纳入宪法、刑事诉讼法等法律规定，民众得到更全、更好、更实的法律保护。检察工作亲和力和公信力的法治基础既源于检察权的派生性，也源于检察权的宪法定位。因此，强调亲和力和公信力，既是检察权的法治属性决定的，又是"一切权力属于人民"宪法原则在检察工作的重要体现。崇尚亲和与公信，无疑将引导检察机关和全体检察干警牢固树立执法为民的根本宗旨，得到人民群众信任，赢得人民群众支持。

第二节　检察工作亲和力和公信力的制度特征

法律是政治的产物，也是统治阶级意志的体现，而党作为无产阶级的代表者和先锋队，负有领导社会主义建设事业的历史重任。检察机关作为中国特色社会主义的积极参与者，必须坚定服从和保证党的绝对领导的自觉性，坚持人民主体地位，坚定不移地走中国特色社会主义法治道路，这也是提升检察工作亲和力和公信力的基本制度特征。

一、党的领导

坚持党的领导，是检察机关必须始终保持的政治清醒，也是检察工作政治性的集中体现，反映了亲和力和公信力首要的制度特征。检察机关作为人民民主专政的国家机器的重要组成部分，是党领导的司法机关，应当置于党的绝对领导之下。当前，西方国家占据着意识形态领域的话语权和国际规则制定的主动权，将我国的发展视为对西方价值理念、制度模式的挑战，加紧实施西化和分化战略，加大对我国进行意识形态渗透的力度，不断输出"三权分立"等思潮，否定我党在中国特色社会主义事业中的领导核心地位。近年来，一些别有用心的人动辄以司法个案为由头，放大中国法治发展中的个别问题，美化西方的法治意识，否定我们党在政法领域中的领导地位。也有一些人看不清政治方向，把坚持党对检察机关的领导与依法独立行使职权对立起来，甚至割裂开来。

针对关系政法工作发展方向、关系社会主义检察制度成败的关键问题，习近平总书记在中央政法工作会议上指出，"中国特色社会主义最本质的特征是坚持中国共产党领导"，"我们强调坚持党的领导、人民当家做主、依法治国有机统一，最根本的是坚持党的领导"，"党的领导与社会主义法治是一致的，只有坚持党的领导，人民当家做主才能充分实现，国家和社会生活制度化、法治化才能有序推进"。党的十八届四中全会同时指出，"把党的领导贯彻到依法治国全过程和各方面，是我国社会主义法治建设的一条基本经验"，"坚持党的领导，是社会主义法治的根本要求，是党和国家的根本所在、命脉所在，是全国各族人民的利益所系、幸福所系，是全国推进依法治国的题中应有之义"，"党的领导和社会主义法治是一致的，社会主义法治必须坚持党的领导，党的领导必须依靠社会主义法治"。[1] 这些重要论述，深刻揭示了党的领导和中国特色社会主义，党的领导和社会主义法治，加强党的领导和改善党对检察工作的领导关系，对于确保检察工作正确的政治方向至关重要。

中国共产党代表了全民族意志的凝结，检察工作脱离了党的领导，就不可能符合群众的意志，必然导致检察事业误入歧途。当代中国，党是现代化进程中的脊梁，没有任何一个政治力量能像它一样将全中国的力量凝聚起来，取得今天这样的成就。放弃党的领导，将对中华民族伟大复兴的建设事业造成巨大损害。因此，只有坚持党的领导，充分发挥党对检察工作的领导作用，检察制度的建设和发展才有美好愿景。检察机关作为中国特色社会主义的建设者、捍卫者，必须牢记检察机关的性质特点，任何时候都保持清醒的政治头脑和政治定力，将自己置于党的绝对领导之下，自觉抵御错误的政治思潮，对中国特色社会主义检察制度的前进道路拥有充分的信心。

二、人民主体地位

坚持人民主体地位，是检察机关应当始终保持的政治自觉，也是检察工作人民性的集中体现，反映了亲和力和公信力的核心制度特征。这就意味着，检察机关必须注重协调政治性

---

[1]《中国共产党十八届四中全会公报》。

与人民性的一致性，自觉在政治上、行动上同党中央保持高度一致，自觉维护中央权威，确保政令畅通，自觉维护党的政策和国家法律权威，确保法律统一正确实施；自觉维护大局、服务中心，在此基础上保障好、实现好人民群众的根本利益。这是新形势下检察机关正确履行法律监督职能的重要保障，是检察事业顺利发展的基础，更是检察队伍经受住各种风浪和考验、永葆生机和活力的"生命线"。

从列宁提出"法律监督"思想以来，检察机关就担负着贯彻执政党的政治理念和执政思路，坚持党的绝对领导与维护国家法制政令相统一的职责。中国共产党作为执政党，汇聚了全中国各族人民的共识，代表了最广大人民的利益。党通过参与制定法律和国家方针政策，维护人民群众的利益。检察事业作为党的社会主义建设事业中的重要一环，必须自觉维护国家和谐发展的大局，坚持人民主体地位。当然，改革、建设、发展过程中，各种矛盾相互交织，各种思想观念相互交错，都会不可避免地反映到检察机关和队伍中来。检察机关必须自觉抵制各种腐朽思想观念的渗透和侵蚀，消除拜金主义、享乐主义和极端个人主义的不良影响，保持检察机关的政治本色，保持检察队伍的先进性、纯洁性，增强公正执法、拒腐防变的能力。

检察机关是法律监督机关，肩负着维护国家法律正确统一实施的重要任务和神圣使命。公正执法是检察机关履行法律监督职能的本质要求，是人民群众评价各项检察工作好坏的根本标准。坚持监督自觉，也是建设一支党放心、人民满意的正规化、专业化、职业化的高素质检察队伍的需要。解决检察工作面临的各种困难和矛盾，应着眼于从政治层面出发，加强和改进思想政治工作，在思想上紧紧围绕中央的要求和部署，增强政治敏锐性和政治鉴别力，增强在纷繁复杂情况下辨别是非、明辨真伪的能力，造就一支用革命理想凝聚起来、坚定不移地服务大局、让党放心的检察队伍，造就一支用公正执法思想统一起来、坚定不移地忠于宪法法律、让人民满意的检察队伍。

回归司法和检察实践，尊重和体现人民主体地位，要求检察机关凸显人的主体价值，在执法办案中让人民群众感受到公平正义就在身边。然而，公平正义并非空中楼阁，正义需要以看得见的形式得以实现，对于实体正义的感受往往依托于程序之上。受苏联影响，中国主流刑事诉讼思想建立在"人民与敌人"二元化的认识论基础之上，预设了"惩罚犯罪、保障人权"之法律正义性已经得到有力保障的思想前提。实践中，打击违法犯罪、维护社会稳定的政治使命仍旧是司法机关思想中时刻绷紧的弦，"即使是实现人权保障的刑事诉讼立法目的，其隐含的目的仍然是发现犯罪事实、避免冤枉无辜。所谓的'实事求是''不枉不纵''有错必纠'的方针，可直接解读为发现事实真相、适用刑事实体法"。[1] 此外，一直以来，我们较为忽视公民个人（包括法律人）法治主体性，只是把他们当成法治的被动接受者，导致人民群众对包括程序正义在内的司法理念变革和制度创新不理解甚至反对。历史经验表明，在将西方先进思想引入我国的过程中，西方先进思想中国化结合好，则落地现实可行；反之，"食洋不化"，缺少土壤，不能落地。人民群众反对的并非是程序正义本身而是被迫接受的程序正义，也就是所谓"无参与的程序正义"。为了使程序正义观念真正为人民群众所知，我们需要寻求观念上的契合点，找到程序正义与社会认知一致的部分。这需要以开放的心态看待问题。我们应当让人民群众自主认识程序正义的地位，让人民群

---

〔1〕　程荣斌、侯东亮：《程序正义之维度》，载《政法论丛》2009 年第 5 期。

众主动取舍而非被动接受。如此一来，程序正义必然将以某种形式、在一定程度上与中国本土观念达致契合点，经过自主选择的人更容易尊重自己的选择。[1] 这样，每个公民都不是法治建设的"他者"，而成为"内在推动力"，都能为中国司法与法治注入自己的智慧。这就要求在司法工作和检察履职中融入亲和元素，尊重和体现人民主体地位，通过讲亲和树立人民群众对于程序正义的信任和尊重，扩及对于司法结果的接受和认可，让正义深入人心，藉此增强和提升司法公信。

三、中国特色社会主义法治道路

坚定中国特色社会主义法治道路，是检察机关应当准确把握的政治方向，也是检察工作法律性的集中体现，反映了亲和力和公信力的本质制度特征。坚定政治方向就是坚定中国特色社会主义方向，坚定中国特色社会主义政治发展和法治建设道路，坚定中国特色社会主义检察制度。党的十五大明确提出要"依法治国，建设社会主义法治国家"，并且指出"依法治国，是党领导人民治理国家的基本方略"。党的十八大提出了建设"法治中国"的伟大愿景，党的十八届三中、四中全会对全面推进依法治国做了具体部署。这对于进一步明确党在国家政治生活中的位置，明确党发挥领导作用的方式，夯实党的执政合法性，都具有重大意义。如此，则能将党的执政合法性立基于稳固的法理而不是多变的心理趋向和绩效表现之上。

习近平总书记指出，中国特色社会主义由道路、理论、制度"三位一体"构成，三者统一于中国特色社会主义伟大实

---

〔1〕 参见华忆昕、苏新建：《程序正义于中国司法实践之困境与出路》，载《浙江社会科学》2011 年第 8 期。

践。作为中国特色社会主义制度重要组成部分的检察机关，要在开拓中前进，不断地自我完善与发展。党的十八届三中、四中、五中、六中全会开启和推进新一轮司法体制改革是为了更好坚持党的领导、更好发挥我国司法制度的特色、更好促进社会公平正义，这与社会转型时期我国政治、经济发展形势相适应，符合法治建设规律。检察改革要把握正确的政治方向，在党的领导下推进，为党和人民事业更好地发展来推进。同时，还必须增强对中国特色社会主义检察制度的自信，社会主义制度是中国人民的选择，我国检察制度是根据我国国情和发展要求建立起来的，这是我们的制度自信，也是政治定位所在。而且，还必须突出检察事业中国特色，正确处理按司法规律办事和从中国国情出发、促进司法文明进步和维护社会大局稳定、整体推进和重点突破、中央和地方的关系等问题，突出制度特色，积极稳妥地推进检察体制改革，促进公正高效廉洁司法。

第三节　检察工作亲和力和公信力的规则依据

如果说国家合法性基础建立在人民主权之上、法律的目的在于保障人民个人的天赋人权，那么组织一个运行良好的政治社会，规范和监督各种权力，更是现代国家必须面临和解决的重大课题。即便存有诸多争议，我国检察权的根本属性仍应界定为法律监督权。我国宪法明确规定检察机关作为国家的法律监督机关，以法律监督为基础展开职能活动。而从检察权性质定位的法理基础来看，也需要通过检察权实现对其他国家权力的制约，在国家众多机构中发挥其平衡各机关的功能，并且通过检察权的行使实现对司法活动的监督，从而保证司法公正。

强调检察工作亲和力和公信力，要求检察机关在法律监督的履职实践中找准角色定位，既要在制衡权力中保持公道，又要在司法监督中恪守公正。因此，检察工作亲和力和公信力的规则依据就体现在，坚守宪法定位和法律监督之职责，发挥检察机关法律监督的制衡性和司法性，从法律监督的权力制衡和司法实践两大维度，努力维护法律的统一、正确实施。

一、法律监督的权力制衡维度

法律监督的权力制衡，一方面要求置身国家权力配置的整体框架，通过检察权实现对其他权力的监督与平衡；另一方面要求立足法律监督自身，通过完善检察权的监督制约实现权力良性运作。

（一）国家权力制衡视角

历史证明，任何权力都需要制约和监督，否则权力的滥用将构成对人民自由和民主权利的最大威胁，因为"一切有权力的人都容易滥用权力，这是万古不变的一条经验，有权力的人们使用权力一直到遇有界限的地方才休止"，[1] 而绝对的专断权力是"与社会和政府的目的不相符合的"。[2] 基于此种认识，思想家认为人民的权利有赖于政治上的分权予以保障，只有实行分权才能达致良善的政治秩序；同时，各种权力彼此之间应当相互牵制，唯有"以权力制约权力"，[3] 实现权力之间的平衡，才能有效防止权力的滥用与变异。

然而，西方"三权分立"理论立基于人民主权的可分割性

[1]　[法] 孟德斯鸠：《论法的精神》（上），张雁深译，商务印书馆1982年版，第154页。
[2]　[英] 洛克：《政府论》（下），叶启芳、瞿菊农译，商务印书馆1996年版，第85页。
[3]　[法] 孟德斯鸠：《论法的精神》（上），张雁深译，商务印书馆1982年版，第154页。

之上，这正是与社会主义国家权力制衡理论的根本差异所在。在马克思主义国家权力观之下，一切权力属于人民，司法权、行政权与立法权虽然在职能和机构上当然分立，但在权力来源方面则是不可分割。因此，有学者认为，中国是"从这两种权力的本质入手，从人民的立法主权入手"设置权力制衡机制，而西方国家"是从政治经验入手，从实际效果着眼"。[1] 从现实上看，在当代西方国家，基于"三权分立"理论而建立起来的国家权力结构体系中，立法、行政、司法三权相互独立相互制约，尽管各国具体规定有所差异，但三权之间互为主体互为对象的权力监督模式则是共通的。三权之上，没有更高的监督机构和权力中心，也不存在不受监督的主体，立法、行政和司法呈三足鼎立之势，形成一个典型的交叉监督架构。

西方通过三权分立的方式进行监督和制约，但"议行合一"之下的人民代表大会制度是如何实现权力监督的呢？可以肯定的是，坚守人民主权原则与贯彻权力制衡并不矛盾，在坚定支持人民主权的不可分割性的立场下，可以通过权力派生性和二次分权，让权力制约权力，实现各种权力的制衡。在我国人民代表大会制度的政治架构之下，人民代表大会作为最高国家权力机关，其他权力均由其派生，行政权、审判权、检察权均是权力机关之下的二级权力形式。检察机关所具有的法律监督权力，具有制衡行政权和审判权、维护国家法制统一的职责属性，需要在众多国家机构中担当监督和衡平之责，而这也正是强调检察工作兼具公信力和亲和力的深层渊源。

---

〔1〕　陈端洪：《政治法的平衡结构——卢梭〈社会契约论〉中人民主权的建构原理》，载《政法论坛》2006 年第 5 期。

（二）检察权监督视角

"监督者更应接受监督"，这是现代法治社会的基本共识。作为一种社会现实，强调检察权监督制约旨在防止检察权恣意，且为保障法律程序正当性，这也是强调检察工作亲和力和公信力的应有之义。检察机关只有加强检察权运行的监督制约，才能在机制落实的具体操作中展示亲和，在接受监督的实践检视中树立公信。依据监督制约主体及其所行使职权的性质，可界分为权力监督与权利监督。

关于权力监督，即由权力机关依法对检察机关行使检察权行为之合法性进行监督。主要涉及三个方面：其一，检察机关内部各部门之间的监督制约。如公诉制约侦查、批捕，又如专门的案件管理部门对检察执法办案实行系统监督。其二，检察机关系统内部监督制约机制。包括"检察一体化"趋势下上级检察机关对下级检察机关的领导和指令，也包括同级对同级或下级对上级履职提出建议。其三，外部监督制约机制。包括党委、党组织和纪检机构的监督、人大监督以及侦查、审判、执行等诉讼环节各机关的流程监督。

关于权利监督，即权利主体对检察机关行使检察权之监督。包括社团、公民个人以及新闻舆论、媒体监督等。相较权力监督，权利监督多属柔性监督，却更加考验检察机关亲和与公信的履职实践。例如，推行人民监督员制度，实际强化了权利监督的刚性约束，可以视为检察机关拓宽人民群众参与司法渠道、增进与人民群众感情的有益探索，也是权利监督检察权运作的生动实践，融入了亲和与公信的因子。近年来，随着公民权利意识的急速增强以及新媒介的全面普及，以权利监督检察权运作已经迅速上升为各地检察机关亟须面对和处理的重大课题。当下，"互联网＋检察"的拓展，迅速推动"线上线下"新旧媒体的一体推进，促使检察执法办案的过程与结果需要全程接受检视，在双向互动中提升检察工作亲和力与公信力。例如，检务微博、微信以及新闻客户端等"两微一端"迅速普及，各地检察机关还依托上述平台深化案件信息公开和终结性法律文书公开等检务公开的系统实践。

二、法律监督的司法属性层面

根据我国《宪法》第 129 条之规定，检察机关是国家的法律监督机关，负责行使法律监督权，依法履行法律监督的使命。宪法的这一规定是基于我国实行人民代表大会制度而产生，而在学理上则是秉承了列宁法律监督思想的必然结果，"宪法的这一规定既非某人的一时灵感冲动，亦非对某国宪政体制的照搬，检察机关作为国家的法律监督机关，检察权作为法律监督权，既有坚定的法理基础，亦有区别于西方国家的宪政基础"。[1]

但是，检察机关的"法律监督"之定位，是不是属于司法的范畴？检察机关是不是司法机关？关于这一问题，中外学者仁者见仁智者见智，国内法学理论界与司法实务界关于检察权定义的认识差异也很大，存在着"行政权说""司法权说""行政司法双重属性说"等多种理论。不少学者倾向于使用狭义的司法概念，"认为司法活动专指人民法院的审判活动，司法机关仅包括人民法院，否认检察机关的司法机关地位和检察监督的司法属性"。[2] 检察权在国家权力中作为司法权是否正当的理论根基，更涉及检察院作为司法机关的现行体制正当性

---

〔1〕　石少侠：《检察权要论》，中国检察出版社 2006 年版，第 96 页。

〔2〕　陈莹莹：《我国检察监督的政治性与司法性》，载《河南省政法管理干部学院学报》2011 年第 5—6 期（总第 128 期）。

和司法改革必要性。

一般而言，尽管不同法系国家对于司法权的本质有不同的规定与观念，但两大法系司法权的核心都是审判权。具体来说，在英美法系国家中"司法权"仅限于审判权；而在大陆法系国家，司法权除审判权之外也包括检察权在内。如果说司法权的特性是裁断性和被动性，检察权的确与审判权大为不同。但是"与司法权永恒相伴的就是权利的救济"，如果我们放宽视界，将权利救济作为司法权的本质特征之一，那么检察机关的法律监督仍然具有鲜明的司法属性。

首先，从职能配属上看，检察机关的法律监督活动具有辨明是非、解决纠纷的司法内涵。苏联奉行"大检察"的检察制度，检察机关的法律监督范围非常广泛，除包括职务犯罪侦查、公诉等现代国家检察机关的一般职权外，还拥有一般监督权，即对一切国家机关、企事业单位、社会团体、公民个人是否准确贯彻执行法律进行法律监督。而西方欧美国家的检察制度则是主要围绕公诉权构建起来的，其权力相对小得多。我国检察制度所设法律监督权较之苏联检察机关的权限已大大限缩，但依然突破了英美国家限定的侦查权和公诉权范畴。[1] 检察机关的法律监督权负有根据法律规定，查明案件事实真相，解决社会纠纷，实现社会公正的职责，契合了"司法"一词的语义涵摄。

---

〔1〕 我国《人民检察院组织法》第5条规定，人民检察院的职权主要包括："（一）对于叛国案、分裂国家案以及严重破坏国家的政策、法律、法令、政令统一实施的重大犯罪案件，行使检察权。对于直接受理的刑事案件，进行侦查。（二）对于公安机关侦查的案件，进行审查，决定是否逮捕、起诉或者免予起诉。（三）对于公安机关的侦查活动是否合法，实行监督。对于刑事案件提起公诉，支持公诉。（四）对于人民法院的审判活动是否合法，实行监督。（五）对于刑事案件判决、裁定的执行和监狱、看守所、劳动改造机关的活动是否合法，实行监督。"

其次，从检察权的特征看，也具有一定的独立性、裁判性和终局性。立法权和行政权均体现了立法者或执法者一定的利益诉求，存在较为明显的价值倾向性。司法权则不然，"独立自主"成为司法机关公正司法的必然要求，司法机关的职责在于独立查清事实、明辨是非、解决纠纷。依据我国宪法，检察机关在独立办案过程中，必须坚持"以事实为依据、以法律为准绳"的立场，"人民检察院依照法律规定独立行使检察权，不受行政机关、社会团体和个人的干涉"之规定更是从宪法和法律层面规定了法律监督的独立性。一般情况下，检察机关的法律监督活动体现为较多的程序性[1]但是，在部分情形中检察权同样也能发挥裁判功能，其法律效果具有终局性。例如，按照刑事立法规定，对公安机关提请逮捕的案件，检察机关有权做出批捕或不批捕的决定，决定的产生过程就是具有实体效果的裁决过程，具有终局性效果；再如，检察机关对犯罪嫌疑人不予起诉的决定也具有上述特点。因此，从检察权的行使效力而言，也具有"司法性"。

最后，检察权主要承载司法职能。检察机关参与诉讼活动，就必然承担部分司法职能。司法权的被动性要求依当事人申请才能启动或发动司法程序，在诉讼过程中也只能依据当事人的申请进行裁判。但司法的被动性不能走入"不动如山"、消极适应社会变迁的误区。实际上，在历史上不同的时期，出于打击犯罪、镇压反革命等现实需要，司法权不仅不被动，反

---

〔1〕　例如，检察机关的公诉权是一种控诉请求权，对法院只具有程序性制约作用而无实体性影响，未经指控，法院不得启动审判程序，法院也不得超越指控的事实进行审判。检察机关的审判监督权同样也是一种程序启动的请求权，发现法院审理案件违反诉讼程序而提出纠正意见，是请求法院启动纠错程序以及启动对审判人员违法审判的责任追究程序；认为法院裁判确有错误向法院提出抗诉，是请求法院启动复审（包括二审和再审）程序。参见谢佑平等：《检察监督与政治生态的关系及其发展方向》，载《东方法学》2008 年第 2 期。

而积极有为、主动进取，发挥重要作用。在司法人权保障观念越来越深入人心的今天，现代司法的功能逐步转为重新分配和调整社会利益关系，主动回应人民群众的诉求，仅仅将司法活动局限于诉讼审判阶段是不符合司法实践的。

2012 年 3 月修改后的《刑事诉讼法》更是凸显了检察机关的司法职能。例如，第一章规定了检察机关参与刑事诉讼的任务、目的以及各类司法机关的职能，诉讼目的中增加了"尊重和保障人权"也是对检察权司法属性的扩张。这些立法确认了中国"检审分离、平行的二元司法格局"。修改后《刑事诉讼法》通过新增内容、制度，进一步扩张检察机关的司法职能。如第 115 条规定："……受理申诉或者控告的机关应当及时处理。对处理不服的，可以向同级人民检察院申诉；人民检察院直接受理的案件，可以向上一级人民检察院申诉。人民检察院对申诉应当及时进行审查，情况属实的，通知有关机关予以纠正。"由此可见，检察权首先具有司法属性和监督属性，当然也有其行政属性。一项职能兼具几种属性更体现检察权在国家司法活动中的作用越来越大，参与司法的深度和广度都在扩展。检察工作亲和力和公信力也体现于保障司法活动的顺利进行。

第四章
检察工作亲和力和公信力的理念定位

党的十一届三中全会之后，中国社会进入了全面改革的新时期。改革的实质就是在坚持党的领导和社会主义基本制度的前提下，通过对不合理的体制进行变革，从而促进传统社会向现代社会的根本转变。由此引发的是政治、社会、经济体制到利益格局甚至价值观念和思维方式等整个文明结构上的深刻变化，其意义重大。党的十八大重申全面建成小康社会，十八届三中全会提出全面深化改革，四中全会提出全面依法治国，五中全会提出制定十三五规划建议，六中全会提出全面从严治党。在协调推进"四个全面"战略布局的同时对司法改革提出新的要求，强调"加快建设公正高效的社会主义司法制度，维护人民权益，让人民群众在每一起司法案件中都感受到公平正义"，要求深入推进司法改革，保障人民群众参与司法、加强司法人权保障。

党的十八届三中、四中、五中、六中全会绘就了法治中国的路线图，标志着作为执政者的中国共产党对于正当"实在法秩序"的追求进入历史新时期。作为法治版图的重要组成，检察机关不应仅是单纯的专政机关，而应更多履行司法职责，关切和维护人民群众利益。况且，"权力属于人民"的宪法原则，也决定了检察机关"人民性"的根本属性，检察机关要坚持以人民为中心，准确把握人民群众的司法需求，着力解决检察环节群众反映强烈的突出问题，坚持司法为民、规范司法行为，在人民群众的监督和支持下提升检察工作的亲和力和公信力，增进人民福祉。

第一节　检察工作亲和力和公信力的现实反思

当代中国，人民是国家的主体，将党的主张上升为国家意志，党的利益和人民利益高度一致，符合人民利益要求的党的主张才能成为国家意志。司法工作属于国家政治生活的重要组成部分，必须服从于国家政治大局的需要，二者的发展与变迁密切相关，兴衰荣辱相随。与西方资本主义国家不同，我国检察机关在党的领导下开展工作，与党休戚与共，其使命与角色的变迁既与党从革命党向执政党的身份转换密切相连，也与社会转型的历史进程紧密相关。针对检察工作亲和力和公信力不彰的现实，检察机关必须因应社会转型的新挑战，不断完善和改进检察工作，从而获得人民群众的衷心拥护和积极支持。

一、中国社会转型的新要求

中国共产党走过了从革命到建设的不凡历程。回顾历史，当时的社会主义革命者都曾怀着强烈的、朴素的阶级感情，相信阶级的力量和道德能力，并且把它直接转换成一个全面改造社会现实秩序的革命性要求。更重要的是根据那种能够"穿透人们内心"的道德权威，即铭刻在公民内心里的风尚、习俗、公共舆论，使公民不知不觉地服从法律或道德。因此，一个政权最重要的是道德合法性，这种合法性的建立，关键就是区分"人民"与"敌人"，实现人民的大民主。革命的过程中，政法工作以阶级斗争为纲。为达到革命成功之目的，革命者动员群众采取武装斗争的暴力方式摧毁旧政府及其所代表的旧法统，检察机关作为专政机关之使命亦在于镇压各种反革命犯罪活动，维护革命者所建立起来的政权。但历史证明，革命不同于叛乱、造反和政变，它本身并不是最终目的。毛泽东说，我们不但善于破坏一个旧世界，我们还将善于建设一个新世界。他还说，对于建设社会主义规律的认识，必须有一个过程，必须从实践出发，从没有经验到有经验，从有较少的经验到有较多的经验，从建设社会主义这个未被认识的必然王国，到逐步地克服盲目性、认识客观规律，从而获得自由，在认识上出现一个飞跃，到达自由王国。[1] 社会改造不仅是要摧毁一个旧的社会结构与制度，更是一个建立新的社会结构与制度的过程，而恢复理性和秩序最好的手段，舍法律之外别无其他。因此，革命者掌握政权之后，面临着一个如何夯实执政合法性和向执政党的转变问题，也就是如何使用合法、和平的方式，通过协商、对话方式平衡社会不同群体的利益，从旧制度的颠覆者转变为新秩序的建立者和管理者。

三十多年来的改革开放推动了中国社会从传统社会向现代社会、从农业社会向工业社会、从封闭性社会向开放性社会转型和变迁，社会转型带来社会结构深刻调整，各种深层次的社会矛盾渐次显露。这样一个"转型期的社会是一个充满生机的

---

〔1〕 毛泽东在中共七届二中全会上的讲话。

社会，也是一个矛盾错综复杂、问题层出不穷的社会"[1] 改革的实践不仅从根本上改变了中国社会的面貌，实际上也在很大程度上改变了检察机关的面貌。在这一过程中，人民与敌人二元对立的专政哲学逐步变为人民民主与人权保障有机统一的和谐理念，检察机关也面临着从专政者向司法保障者的角色转换过程。这种转变的具体历程包括，更新以阶级斗争为纲的"人民"与"敌人"二元对立的专政理念，提出打击犯罪与保障人权并重的理念，倡导以法治理念和法治方式参与社会治理的理念等。

在此基础上开展检察工作，意味着在司法领域履行法律所规定的正当程序，既奠定了检察机关存在的理论基础和实践依据，又从司法层面夯实了党执政合法性和人民的法理认同。检察机关必须适应转型的要求，为转型期社会发挥宪法赋予的职能作用。一是加强反腐败工作，强化自身道德形象。共产主义的意识形态重视政权的道德基础，而道德又与法律密切相关，腐败频发必将严重损害党的道德形象，危及党的执政合法性根基。检察机关要加大反腐败力度，加强自身拒腐防变力度，否则不仅检察执法权威性大打折扣，极大损害检察工作亲和力和公信力，而且会导致党的道德基础产生丧失的危险。但腐败问题并不是靠政治运动的方式就能得以化解，而是需要一系列法治建设与制度创新。二是适时推进检察工作的规范化和民主化，改进检察工作的方式，以法治方法参与社会治理，祛除官僚主义和过度的司法追诉倾向，保障人权、文明执法。而这些都需要解决的一个理论问题，就是理顺专政与法治的关系，建立合乎现代法治理念精神和法律实务特有规律的司法体系。

---

[1] 杨清涛等：《和谐之道——社会转型期人民内部利益矛盾解析》，人民出版社2009年版，第1页。

二、亲和力和公信力缺失的新困境

中国共产党在革命过程中为无产阶级夺得政权，建立了无产阶级专政的社会主义国家。但新中国成立后，法治建设经历了波折，甚至出现了不少失误，导致亲和力和公信力的实际缺失。列宁认为，"专政是直接凭借暴力而不受任何法律约束的政权"，因此无产阶级专政的革命政权是无产阶级对资产阶级采用暴力手段来获得和维持的政权。我国检察机关作为党的"刀把子"，也是无产阶级专政的工具，检察工作是革命事业的一部分，必须绝对服务于镇压反革命分子、打击刑事犯罪的革命需要。然而在马克思看来，不受法律约束地使用暴力，只能在非常时期；一旦进入平常时期，就只能以民主和法制的形式来进行统治。所以进入和平时期，更加要依靠民主和法治，建设人民民主国家，建设法治国家。反之，强调提升司法亲和力和公信力则无从谈起。

回归中国的法治现实，曾一度"司法道德滑坡""司法信任削弱"，这皆是无法回避的时代命题，加上契合世界法治潮流的司法封闭主义、司法精英化趋势，司法已经面临着公信力和亲和力的实际缺失。检察工作中，具体表现为检察机关和检察工作人员在履职的各个环节存在不足，影响着检察工作的亲和力和公信力。第一，在职务犯罪侦查环节。如线索管理中，部分案件办案部门未在规定期限内将线索处理情况回复举报中心致使举报中心无法及时答复举报人，损害了人民群众对检察机关的依赖和信任，无信任既无公信也无亲和。第二，在侦查监督环节。如审查逮捕中，一些检察人员在办理轻微刑事案件时，因担心被害人闹访而简单一捕了之，特别是一些地方对属于外来人员的犯罪嫌疑人无论情节轻重一概逮捕。审查逮捕是检察机关依法打击犯罪、维护人民群众权益的前沿关卡，也是提升检察工作亲和力和执法公信力的重要阵地。检察机关如果只是片面考虑维稳与治安压力，忽视逮捕必要性的全面考量，势必与现代法治精神背道而驰，失去亲和与公信。第三，在公诉环节。如强制措施适用和审查中，一些地方不重视羁押必要性审查，为了规避犯罪嫌疑人外逃和信访风险，不愿意进行羁押必要性审查；个别案件未在法定期限内及时办理换押手续，对侦查机关移送起诉的取保候审、监视居住案件未按规定重新办理强制措施手续；甚至个别案件未办理变更羁押期限审批。公诉工作直接关系检察工作亲和力和公信力。羁押必要性审查是犯罪嫌疑人人权保障的正当法律要求，强制措施适用有严格法律规定，公诉环节一旦违背程序正义精神必将授人以柄，极大损害检察亲和与公信。第四，在刑事执行检察环节。如一些检察室在刑事执行监督中，审查案件不够细致深入，调查核实工作没有开展到位，巡视检察打折扣，对新情况掌握不够及时，未及时督促监管场所排查安全隐患，对不予收押等不规范司法行为未能发挥一体化监督作用。刑事执行监督虽然针对特定群体，不易引起社会公众的广泛关注，但其监督实效同样关系亲和与公信，蕴含着人文主义和人道主义的光辉，无疑有助于犯罪分子的改造和再社会化，而成功监督的范例同样将支撑起检察公信的基础平台。第五，在民事行政检察环节。如个别基层检察机关为了推卸化解信访责任，引导当事人向上级院申请复查。加强民事行政检察，是检察机关充实和拓展法律监督职能的时代需求。近年来，通过系列修法活动和部门间互动，已经基本明确了检察机关在监督民事法律、行政法律实施中的角色定位，人民群众的诉求反映也在快速增加。这就要求检察机关更加审慎稳妥开展民事行政检察工作，逐级履行好各自职责。基层检察机关更应当"守土有责",通过亲和公信履职尽量让矛盾纠纷化解在基层和萌芽状态。第六,在控告申诉检察环节。如接待群众中,仍有一些检察人员对待当事人和来访群众态度生硬、敷衍塞责、冷硬横推,在与案件当事人及其近亲属、来访群众接触过程中不够耐心,对来访群众不够热情;有些检察人员对部分多次上访、缠访人员存在畏难心理,在接待中表现得较不耐烦,语言简单生硬。控告申诉是检察机关的对外窗口,窗口形象直接关系人民群众对检察机关的观感。检察机关唯有"视民如伤",常与信访群众"换位思考",才能真正构建检察机关与人民群众平等互动的良性平台,通过亲和作为树立检察公信。

检察履职的各个环节中存在的一些问题,实际上反映了检察机关和检察工作人员在执法观念、执法方法、执法作风、体制机制等方面所处的现实困境和尴尬形象。作为互动式的概念范畴,人民群众的惯性作为同样反映了司法公信力和亲和力的缺失,集中体现在涉法涉诉信访方面。实践中,大量出现的涉法涉诉事件大都是人民群众对司法不信任的表现和结果,司法亲和力和公信力的缺失甚至引发"信访不信法"现象的滋生蔓延,亟待理念、制度和机制的突破与转变。

三、人民群众的新期待

司法亲和力和公信力的基础在于人民群众与司法的投合和信任,进而上升为对法治的信仰。投合是行为方式共鸣产生的和谐状态;信任则是出于对对方言行主客观方面的信任,相信这种言行有益于、至少不会损害自身利益,兼有"品质"和"能力"的考虑。随着人民群众权利意识的增强,检察工作实际上面临着"双向考验"。一方面是实体考验,即人民群众对于检察工作的要求和期待越来越高，如越来越重视自身诉讼权利的保障和行使，要求司法程序越来越公开透明，要求司法裁断至少必须符合法律的形式判断等。另一方面是时代考验，即中国自古以来就是熟人社会，从众心理在熟人社会中表现得更为明显。一部分人对司法亲和力和公信力的质疑，很容易产生"蝴蝶效应"，导致一大批甚至在一个地区的人失去对司法的投合和信任，最终引发司法亲和力和公信力危机。步入新媒体时代后，信息资讯传播更是打破了传统局限，实现了"所有人"对"所有人"的实时传播，对于司法的不利印象极易被夸大并迅速传递。

如何破解人民群众对司法的不信任与期盼公平、正义司法的矛盾，是解决司法亲和力和公信力的有为之道和时代课题。司法亲和力和公信力的提升需要人民群众与司法的互动，一方面需要司法与人民群众之间相投合，赢得人民群众信任；另一方面需要司法自身的不断改进与完善。亲和力和公信力最显著的体现就在于，纠纷发生时人民群众都寄希望于司法权力，并且自愿接受司法机关按照预定程序所作出的裁决的约束。司法亲和力和公信力的强弱是人民群众对于司法投合和信任的一种心理传承，内化到每个社会成员的内心世界，因此以一种隐性方式存在，且很难让人觉察。以公信力为例，如果司法公正、廉洁、无偏私，人民群众将会对司法产生信任，经过长期对司法机关所作个别决定、裁决的信任和尊重，经过传媒的加工、报道，就会逐步形成一个群体性意识，并上升为一种心理惯性。既有人民群众对于司法的依赖、信任、信仰，又有司法本身的独立、廉洁、公正品质，司法公信力缺失的问题终将迎刃而解。[1] 这也是提升司法亲和力同样应当遵循的基本规则。

换言之，新时期的检察机关必然要升华执法理念，改变办案策略，不能再仅仅强调打击犯罪的职能，而是坚持惩治罪犯、保障人权，更加强调法治思维和法治方式，理性、平和、文明、规范办案。之所以如此，既有亲和力和公信力缺失的时代动机，更是基于社会转型、改革深入人民群众的新期待。伴随经济体制的改革，社会结构和利益的分化会不断加剧，这些利益都是正当的，但往往又是互相矛盾和冲突的。人民群众对于检察机关妥善调处利益关系，已经形成了一种特定的心理期待，而这种期许已经远远超出以往任何时代。检察工作经常要面对的，就是针对这种期待，如何实际协调和处理利益关系，合理地采取各种社会治理策略的方式来灵活进行。更重要的是，要形成一套成熟的执法办案机制，使社会矛盾的解决纳入到法治轨道，从而使其中的绝大多数问题，不至于引起激烈社会冲突，不至于酿成严重社会危机和政治动荡，并由此推动社会进步。

第二节 检察工作亲和力和 公信力的理念升华

检察工作的权力本源、制度生成、实现目标注定了其价值取向。在履职中实现理念之升华，以亲和力和公信力践行党的根本宗旨，以亲和力和公信力践行社会主义核心价值观，以亲和力和公信力推进社会主义和谐社会建设。

---

〔1〕 参见陈莉：《破解司法公信力缺失之困——从大众矛盾心理说起》，载《人民论坛》2013 年第 11 期。

一、党的根本宗旨与检察工作亲和力和公信力

"民为邦本，本固邦宁"。为人民服务是党的根本宗旨。检察机关植根于人民，检察人员来自于人民。检察实践中，检察机关和检察人员应当恪守严格执法和公正司法的基本原则，养成亲民、敬民、爱民、以人为本的工作作风，树立廉洁自律的自我监督意识，不断提高检察工作亲和力和公信力，消除百姓心目中的神秘感和距离感，更多地"接地气"和"人性化"。

（一）坚持"以人为本"理念

检察工作的主体是人，既包括公诉人、侦查员，也包括被害人、犯罪嫌疑人和被告人；其目的在于解决围绕"人"产生的各种矛盾纠纷，抚平社会伤害，恢复安定秩序。如果从具体司法活动角度来看，法律就是为诉讼活动建立规则，为实现人的权利义务确立标准，为社会矛盾得以解决提供依据和出路。亲和公信是"以人为本"的外在表现，其本质是执法为民，服务人民，尊重和保障人权。这就要求检察机关在履职中，始终秉持人权保障、人文关怀和人道主义理念。

1. 人权保障

尊重和保障人权是宪法确立的重要原则，是中国特色社会主义司法制度的本质属性。检察工作涉及各个诉讼环节，在尊重和保障人权方面肩负重责，不仅要在自身执法办案活动中，如侦查、审查逮捕、审查起诉等工作中尊重犯罪嫌疑人、被告人作为"人"应当享有的基本权利和人格尊严，而且要履行好法律监督职责，监督其他办案机关切实尊重和保障人权。事实上，世界诸多法域的检察制度虽然定位功能不尽相同，但基本上没有脱离控制警察恣意和法官擅断的制度初衷。可以说，检察制度自生成之际就被赋予保障人权的天然使命。中国检察机

关由人民代表大会产生，其法理基础更是决定了尊重和保障人权是检察机关的责任和使命。强调亲和力和公信力意味着"以人为本"的本源回归，要求执法办案更多尊重和保障人的基本权利。

2. 人文关怀

人文关怀是检察人员在"以人为本"司法理念作用下，沉淀于内心并外化于司法实践的一种职业品质。司法工作不应仅是冷冰冰地适用法律，还需要道德感召和人性温暖。人文关怀集中体现为对人的权利的重视和尊重。例如，在职务犯罪侦查中，将尊重、体谅社会各界、行业单位运行特点和规律作为履职出发点，重视自身行为的边际、后续效应，合理选择工作时机和方法，尽可能采取和缓或者人们能够接受的工作方式开展工作，就是司法人文关怀的实践展示，有益于增强社会认同感和凝聚力。强调司法人文关怀，还有益于解决长期困扰检察实践的就案办案、机械执法、割裂法理与情理等司法顽症。虽然任何人触犯法律都必然要受到法律处罚，但法律的强制和刚性并不排斥法律框架下的温情。人文关怀要求检察人员在执法办案中更多关注当事人的合法权益，唤醒人性之中的向善因子，让执法办案体现出法律的温度，体现司法的亲和与公信，实现法律效果、政治效果和社会效果的有机统一。

3. 人道主义

人道主义是起源于欧洲文艺复兴时期的一种思想体系，提倡关怀人、爱护人、尊重人，是一种以人为本的世界观。人道主义源于人道、人文思想。《易传》讲："有天道焉，有人道焉，有地道焉。"《象·贲》讲："关乎天文以察时变，关乎人文以化天下。"中国传统文化中虽无人道主义一词，但人道、人文思想源远流长。《中庸》有云："诚者天之道也，诚之者人之道也。"诚之一字，有成己成物之意，也是孟子"亲亲而仁民，仁民而爱物"的意旨所在。这些语意，与西方的人道主义基本相通。实践人道主义是"以人为本"的时代需求，也是人权保障和人文关怀的理性升华，赋予检察工作讲亲和立公信新的时代意涵。

"法以民为本，法为民所立"。亲和与权威并不矛盾，亲和执法丝毫不损法律的威严和权威，而是把法律以人为本的一面，通过执法人员的人文关怀和人道努力，使冷冰冰的法律条文变得温暖人心，让执法对象心悦诚服地遵守法律、信仰法律，才能真正提升公信力。检察干警作为法律工作者，执法办案不能仅仅例行公事，而是要"视民如伤"。要将深厚感情和人文关怀注入其中，慎重准确，不枉不纵，在感同身受中增强同人民群众的感情，努力让人民群众在每一个案件中都切实感受到公平正义。唯有如此，人民群众才会发自内心地亲近检察机关，对我们的工作报以热忱的支持，从而彰显我们文明执法、公正司法的检察工作新境界。

（二）坚持"执法为民"理念

全心全意为人民服务是中国共产党的根本宗旨，是我们党一切工作的出发点和落脚点。执法为民是我们党立党为公、执政为民理念在检察工作中的直接体现，也是"权力属于人民"宪法原则的具体体现。"人民检察为人民"，检察机关在执法过程中，必须坚持群众路线，实现好、维护好、发展好最广大人民群众的根本利益。

1. 思想基础

思想是行动的先导。思想问题，归根结底是牢固树立马克思主义世界观、价值观、人生观的问题。坚持执法为民理念，直接回答了执法工作"相信谁、依靠谁、为了谁"的根本问题，明确了我们执法的价值取向。坚持执法为民，就是要牢记并践行全心全心为人民服务的根本宗旨，坚持"一切为了群众、一切依靠群众、从群众中来，到群众中去"的群众路线，牢记"群众利益无小事"，身怀爱民之心，恪守为民职责，处处替人民着想，时刻为人民排忧解难。唯有如此，才能真正拉近检察机关与人民群众的情感距离，敬畏群众、感恩群众、心系群众，增强执法为民的自觉性和主动性，将执法为民贯穿执法办案始终。

2. 现实基础

坚持群众路线，是中国共产党成功从战争烽火走向新中国成立、走向民主法治的重要法宝。群众路线落实到执法办案中，就是要坚持"执法为民"理念，这也是检察工作讲亲和、立公信的直接体现。从我国国情来看，最大的国情仍然是处于并将长期处于社会主义初级阶段，主要矛盾是人民群众日益增长的物质文化需要同落后的生产力之间的矛盾。在此大背景下发生的社会纠纷，都是人民内部矛盾。人民当家做主的社会主义政治制度，和公有制为主体、多种所有制经济共同发展的社会主义基本经济制度的建立和完善，已从根本上消除了导致阶级对立和社会不和谐的制度根源。在此情形下，检察机关必须牢记服务宗旨，只有坚持"一切为了人民，一切依靠人民"，才能有效提升检察工作亲和力和公信力。检察工作讲亲和、立公信，从根本上讲就是坚持为人民服务的宗旨，以人为本，执法为民，在妥善解决人民群众内部矛盾中展现亲和与公信。

3. 实践路线

党的十八届三中全会提出，"创新社会治理体制，必须着眼于维护最广大人民根本利益"，要"完善人权司法保障机制"，将法治建设整合到社会治理体系中来，并通过法治的方法解决人民群众内部矛盾，维护国家长治久安。检察机关践行执法为民，需要融入社会治理，善于运用法治途径"定分止争"，因势利导，而不是简单地引导当事人都去打官司，否则单靠打官司是打不出和谐社会的。检察干警不仅是司法工作者，也是群众工作者，要用和解、调解的方法，怀着对人民的深厚感情做群众工作，兢兢业业、勤勤恳恳，急群众之所急，想群众之所想，把化解矛盾贯穿执法办案全过程，真正解开心结，促使案结事了，拿自己的"辛苦指数"换来老百姓的"幸福指数"。

（三）坚持"公平正义"理念

维护公平正义是检察工作永恒的主题。实践党的根本宗旨，坚持"以人为本""执法为民"，并不意味着盲从于群众的一切利益和需求，相反，恰恰要求筑牢公平正义之基、划定公平正义之界。只有这样，才能最大限度地实现好、维护好最广大人民群众的根本利益。

1. 契合群众利益

尊重人民群众意愿，以人民群众满意与否作为衡量执法为民、公平公正的标尺，是提升检察工作亲和力和公信力的基本要求。人民群众是否满意关键在于检察机关是否满足了其利益诉求，其中既包括满足案件当事人自身的个体正当利益诉求，也包含满足一定地域、区域以及最广大群众对公平正义的整体利益诉求。二者在本质上是一致的，但由于利益指向不同，可能发生冲突，需要司法机关的理性作为。尊重人民群众意愿的执法为民，要求检察机关不为一时的舆论导向所干扰，不以不清楚来源的"群众呼声"为办案思路，坚持审慎独立地处理司法案件，坚持公平公正理念，维护社会生活的基本规则，最大限度契合最广大人民群众的内心需要。

2. 遵循司法规律

回应人民群众的关切，坚持"执法为民"，是群众路线在执法办案中的直接体现，也是"社会主义法治"理念的持续深化。而司法活动有其固有的规律，司法规律是国家适用法律解决社会纠纷时的司法特性，由司法活动的性质和运作规律所决定，并由法治实践证明是正确的。在不同法律文化传统、不同政治制度、不同司法体制乃至不同经济社会发展水平的国家，甚至在同一个国家的不同经济发展阶段，其内涵是千差万别甚至迥然相异的。在我国现实生活中，由于受执法司法者素质等多种内外部因素的影响和制约，司法规律也呈现出独具一格的特征。只有从我国国情出发，正确认识、把握、遵循和运用司法规律，才能建设成为权责统一、权力制约、公开公正、尊重程序、高效权威的司法机关，才能建设成为符合广大人民内心需要的司法机关。

3. 恪守公平正义

公平正义和执法为民二者紧密联系，不可分开。首先，公平正义是实现执法为民的基础和保障。司法机关是实现公平正义的最后保障，人民群众对司法机关的诸多诉求中，最为核心的是实现公平正义。公平正义是社会主义法治的价值追求，是检察工作的生命线。其次，执法为民是公平正义的目标和根本目的。检察工作要实现公平正义，归根结底就是要通过执法司法，维护人民群众的合法权益。检察工作亲和力和公信力强调的"执法为民"，必然具有公平正义的基本内核。从应然层面讲，公平正义可以是而且应当是一种共时性的价值追求，但在现实上难以达到应然的程度，只能处于一种历时性的不圆满状态。由于人性的不完善性、认识能力的有限性以及程序正义的形式性，历时性的公正与共时性的公正之间势必存在距离。因此，司法实践中的司法不公现象虽为人民群众所不容，但其存在有特定的社会历史根源。我们既不能把"柏拉图"式的理念当成现实而袒护司法不公，也不能因为司法不公是历时性产物而拒绝改革。根除司法不公、恪守公平正义是人民群众感受司法亲和与公信最真切的来源，也是一项长期而艰巨的历史使命。

检察院是人民的检察院，执法办案归根结底是为人民服务。讲亲和、立公信，就是要顺应人民群众的期待要求，牢固树立以人为本、执法为民和公平正义的理念，用对待亲人般的感情对待群众、服务群众，用虔诚的法律信仰严格执法、公正司法，让人民群众从内心深处感受到，检察机关是人民利益的捍卫者和社会公平正义的守护者。

二、社会主义核心价值观与检察工作亲和力和公信力

社会主义核心价值观是新时期对于主流价值和共同信念的集中提炼，对于检察机关提升亲和力和公信力意义重大，并被赋予特殊的内涵和要求。

（一）社会主义核心价值观与检察价值观取向

迅速发展的当代中国，人们更加关注精神信仰、伦理道德、社会风尚，对主流价值和共同信念的归属感尤为强烈。司法公正道出了人们对社会规制的态度和期望，一再成为舆论关注的焦点。党和国家致力于软实力的建设，为人民群众营造踏实的幸福感。2006 年 10 月，党的十六届六中全会首次明确提出社会主义核心价值体系。它在我国整体社会价值体系中发挥了主导作用，它决定了整个价值体系的基本属性和基本方向，是建设中国特色社会主义和谐社会的根本所在。社会主义核心价值体系包含马克思主义指导思想、中国特色社会主义共同理

想、以爱国主义为核心的民族精神和以改革创新为核心的时代精神、以"八荣八耻"为主要内容的社会主义荣辱观四个方面的基本内容。这四个方面的基本内容相互联系、相互贯通，共同构成辩证统一的有机整体，共同服务于追求社会和谐的中国特色社会主义本质属性，是国家富强、民族振兴、人民幸福的重要保证。其中，公平正义是和谐社会的基础，是和谐社会的重要特征，是贯穿于和谐社会各层面的核心价值理念。没有公平正义，民主法治就缺乏基础，诚信友爱就缺乏保障，社会就缺乏活力和安定。

2012 年 11 月，党的十八大报告明确提出社会主义核心价值观的价值目标、价值取向和价值准则："倡导富强、民主、文明、和谐，倡导自由、平等、公正、法治，倡导爱国、敬业、诚信、友善，积极培育社会主义核心价值观"。"三个倡导"从国家、社会和公民三个层面勾绘出一个国家的价值内核、一个社会的共同理想、亿万人民的精神家园。社会主义核心价值观与中国特色社会主义发展要求相契合，与中华优秀传统文化和人类文明优秀成果相承接，是我们党凝聚全党全社会价值共识的载体和工具。

最高人民检察院下发《关于检察机关培育和践行社会主义核心价值观的意见》指出，培育和践行社会主义核心价值观是检察机关提升法律监督能力、推进检察事业科学发展的重要途径。各级检察机关要把培育和践行社会主义核心价值观作为凝魂聚气、强基固本的战略工程，作为推动检察事业持续健康发展的精神力量，切实把社会主义核心价值观的要求贯穿各项检察工作，不断夯实检察事业发展进步的思想理论根基。亲和力和公信力是公众日常积累的感受和评价，执法办案是人民群众对于检察机关的直接观感。以社会主义核心价值观引领检察执法办案，才能在与公众打交道的每个环节保持敬畏、热情与自省心态，让当事人和社会公众感受更多理解和体谅，展示司法亲和；才能牢固树立和准确履行法律监督职能，严格把住案件事实关、证据关、程序关和法律适用关，确保办理的案件经得住检验，积累司法公信。

（二）检察工作亲和力、公信力与"富强、民主、文明、和谐"的目标

"富强、民主、文明、和谐"，是党的十八大报告之于国家层面倡导的目标，蕴含着亲和、公信的因子。

富强意指富足而强盛。富强是中华民族梦寐以求的美好夙愿，是社会主义现代化国家建设的应然状态，也是国家繁荣昌盛、人民幸福安康的物质基础。服务党和国家工作大局，始终是人民检察的历史使命和光荣传统。改革开放以来，检察机关通过履行检察职能为经济社会建设发挥着巨大的作用。检察机关应当着眼于服务经济社会发展，依法妥善处理各类矛盾纠纷，平等保护各类市场主体，从法治层面营造良好的投资和运营环境，在执法办案中融入亲和与公信。

民主意味着人民当家做主，同时意味着为民做主，发展和维护人民群众的根本利益。早在新民主主义革命时期，毛泽东同志就指出，民主是我们党跳出"历史周期律"的"新路"。检察机关践行社会主义核心价值观就是坚持执法为民。当前，执法为民最大的危险、最大的问题在于检察人员的群众立场、群众感情和群众路线是否确立、增进和牢固。尽管职业化和民主化是现代司法改革的两种流向，但司法亲民仍然是中西方司法发展的趋势所在。事实上，司法职业化与人民检察为人民的核心价值观并不矛盾。例如，人民监督员制度的确立和完善彰显了中国特色社会主义检察制度的优越性。无论是当今还是今

后，司法体制机制的形成和完善都应当更多侧重实质内核，而非形式要求。检察改革实质上应当兼顾职业化与民主化，以职业化保证检察执法水平，以民主化实现执法办案之有效监督，二者良性互动促进提升执法办案质量。换言之，检察职业化侧重公信、民主化侧重亲和，二者有机统一于检察改革的具体实践之中。

文明涵涉物质、精神、政治、社会和生态领域，司法文明是法治文明进而是政治文明的重要组成。检察机关和检察工作要服务于"五位一体"总体布局，首先要实现自身的文明进步，即要有科学的司法理论、先进的司法理念、健全的司法制度、完备的司法规范以及文明的司法行为方式。强调司法公信与亲和，以文明的理念、规范、制度与行为，争取人民群众对于司法的信任与信心。当前，司法文明建设的紧迫任务就是要加强职业化建设和保障，改革完善司法权运行机制，建设公正、高效、权威的社会主义司法制度。最高人民检察院已提出"理性、平和、文明、规范"的执法理念，只有在检察实践中提升，才能真正转化为亲和与公信的经验积累。

社会和谐是中国特色社会主义的本质属性。和谐涉及人的内心和谐、人与人和谐、人与社会和谐以及人与自然和谐。具体到司法领域，就是追求和谐司法，通过检察活动实现"案结事了"，让社会关系恢复到或者达到一种和谐状态。显然，强调和谐与亲和、公信的深层追求一脉相承，"和谐"关系司法亲和的最优展示，也关系司法公信的良性确立。"案结事了"以"人和"为追求，不是仅着重于案件本身问题的解决，而是更关注修复社会关系，这种修复不是补偿性的修复，而是再生性的修复，达到凤凰涅槃重生的"人和"状态。"案结事了"是对检察工作提出的具体要求，就是说案子结了以后，矛盾也得以解决，合法权益得到维护，违法行为担负应有的责任。在"定分止争"的同时，检察工作中要强化"释法说理"的过程。这种说理主要包括：一是法理，告诉当事人法律规定的同时，要尽可能以通俗易懂的语言说明法律为什么这样规定；二是事理，告诉当事人检察机关认定事实的标准是证据，没有证据支持的，不能予以认定；三是伦理，告诉当事人矛盾产生的根源在哪里，特别是在社会关系准则方面应该吸取的教训。心平气和的释法说理是司法亲和的生动实践，通过释法说理促进案结事了，达致司法公信。

（三）检察工作亲和力、公信力与"自由、平等、公正、法治"的方向

"自由、平等、公正、法治"是党的十八大报告之于社会层面倡导的方向，与亲和公信的内涵相通。

自由是人类共同的理想价值追求。宪法和法律是人类长期争取自由的结晶，其精神实质和自由精神具有共通性。司法是司法机关和司法人员适用法律的活动，应当以自由为价值追求，在保障人权、限制公权方面发挥着巨大作用。而检察制度的生成发展更是防止警察恣意与司法擅断的结果，本身融入了自由的价值内核。当然，自由与约束如影随形，自由需要以理性和规则为前提。现代法治社会中，立法划定了自由幅域，而对于自由界限的实际判断需要依靠司法作为。转型发展中的中国，面临着大量影响和制约自由的消极因素，迫切需要司法的理性担当。强调司法亲和与公信统一，实际上要求付诸司法的理性作为，达致个人自由与国家社会利益之间的和谐关系。

平等是社会主义的本质要求。平等思想源远流长，我国古代就有"不患寡而患不均"的绝对平均主义思想；西方资本主义社会也有强调个人主义至上的平等思想。作为社会主义核心

价值观的平等，汲取了中西方思想传承的积极因素，更多强调规则、权利和尊严的平等性。无论何种平等最终皆可转化为法律层面上的平等，即"法律面前人人平等"。现代社会中，司法无疑是平衡和保障平等的关键环节。而检察工作对于平等的保障作用尤为重要，特别需要注意把握存在的两个方面问题。一是司法平等。社会公众对于司法过程本身存在"公平焦虑症"，加上法律无法穷尽社会现象，对于部分案件的处理缺乏明确依据而备受质疑和指责。二是个案平等。我国虽然并非判例法国家，但社会公众对于个案的关注往往进行相似比较。一旦存在所谓的执法尺度不统一、刑罚适用不均衡等现象极易引发关注和质疑。可见，司法领域中对于平等的强调，实际上就是要求确立公信，其过程建立需要有机融入亲和的因素。

公正是人类文明进步的重要标志，也是社会主义的本质要求。司法是社会公平正义最重要的一道防线，也是最后的一道防线。公平正义理念的实践需要依托于具体制度和法律，而维系这些制度和法律的运作需要依赖于司法公正。当前，检察机关公正执法司法，就是要"依法公正对待人民群众的诉求，努力让人民群众在每一个司法案件中都感受到公平正义"。这就要求付诸司法亲和的具体行动，让人民群众在检察执法办案中感受到法律温情，继而牢固确立司法公信，坚定人民群众对于检察执法办案的尊重与信任，契合公平正义的理性诉求。

法治是治国理政的基本方式。党的十八大以来，习近平总书记对法治建设做了系统论述，对法治建设进行总体布局和具体部署。落实到检察司法领域，首先，要坚持司法为民，加大对人民群众尤其是困难群众维护合法权益的法律援助，重点解决好损害群众权益的突出问题；其次，要认真地对待权力，依法严格办理每一起案件，通过具体个案的公正执法累积人民群众对于司法的尊重与信任；最后，要坚持公正执法，坚守司法职业良知，增强坚守法治的思维、信仰和定力。同时，还要持之以恒地加强检察机关自身的建设、推动透明公开执法司法，以自身监督与检务公开立公信、促公信。显然，强调法治与司法亲和、公信的内核高度契合，无论是司法为民、公正执法还是深化公开、强化监督，都要求增强检察机关与人民群众之间的互动和互信，实现亲和与公信的有机统一。

（四）检察工作亲和力、公信力与"爱国、敬业、诚信、友善"的准则

"爱国、敬业、诚信、友善"是党的十八大报告之于个人层面倡导的准则，契合了检察工作亲和和公信的履职品格。

爱国不仅需要社会群体的认知和热情，更需要理性和行动。检察人员践行爱国核心价值观，就是要牢固树立忠诚意识，切实履行宪法法律赋予的职责，维护社会秩序，保障人民权益，实现公平正义。同时要坚定中国特色社会主义的道路自信、理论自信、制度自信和文化自信，坚决抵制敌对势力对我国政治制度和司法制度的攻击，绝不照搬、照抄西方的政治制度和法律制度；坚持丰富、完善和发展中国特色社会主义法治理论体系和中国特色社会主义检察制度。可见，对于爱国的追求实际指向司法公信的结果状态，检察机关付诸稳固中国特色社会主义检察制度的努力、付诸引导最广大人民群众信奉司法的实践，就是爱国的集中体现。这种过程的进行和延续需要融入亲和元素，才能让司法公信的状态更易被人所接受。

敬业是针对公民职业道德的核心要求，强调敬重本职，培育强烈的责任心与使命感，要求社会个体爱岗、尽责、专注、钻研与奉献。敬业是实现"中国梦"的动力源泉，也是提升检察工作亲和力和公信力必须具备的道德要求。检察人员只有养

成职业道德，敬业、精业、乐业，热爱本职工作，提高素养，养成良好作风，讲究执法方法，把检察职业当成事业追求，才能树立检察机关的公信形象，增进检察机关与人民群众的常态沟通，拉近心灵距离。

诚信是社会个体立身处世的基点。孔子曰："人而无信，不知其可也。"随着社会主义市场经济的不断深化，我国经历着由熟人社会向契约社会的时代转型。传统乡土封闭社会所依赖的宗法血缘关系逐渐为现代陌生人社会所依靠的法治规则取代。互为表里的法治和诚信逐渐成为维持社会秩序的两大支柱。然而，诚信缺失已经成为日趋严重且无法回避的现实问题。司法实践中，典型个案反映出的司法道德滑坡现象同样日趋严重，迫切要求重塑司法诚信。但"冰冻三尺非一日之寒"，重塑司法诚信需要付诸漫长而艰辛的司法历程，对于司法亲和力和公信力的强调无疑有助于缩短时日，尽快建立检察机关与人民群众的和谐关系。

友善即与人为善，善待亲人、朋友和他人，善待自然和社会。友善是中国人民和中华民族的传统美德，在中国社会剧烈转型、利益结构深刻调整的大背景下，倡导友善有利于增进沟通理解，避免矛盾纠纷。中国传统讲"仁者爱人"，内化于心、外践于行就有友善。检察人员作为特殊的职业群体，应当有宅心仁厚的友善，将"以人为本"的人文关怀与人道主义融入执法办案，否则，将会沦为机械适用法律的工具。显然，强调友善的核心价值观与检察工作中强调亲和有异曲同工之妙。友善落实到司法实践中，就是要求善待群众，尊重群众，将心比心；便民利民，最大限度帮扶弱者，让当事人感受司法公平正义。检察人员的友善还表现在善待职业共同体，对律师、公安、法官表现应有的尊重。这些要求也恰恰是强调司法亲和的应有之义，通过友善的司法实践才能更快更牢固地培育人民群众对于司法的信任，确立司法公信。

司法领域中，强调社会主义核心价值观与司法亲和、公信内涵相通，无论是建设"富强、民主、文明、和谐"的社会主义现代化国家，建立"自由、平等、公正、法治"的美好社会，还是养成"爱国、敬业、诚信、友善"的道德规范，都需要以文明执法为支撑，以公正执法为保障。公信力是公正诚信权威的体现，亲和力是民主平等的应有之义。检察机关践行社会主义核心价值观，就是要带头讲亲和、立公信，在执法办案中诚实守信、公平透明；带头用法治思维和法治方式处理问题，促进社会公正；带头用人格力量弘扬社会主义道德风尚，彰显平等友善。

三、社会主义和谐社会与检察工作亲和力和公信力

构建社会主义和谐社会，是我们党在全面建设小康社会、开创社会主义事业的同时提出的一项重大任务。社会主义和谐社会，是民主法治、公平正义、诚信友爱、充满活力、安定有序、人与自然和谐相处的社会。追求社会主义和谐社会与倡导社会主义核心价值观皆是对社会主义建设与发展规律认识的深化，二者内涵相近但各有侧重，和谐社会是实践目标，核心价值观是精神指引。培育和践行社会主义核心价值观有助于引领多元社会思潮，凝聚社会共识，化解社会分歧，达致社会各阶层思想认识的共识与和谐，实现和谐之目标。而和谐，不仅是国家的价值追求，也是社会的发展目标。一个国家发展到一定阶段之后，民主与法治、公平与正义、腐败与民生等问题将日趋严峻，矛盾积聚可能引发执政党的执政危机和社会的长期动荡。执政者如果不能有效解决民生与腐败等现实问题，不能消

弭社会矛盾冲突，增进公平正义，实现和谐发展，势必影响国家和社会安定。实现中华民族伟大复兴，不仅要在经济发展上创造奇迹，也要在精神文化上书写辉煌。深入理解和切实解决上述变局的关键就在于，架构社会和谐与公平正义之间的理想链接。可以说，没有公平正义就没有社会和谐，社会和谐是公平正义的应然状态及其必然结果，而公平正义是一个社会实现和谐、繁荣昌盛的基石，是一个社会凝聚人心、鼓舞斗志、激发活力、获得认同的价值理念，是一个社会建构合理、规范、公正制度的伦理原则，是一个政党立党为公、执政为民的根本理念。"如果说发展经济、改善民生是政府的天职，推进社会公平正义就是政府的良心。"[1] 而这也恰恰是司法领域强调亲和与公信的要义所在，公平正义是司法的永恒主题，达致和谐是司法的目标追求，强调亲和意在和谐目标、强调公信意在公平正义，二者有机统一于检察工作的具体实践。

（一）和谐社会建设与检察因应

当代中国，"和谐"已经成为一个衡量社会发展的价值坐标，一个引领中国社会发展的价值取向。和谐社会是一个具有丰富内涵的概念，"简言之，可把它理解为社会诸要素的融洽整合与协调发展。衡量和谐社会主要条件或标准之一就是多种社会关系的伦理协调，这种协调主要反映社会的主客观关系、利益关系、人际关系，具有公正，有序和充满活力的特质"[2] 可以说，社会和谐是中国特色社会主义的本质属性。所谓的司法和谐，则是指在司法机关相互配合并相互制约的基

---

〔1〕 赵承、吴晶：《总理同大学生谈心》，载 http://news.xinhuanet.com/newscenter/2008 年 5 月 4 日。

〔2〕 林更茂：《建构现代和谐社会伦理秩序论》，华中师范大学 2008 年博士学位论文，第 1 页。

础上保证司法过程正当、达致司法结果正义的理想状态，它体现为"司法权配置的合理性，司法运行过程的协调性和司法行为结果的公正性"[1] 的三位一体。

如果说建设和谐社会是检察工作亲和力和公信力的价值追求，那么司法和谐既是一种制度期待，也是一种伦理期待。达致司法和谐，需要解决好三个维度的问题：其一，包括检察工作在内的司法活动应以何种价值目标或价值理念为支撑，其立基的正当性为何；其二，司法和谐是以何种价值观念与客观条件而展开的，其现实依据何在；其三，司法和谐有何核心内容，它是怎样实现的。司法是"法律之治"的核心和枢纽所在，如果无法处理好以上问题，就有可能造成司法权威的消解，甚至危及国家的合法性根基。"法治社会与人治社会的区别就是进行社会控制的至上权威是法律而不是人。虽然是人创造了法律并执行法律，但是法治社会的法律运行总是在自身规范的指导下进行的，任何人包括掌握法律权力和法律资源的人都应该在法律内而不是在法律外行动。"[2] 法治国家中，法律权威应该大于人的权威，法律权威在司法领域表现为司法权威，"包括司法公信力和司法强制力，也有人称为消极的司法权威和积极的司法权威"[3] 我国检察机关作为司法机关，担负着社会公平与正义捍卫者和建设者的重大使命，必然需要升华执法理念，实现司法领域中的和谐。

倡导和谐理念，培育和谐精神，要求检察机关在工作中尊

---

〔1〕 李寿荣、张元鹏：《论司法权威的和谐理念》，载《成都行政学院学报》2013 年第 2 期。

〔2〕 李寿荣、张元鹏：《和谐理念视角下的司法权威建构》，载《法学研究》2013 年第 3 期。

〔3〕 李寿荣、张元鹏：《和谐理念视角下的司法权威建构》，载《法学研究》2013 年第 3 期。

重人民群众的不同意见。追求和谐并非回避矛盾、否认差异，而是以承认矛盾和差异为前提。多元的利益主体、多元的社会所有制结构、多元的分配方式，使社会成员的思想道德价值观和行为方式表现为多元和多样，人民群众存在不同意见是非常正常的。孔子曰："君子和而不同，小人同而不和。"检察机关要善意对待人民群众的意见，直面人民群众的批评和监督，在承认异见、尊重异见的前提下，在与不同利益、不同文化、不同话语的群众诉求的交流碰撞中和谐共处，营造舒畅、和谐的工作氛围。对于和谐的追求过程，实际上彰显司法亲和的理性光辉；而达致和谐的结果状态，实际上指向司法公信的经验积累，建设社会主义和谐社会落实到司法领域和检察工作中，就是要提升亲和力和公信力。

（二）司法理念的和谐性

和谐理念能够对法律刚性进行柔性补充，这体现在对法律制度本身缺陷的逻辑判断上。尽管立法者尽可能地考虑各种因素，但是具体案件存在的不确定性势必导致个案正义的实现与社会整体正义之间的冲突，表现在牺牲个案正义来实现法律正义，违背法律的内在价值。和谐理念认为，案件当事人正义的实现，才是法律正义的真正实现。

社会生活的复杂性为法律制度与和谐理念的结合提供了实践依据，但难点在于如何把握它们的结合。这要求构建和谐社会和依法治国的方略结合起来，而不是无原则的一团和气。和谐理念运用到检察工作实践中，至少需要注意如下问题：一是防止双重标准的形成。和谐理念强调对行为外因素的关注，但是，对同一类型案件，行为外因素千差万别，对行为外因素的关注可能导致同一类型的案件产生不同的结果，引起人们对法律的平等性产生疑问。二是"和谐"容易牺牲法律的成本。司法的实质是解决利益的冲突，而非于追求利益的绝对平衡。法律本身还要肩负实现社会正义的使命，而正义是法律最为基础的价值之一。在和谐的旗帜下，问题的解决往往是利益妥协的产物。三是司法和谐与和谐司法的区别。前者是法律自洽性的价值延伸，是社会和谐在司法领域中的表现。后者则是以目的来导引方法，以结果来规制程序，完全颠倒了程序正义跟实体公正之间的关系。

（三）权力配置的和谐性

司法权配置的和谐性是指国家司法机关权力限度及其职责任务之合理性与平衡性的统一及其所呈现出的良好运行状态，其外在表现为各司法机关之间的和谐。事实上，"中国司法所面临的矛盾和问题与其他主体权力边界不清，或权力关系不合理相关。重新合理配置权力是解决中国司法现实矛盾和主要问题的根本出路"，[1] "和谐属于关系范畴，它不是一个孤立的个体脱离其他个体的封闭性或隔离性存在状态，而是处于一定时空范围内的不同个体相互作用、相互联系甚至相互制约的一种关系性和互动性存在。当然这种存在之所以叫作和谐状态就是因为在这个系统内每一个个体的存在对其他个体的存在和发展而言起一种有益的影响和良性的制约作用。司法机关之间也是这种制约性和互动性的关系"。[2]

司法和谐首先需要司法机关之间和司法内部之间的相互合作。当然，这种相互合作必须以遵守法律，实现法律之善为前提的。《宪法》第 135 条规定："人民法院、人民检察院和公安

---

〔1〕 顾培东：《中国司法改革的宏观思考》，载《法学研究》2000 年第 3 期。

〔2〕 李寿荣、张元鹏：《和谐理念视角下的司法权威建构》，载《法学研究》2013 年第 3 期。

机关办理刑事案件，应当分工负责，互相配合，互相制约，以保证准确有效地执行法律。"《宪法》对司法机关之间的相互合作作出了最权威规定，高度概括了司法活动的协调性。其中，"分工负责"是前提条件，意味着司法机关之间职责必须明确、权力界限必须清楚，以保证国家各项司法权能允当合理。"互相配合"是具体要求，从而使司法机关在刑事诉讼活动中保证各项法定程序连续性和连贯性。"互相制约"则是保障机制，使各司法机关形成平衡关系，促使其正确行使。

就检察机关的法律监督权而言，我国的检察机关在权力配置上还需进一步完善。例如，法律监督权与审判权、行政权的关系未能完全理顺，"自欧陆创设检察官制度以来，检察官处于法官与警察的两大山谷的'谷间地带'，在两大旗帜鲜明的集团的夹缝中摸索着自我的定位。检察官在刑事诉讼法上虽然自始就有监督法官裁判、控制警察侦查的功能，但是与检察制度相生相随的谷间位置，让检察官与非检察官如入云里雾里。一方面，检察官不想沦为次等的'法官'；另一方面，检察官也不愿成为高级的'警察'"[1] 所以，检察机关作为专门的法律监督机关，具有审判监督的法定权力，其权力的行使具有一定的自由度和裁量度，如进行检调对接，促请被告人与被害人进行协商和解，以使其具备法定或酌定从轻情节，从而决定不起诉或建议法庭从轻判处等为条件换取被告方认罪等。从司法权平衡讲，检察机关加强自身内部监督对于实现司法和谐关系具有重要作用。

社会主义和谐社会强调民主法治、公平正义、诚信友爱、

---

[1] 孙谦：《维护司法的公平和正义是检察官的基本追求——〈检察官论〉评介》，载《人民检察》2004 年第 3 期。

充满活力、安定有序、人与自然和谐相处，这些无不与检察工作密切相关。民主法治离不开检察机关的支持和保证；公平正义也是检察机关的社会追求；诚信友爱、充满活力、安定有序、人与自然和谐相处都是检察权运行产生的具体社会效果。司法理念、权力配置是否和谐，直接关系检察机关的履职实践。强调检察工作亲和力与公信力契合了社会和谐的核心要素，人民群众对于法律、检察机关、检察人员的亲近和信任、信赖程度，是现代法治与社会治理能够有效实现、有效运转的基本前提。构建社会主义和谐社会，必然要求检察机关增进人民群众对于检察工作的亲近感和信任度，也必然有助于提升检察工作亲和力和公信力。

第三节　检察工作亲和力和
公信力的履职要求

当代中国民主富强文明的思维变化和以人为本的观念革新，赋予检察机关新的时代使命，如何积极履职，将公正司法、执法为民的价值追求在检察工作中呈现，已经成为检察机关面临的新课题和新挑战。检察机关作为中国特色社会主义事业的建设者和捍卫者，在履行职责中需要首先找准角色定位，既要成为公平正义的重要维护者，又要成为公共利益的捍卫者，既要坚持打击犯罪，又要厘清执法为民的理性内核。唯有牢固树立民本理念，依法妥善解决人民群众的合理诉求，充分保障人民群众对民主法治的信心，满足人民群众对公平正义的期待，才能得到人民群众的真诚拥护和认同，也才能筑牢检察工作亲和力和公信力的坚实根基。

一、坚守执法为民宗旨

检察工作的履职宗旨归根结底是为广大人民群众服务。国家是一个个具体的个人构成的，而人民是活生生的人，不了解人，就不能以人为本，而以人为本，就是要了解人性和人之常情。不懂民情，就不懂群众的人之常情，也难懂国情。所以，提升检察工作亲和力和公信力，就是要怀抱宗旨意识的履职法则，努力做到对群众将心比心，理解他们的人之常情，并且在此基础上真心实意为人民服务。通过提升检察工作亲和力、公信力，彰显文明执法、公正司法，让群众信赖检察，感受法律的公平与正义，检察机关就能获得民心。

（一）坚持执法为民

亲和是以人为本的外在表现，本质是执法为民，服务人民，尊重和保障人权；公信是公平正义的外在表现，本质是公道公正，取信于民，敬畏人民，敬畏法律。检察工作要植根于人民、服务于人民。要把亲和力、公信力落实到检察工作主要任务中，在忠诚履职、公正执法、强化监督的实践中，在打击犯罪、服务民生、保障人权的实践中，在参与社会治理、推进反腐倡廉、深化平安建设法治建设的实践中，树立检察机关爱民、亲民、敬民、为民的良好形象。这就要求检察机关在履职过程中，不仅应当担负好执法司法角色，还应担当好社会角色，在恪守法治立场的前提下，主动融入和服务大局，切实维护好人民群众的切身利益。

1. 在维护社会和谐稳定中展现亲和力和公信力

实现社会和谐，建设美好社会，始终是人类孜孜以求的一个社会理想。党的十八大报告在阐述全面建成小康社会的宏伟蓝图时，明确提出在"人民生活水平全面提高"基础上的社会和谐稳定的重要目标，这是巩固党执政的社会基础、实现党执政的历史任务的必然要求。没有稳定的社会政治环境，一切改革发展都无从谈起，维护社会大局稳定是政法工作的基本任务。

检察机关作为人民民主专政的国家政权机关之一，要提高政治敏锐性和政治鉴别力，善于从纷繁复杂的现象中看透事物的本质，善于从事物相互联系中发现潜在的风险，善于从苗头性、倾向性问题中洞察重大的隐患，提高维护社会和谐稳定的预见性、前瞻性。检察机关在维护社会和谐稳定时，要善于运用法治思维和法治方式探寻解决之道，不能以牺牲法律的权威性为代价求得问题的一时解决，把维护社会和谐稳定更好地纳入法治轨道，在全社会推动形成办事依法、遇事找法、解决问题用法、化解矛盾靠法的法治环境。正确处理好维稳和维权的关系，充分发挥检察机关作为"刀把子"在维护社会稳定中的作用，发动全社会一起做好维稳工作。

2. 在促进社会公平正义中展现亲和力和公信力

社会公平正义是人类追求美好社会的永恒主题，也是社会发展进步的价值取向，它使社会各方面的利益关系得到妥善协调，人民内部矛盾和其他社会矛盾得到正确处理，公平和正义得到切实维护和实现。社会公平正义是社会和谐发展的基本要求和目标，也是一个文明社会进步的表现。社会公平正义主要表现为权利公平、规则公平、效率公平、分配公平和社会保障公平，目的是努力营造公平的社会环境，保证人民平等参与、平等发展权利。

实现社会公平正义是中国特色社会主义法治的内在要求，促进公平正义是检察工作的核心价值追求和生命线。检察机关担负着法律监督和刑事司法双重职能，是维护社会公平正义的最后一道防线。检察机关执法水平如何，在很大程度上体现了国家法治文明程度，影响着法治中国的发展进程。检察机关应当将公平正义贯穿于执法办案的全过程，体现在检察机关处理的每一项工作和每一个案件中，以严格执法、公正司法的实际行动，担负起维护社会公平正义的神圣使命，让人民群众切实感受到社会公平正义就在身边。

3. 在保障人民安居乐业中展现亲和力和公信力

千百年来，安居乐业是人民百姓矢志不渝的追求，是最朴素、最平凡的愿望，也是统治者治国理政的目标，老子曰："民各甘其食，美其服，安其居，乐其俗，至老死不相往来。"人民安居乐业是国家富强、社会稳定的基础，"安居乐业，长养子孙，天下晏然，皆归心于我矣"[1] 保障人民安居乐业是检察工作的神圣使命和根本目标，体现国家权力的本源，体现权力运行的法理逻辑，体现检察工作保障人民权益的核心任务，展现亲和力和公信力，这要求检察机关严格执法和公正司法，加强和改进检察工作，维护人民群众的切身利益。

生命财产安全等基本权益的保障是人民安居乐业的重要前提，检察工作要在这方面不断强化。检察机关要积极参与社会治安综合治理，通过履行批捕、起诉职责，依法打击刑事犯罪，维护社会秩序；通过履行查办和预防职务犯罪职责，对国家工作人员执行和遵守法律的情况进行监督，保证国家工作人员依法行使权力，促进廉政勤政；通过履行诉讼监督职责，及时纠正诉讼活动中的违法情况，保证诉讼活动依法有序进行。在保障人民安居乐业中，检察机关要带头遵守法律，带头依法办事，与其他政法机关、政府部门协作配合，共同治理，依靠

---

〔1〕《后汉书·仲长统传》。

人民群众，充分运用法律等手段遏制违法犯罪，创造良好的社会环境，真正促进实现人民的正当合法权益。

（二）把握民心所向

提升检察工作亲和力和公信力，需要以履职为依托，以成效为标尺。坚持不懈，持之以恒，亲和自在，公信自立，民心自生。自 2013 年以来，福建省检察机关深入推进"两提升五过硬"建设，着力提升亲和力和公信力，建设政治过硬、业务过硬、责任过硬、纪律过硬、作风过硬的检察队伍，收到了明显成效，受到党委政府和社会各界的好评。实践证明，通过追求检察工作亲和力和公信力，彰显文明执法、公正司法的新境界，让群众走进检察，信赖检察，感受到法律的公平与正义，检察机关就能深入人心，获得民心。

1. 用民心检验理念

民心所向与执法理念，是"源"和"流"的关系，源清才能流长。民之所思，即执法之所向。要紧跟大局形势，紧贴群众需求，把以人为本、执法为民的理念贯彻到检察工作中，不断在深化认识和实践锤炼中，确立"人本司法观"。更加注重讲政治，讲党性，讲大局，毫不动摇地坚持党对检察工作的领导，确保检察工作正确方向；更加注重强化法治思维，坚守法律信仰，养成依法自觉，严格依法办事，自觉运用法治思维和法治方式审查处理案件、化解矛盾纠纷，促进严格执法、公正司法；更加注重理性、平和、文明、规范执法，促进实现执法办案数量、质量、效率、效果、安全有机统一；更加注重运用制度规范执法行为、强化职业良知，坚守防止冤假错案、防范办案安全事故、廉洁自律三条底线，筑牢公正廉洁执法基础。理念顺民心，执法就能得民意。

2. 用民心检验工作

理念需要付诸实践，检察工作做得好不好，最终要由人民群众来评判。近年来，各级检察机关在完善管理、强化监督、规范执法和促进公正等方面做了大量工作。虽然人民群众对司法公正的信任度和认同感有所提高，但是对司法的不信任感仍在逐渐泛化成部分群众的社会心理。我们要想方设法改变，从源头上解决。要带着对人民群众的深厚感情执法，善于从群众立场分析问题，真正做到对群众深恶痛绝的事零容忍，对群众急需急盼的事零懈怠。对来自人民群众的要求、关切，特别是涉及具体利益的案件，要极端负责、恪尽职守、紧抓快办，一项一项跟踪问效。要强化公正履职，守护法治权威，让正义看得见、不失衡，经得起历史检验、法律检验，以公正执法、秉公办案，获得人民群众的信赖。要准确把握群众情绪，充分考虑执法对象的切身感受，推行人性、柔性、阳光执法，通过执法人员的人文关怀，使冷冰冰的法律条文变得温暖人心，让执法对象心悦诚服地遵守法律。

3. 用民心检验队伍

践行亲和力，提升公信力，见诸检察队伍整体，体现于每个个体。当前队伍无论在法律信仰、执法理念、职责履行、能力素质、纪律作风等方面，都还有很大的差距和不足。要以百姓心为心，在换位思考中践行群众路线，增进群众感情，才能锻造过硬检察队伍，才能让群众"叫好"。习近平总书记关于"五个过硬"政法队伍建设的要求是当前检察队伍建设的总遵循。要突出以信念坚定为思想灵魂，强化政治过硬；突出以公平正义为价值追求，强化业务过硬；突出以敢于担当为党性原则，强化责任过硬；突出以清正廉洁为职业操守，强化纪律过硬；突出以执法为民为本质要求，强化作风过硬，切实把"五个过硬"要求落实到队伍建设各个环节，落实到每一位检察人员的思想行动中。增强监督自觉，是提升检察工作亲和力和公信力的有效路径。要贯彻司法民主，深化检务公开，开门纳谏，让检察权在阳光透明的环境中运行，置于社会和人民群众的监督之下。矢志不渝地建设党和人民满意的检察队伍，人民群众就会发自内心地亲近检察，对我们的工作报以热忱的支持。

二、优化法律监督职能

强调检察工作亲和力和公信力必须立足于具体履职实践。从检察权在国家权力结构中的地位和我国的宪法及有关法律对检察权内容的规定来看，我国的检察机关行使刑事诉讼中的公诉和法律监督两种职能，因此天然兼具公诉人和法律监督者的双重身份。[1]

（一）认真行使公诉职能

检察权是以监督权为核心的，公诉权是监督权的行使方式。法律监督权是由包括侦查权、公诉权和诉讼监督权在内的多项国家权力组成的，因此法律监督权和公诉权是包容与被包容的关系。如果说依法治国的关键是严格"依法"，运用国家权力监督法律的遵守和执行是"依法"的基本保障，那么检察机关通过行使公诉权追究违法的法律责任，督促一切社会活动主体遵守和执行法律，正是依法治国的重要环节。

从公诉权的具体行使看，一般而言在刑事诉讼活动中承担公诉职能的检察机关所享有的国家权力包括两类：一类是实体

---

〔1〕 参见夏万奋：《"监督权"抑或"公诉权"》，载《世纪桥》2007 年第 2 期（总第 135 期）。

性权力，主要包括审查起诉权、决定不起诉权、决定起诉权，这类权力产生终局性结果，对被决定人的权利义务状态形成实体性影响。另一类是程序性权力，主要包括提起诉讼权、出庭支持公诉权、法庭举证、质证权、辩论权、声明异议权、抗诉权，是请求法院作出裁判的权力，本质上是一种请求权，而非判断权。

就公诉权的行使对象而言，具备两重司法化面相：一个面相是打击犯罪、刑事追诉。公诉权作为一种追诉犯罪的权力，即对违反刑事法律构成犯罪的人诉请国家审判机关依法追究其刑事责任的权力。无论是对何种犯罪提起公诉，都具有惩罚与预防功能，它使行为人深切感受到犯罪行为危害社会的同时也给自己带来不利的法律后果，防止违法状态继续存在，教育一切社会主体自觉地遵纪守法。另一个面相则是防止法官擅断和专断。限定审判的范围，必须以检察机关起诉的事实为对象，不能对起诉书没有指控的任何人、任何事进行审判。对于提起公诉的案件，检察机关有权参加法庭审理的整个过程，有权在审判中进一步阐述自己的主张、提供证据、与辩护方展开法庭辩论，根据法庭调查情况变更诉讼主张。检察长按照法律规定还有权列席审判委员会的会议，对审判过程和审判结果行使监督之责。[1]

（二）严肃惩治职务犯罪

依据现行法律，检察机关享有针对职务犯罪的刑事侦查、起诉等权能，然而，对于检察机关的职务犯罪侦查权一直存有争议。职务犯罪是权力运行过程中发生的权力失控现象，在本质上是一种权力的滥用。检察机关通过对国家工作人员职务犯

---

[1]　参见张智辉：《论公诉权的法治意义》，载《人民检察》2003 年第 8 期。

罪进行侦查，可以保证公务活动的廉洁性，使国家机关公务人员在法律允许的范围内行使权力，具有鲜明的法律监督特色。[1] 根据刑事诉讼法规定，检察机关职务犯罪侦查权与公安机关、国家安全机关、司法行政机关所享有的一般案件侦查权一样，都是我国刑事侦查权的重要组成部分。其中，检察机关侦查权包含三部分内容：一是职务犯罪案件的侦查权，即检察机关自侦权；二是对公安机关、国家安全机关等部门侦查案件的补充侦查权；三是对人民检察院认为需要自己侦查的案件的侦查权。其中，职务犯罪侦查权是检察机关最重要、最核心的侦查权，是宪法和法律赋予的法定权力，后两部分侦查权是职务犯罪侦查权的补充。

由于我国检察机关既是法律监督者，又是职务犯罪侦查权的行使者，必须严格把握二者之间的界限，特别是要对职务犯罪侦查权进行控制，切实贯彻好自我监督和内部监督。这就要求检察机关强化两方面的建设，否则就不能具备充分的亲和力和公信力：一是行使职务犯罪侦查权的中立性。对内要实现上下级检察机关内部分权制衡和内部监督机制，以追求司法理性作为自己的工作指针和伦理目标，笃行检察权司法属性之中立性和公正性；对外要完善外部监督机制，善于接受其他国家机关、社会团体和人大代表的的监督。同时，要克服检察权行使过分行政化和高度追诉化的倾向，克服缺乏中立性而导致的先入为主、行政操纵等降低职务犯罪侦查权行使合理性的行为。二是行使职务犯罪侦查权的独立性。检察制度的核心要素是检察权独立，我国《宪法》和《人民检察院组织法》明确规定

---

〔1〕 参见刘广三、马云雪：《职务犯罪侦查权独立性研究》，载《法学杂志》2013 年第 6 期。

了检察权依法独立行使，不受行政机关、社会团体和个人的干涉，界定了检察机关作为法律监督机关的独立性。"检察机关通过对职务犯罪行使侦查权来对国家机关工作人员和国家工作人员权力进行制衡。如果要真正地实现检察机关对国家机关权力的制约，必须保证职务犯罪侦查权的独立性"[1] 同时，"由我国的政体和政党制度决定，党的纪委部门以及政府监察部门对违反党纪、政纪的行为有调查权。由于许多职务犯罪最初都是以违反党纪、政纪的形式出现，虽然有关法律、法规和制度规定要求纪检、监察部门对触犯刑律的腐败案件应及时移送司法机关依法追究相应刑事责任，但实践中是否移送或何时移送存在较大的随意性"，[2] 因此检察机关要特别注意在职务犯罪侦查过程中坚持宪法和法律的规定，独立行使职务犯罪侦查权，做好证据的收集、固定和转化等工作。

（三）突出法律监督效果

优化法律监督职能是检察机关亲和公信履职的重要支点。检察机关要针对法律监督中的薄弱环节，强化法律监督，突出法律监督效果。

一是突出刑事侦查监督效果。刑事侦查监督是宪法和法律赋予检察机关的一项重要职能，是检察机关依法对侦查机关侦查刑事案件是否准确、全面、合法、有效所进行的监督活动，是检察机关惩治犯罪和保障人权的重要手段。刑事侦查监督中，检察机关履行立案监督、审查逮捕和侦查活动监督三项职责。为突出监督效果，检察机关应加大对公安机关"应当立案而不立案"和"不应当立案而立案"的监督，严格对公安机关

---

〔1〕 刘广三、马云雪：《职务犯罪侦查权独立性研究》，载《法学杂志》2013年第6期。

〔2〕 汪海燕、范培根：《检察机关自侦权探析》，载《浙江社会科学》2002年第2期。

提请批准逮捕请求审核的批准，适时介入侦查引导取证，在审查起诉过程中对公安机关侦查活动进行合法性审查，发现违法行为及时发出检察建议和纠正违法通知书。

二是突出刑事审判监督效果。刑事审判监督是检察机关依法对人民法院的审判活动是否合法以及所做的刑事判决、裁定是否正确进行的监督。为突出监督效果，检察机关要用好抗诉权，突出抗诉重点，加强对刑事判决混淆此罪彼罪、一罪数罪等罪名认定错误的监督；加强对证据采信不当以致事实认定错误的监督；加强法定量刑情节认定错误以致量刑不当的监督。要规范非抗诉监督手段，进一步明确纠正违法通知书、检察建议的适用对象、条件、原则和程序。

三是突出刑事执行监督效果。中国刑事执行制度存在执行主体多元化等弊端，导致执行效力难以保证，责任主体模糊不清等问题。刑事执行的确定和变更具有鲜明的司法性，应当大力发挥检察机关执行监督的作用，针对刑事执行这一权力的运行设定严格遵守正当程序的要求。具体而言，要强化监外执行、减刑和假释批准权行使过程和程序的监督，开创性地使用关于减刑、假释的听证制度等；对执行机关执行过程中的具体活动，通过发出纠正违法通知书和检察建议、受理申诉、提起抗诉、追究责任人法律责任等，加强监督。

四是突出民事行政检察监督效果。从当前的检察实践看，全国检察机关对此进行了积极探索，但是由于根基性的理论问题尚未解决，民事行政检察监督制度还没有成熟。为突出监督效果，要依据法律所保护利益的性质区分两类不同案件的监督。其一，一般化的普通民事行政案件中的检察监督。由于此类案件中检察机关并未参与具体的民事行政诉讼活动过程，所以检察机关要善于克制司法能动倾向，立足于服务人民群众的立场，由不服相关裁判的当事人向检察机关提起民事行政监督请求，并负责相关证明材料的提供。如果检察机关认为所申诉的事项理由充分的，则向法院提起相关检察建议或抗诉。其二，涉及重大公共利益的民事行政检察监督。党的十八届四中全会决定提出探索建立检察机关提起公益诉讼制度，为该项工作的开展带来新契机。公益诉讼中检察机关作为国家和公共利益的代表人，参与诉讼活动全过程，要处理好"诉讼参与者"与"法律监督者"二元角色的平衡。通过公益诉讼实践，体现检察机关的责任和担当，对于检察亲和公信形象的树立大有裨益。

三、恪守客观公正义务

强调亲和力和公信力，揭示了检察工作的本源和关键。检察机关讲亲和、立公信，需要付诸法律监督的具体实践，既要明确服务宗旨角色、优化法律监督职能，也要回归客观公正的履职义务。

（一）客观公正义务与亲和力、公信力

检察官客观公正义务最早确立于 19 世纪中后期的德国，后被世界上不同法系的国家和地区所借鉴，并被国际性准则所吸收和确认。检察官客观公正义务是指检察官必须立足于客观公正的视角，寻求案件的事实和真相，公正、全面地收集相关证据、审查案件事实以及作出客观的判断。其产生彻底打破检察官"国王守夜人"角色，检察官的定位发生根本性的改变，真正体现在对正义和真实的追求之上。[1] 对正义和真实的不懈

---

[1] 参见朱孝清：《检察官客观公正义务及其在中国的发展完善》，载《中国法学》2009 年第 2 期。

追求，是提升检察工作亲和力和公信力的应有之义。

检察官恪守客观公正义务，就是要坚持客观立场，站在客观立场进行活动；就是要忠实于事实真相，努力发现并尊重案件事实，还原案件的本来面目，严格依据案件事实实施诉讼行为；就是要实现司法公正，通过检察官的诉讼活动使案件的办理达到公平正义的目标。客观公正义务的内涵由基石、核心和目标三要素构成。其中，基石是坚持客观立场，检察官一旦偏离客观立场，忠于事实真相与实现司法公正都将无从谈起。核心是忠实于事实真相，这既是坚持客观立场的直接目的，又是实现司法公正的必要前提和必经途径，检察官只有忠实于事实真相，客观全面地收集证据，尊重并严格按照案件的事实真相进行诉讼活动，才能使案件得到公正处理。目的是实现司法公正，公正是司法活动的最高价值追求，检察官坚持客观立场、忠实于事实真相，其目的都是为了实现司法公正；而这里的司法公正，包括实体公正和程序公正，包括检察官自身诉讼活动的公正以及检察官通过自身诉讼活动促进法院公正审判。

客观公正义务对检察机关履行职责提出全面、系统的要求：一是在证据收集方面，要客观、全面地收集证据，既要收集定罪的证据，也要收集对被告人有利的证据，如罪轻或无罪证据。二是客观公正地行使公诉权和求刑权，以案件事实和证据为依据，以法律为准绳，决定是否起诉和如何求刑。三是客观公正地行使法律救济权，一旦认为法院判决违背事实和法律，依法提起抗诉。

检察官客观公正义务是公信力的基础，守住客观立场、忠实于事实真相并达致司法公正，必然产生司法公信的结果状态，增强人民群众对于司法的信任和依赖。同时，检察官客观公正义务也是亲和力的载体和最直接的展示，检察执法不偏不倚、谦抑平和、公道正派也是亲和力的最好诠释。检察机关厘定宗旨角色、优化自身职能，需要落实于恪守客观公正义务的具体履职，其最终追求还在于通往真相、实现公正。换言之，坚守客观立场就是要忠于客观事实的基本遵循、服务公正的目标追求，也唯有真相和公正才能真正积累和确立起检察机关的亲和与公信形象。

（二）客观公正义务与检察角色

检察官客观公正义务界定了检察履职的微观遵循。恪守客观公正义务意味着检察官不仅应当履行追究犯罪的控诉职能，而且应当超越这一职能，成为国家法律的捍卫者，代表国家维护法律的尊严和公正。检察官客观公正义务符合刑事诉讼现代化的趋势，契合我国检察机关法律监督机关和司法机关的现实定位。强调检察工作亲和力和公信力，要求检察机关准确定位履职角色，妥善处理与律师等法律共同体之间的关系，在具体履职中超越单纯控方角色，不仅具有指控犯罪职能，还应兼具查清事实真相、防止冤假错案和保障人权等综合职能。

公诉角色是社会公众对检察官最为了解和熟悉的直观印象，但检察官不应仅是单纯、机械地履行控方角色。恪守客观公正义务，要求检察官在不同阶段担负不同的角色，如此才能契合亲和力和公信力的履职要求。例如，在职务犯罪侦查阶段履行侦查员角色，实事求是，去伪存真，客观公正地进行初查、立案，移送审查起诉。在审查起诉的前期阶段履行辩方角色，侧重从辩护人角度对侦查机关移送的案件进行全面审查，查找存在的问题，引导和督促侦查取证；在审查起诉的后期阶段履行法官角色，综合分析案情提出案件是否有罪以及罪轻、罪重、是否提起公诉、量刑建议等方面意见；在案件提起公诉后，法院审理阶段，检察官才真正担负起指控官的职责，履行控方角色。

检察履职需要面对和处理与法官、警察、律师等法律共同体之间的关系。检察机关与法院、公安机关在办理刑事案件中，分工负责、互相配合、互相制约，共同担负着指控犯罪、保障人权的司法职能。相较而言，检察官与律师之间关系更加微妙，更易引发社会关切，聚焦着检察工作亲和力和公信力的社会观感。尤其是当检察官作为公诉人代表国家履行职责时更是如此，其中检察官主要基于指控犯罪立场；律师作为辩方则是基于维护被告人合法权益的基本立场，针对公诉人的指控提出证明被告人无罪、罪轻或减轻、免除刑事责任的材料和意见。二者看似针锋相对，但从某种层面上来说又有统一的一面，即在事实和法律基础上实现统一。公诉人和律师的对抗只是诉讼结构上的一种设计安排，二者在法庭中的法律地位平等，具有共同的价值基础和一致的职能定位，本质上都是为了发现事实真相，正确适用法律，实现司法公正。因此，检察官在履职中要坚决克服特权思想，尊重和信任律师，支持律师开展工作。具体而言，要全面保障律师依法执业，完善律师会见、阅卷、调查取证等执业权利保障机制，完善听取律师意见机制，完善对侵犯律师执业权利的救济机制。对于其他单位或个人侵犯律师合法权益的行为，还应当依法主动予以纠正。这是检察官客观公正义务的内在要求，也是提升检察工作亲和力和公信力的必由之路。

司法亲和与公信最终必然落实于实践，对履职实际提出了新要求。"人民检察为人民"，检察工作的本质属性决定了检察履职的宗旨角色，要求在服务大局、执法为民、守护公正中体现亲和与公信；检察机关法律监督的宪法定位，决定了检察履职的宏观前提，要求优化法律监督职能，衡平追诉与监督的二元角色；检察机关承载的使命与担当，更是决定了检察履职的微观操作，要求恪守客观公正义务，通过严守客观立场、忠于事实真相追求司法公正，在司法公正的不懈追求中达致亲和与公信。准确定位宗旨角色强调了检察履职的基本方向，优化法律监督职能提出了检察履职的宏观要求，恪守客观公正义务则是赋予了检察履职的微观遵循，三者环环相扣，共同构筑了提升检察工作亲和力和公信力应当遵循的履职规则。

第五章
检察工作亲和力和公信力的现实建构

检察工作凸显法律监督属性，同时承载着许多社会功能，这既有一个检察机关通过主动作为实现检察职能的过程，又涉及社会公众对检察机关及履职情况的认知、体验和感受的评价过程。可见，建构检察工作亲和力和公信力，是一种复杂的法律现象，受到一系列主客观因素的制约和影响。其外延可从检察工作与中国传统法文化的和谐、中国检察制度与世界检察制度发展的和谐、检察权运行与现实人民群众法治心理及接受能力的和谐等层面加以概括；其内涵包括检察要素、职能履行、运行机制的完善和检察功能的实现过程。检察工作亲和力和公信力的现实建构，须遵循检察权配置和运行的规律，结合检察工作实践，服务党和国家大局，保障人民安居乐业，维护人民合法权益。

第一节　在服务党和国家大局中建构
检察工作亲和力和公信力

习近平总书记指出："全国政法机关要坚持依法治国方略，

以党和国家工作大局为重，以最广大人民利益为念，切实肩负起中国特色社会主义事业建设者、捍卫者的职责使命。"服务大局是社会主义法治的重要使命，是检察机关充分发挥职能作用的必然要求，是中国特色社会主义检察制度的重要内容。大局就是党和国家工作的全局，就是事关国家和人民根本利益、整体利益、长远利益的工作全局。而人民主权是检察工作亲和力的政治基础，这就意味着检察机关要坚持检察工作的人民性，提高执法亲和力和公信力，就必须从维护社会大局稳定基本任务，从促进社会公平正义核心价值追求，从保障人民安居乐业根本目标来认识履职，忠诚履职。要胸怀全局，准确定位，把好方向，善于围绕党和国家工作大局谋划部署工作，善于立足检察职能创造性地开展工作，在大局下统一行动，在大局中发挥作用。只有这样，才能真正凸显价值，检察工作才能真正得到党和人民的认可。如果检察工作失去服务大局的价值取向，就检察论检察，就办案论办案，只具有工具理性而缺乏价值理性，就可能失去人民检察的本质，检察工作的发展就会偏离方向。

一、始终服务党和国家大局

"任何国家的司法都必须分担一定的治理国家和社会政治责任。"[1] 在经济社会发展过程中，检察机关既是参与者、建设者，也是保障者、促进者。如何把围绕中心、服务大局的理念真正贯穿到具体检察工作中，不仅是法治理念问题，更是实践问题。检察机关要紧紧围绕党和国家工作大局，把履行法律监督职能作为服务大局的根本立足点，针对改革和发展中出现

---

〔1〕　参见苏力：《关于能动司法与大调解》，载《中国法学》2010 年第 1 期。

的新情况、新问题和人民群众的新要求、新期待，提出并落实服务经济社会发展的具体措施，实实在在地增强服务经济社会发展大局的能力和实效，努力实现履行法律监督职能的法律效果、政治效果和社会效果的有机统一。

围绕中心，服务大局，首先要正确理解和把握大局的基本内涵和具体内容。一般而言，大局的基本内涵是相对稳定的，而大局的具体内容则是不断发展变化的。随着我们党对社会主义建设规律、人类社会发展规律和党的执政规律认识的逐步深化，社会主义事业的内涵不断丰富，外延不断拓展。从党和国家大局的内涵发展来看，主要经历了以"经济建设"为大局，到以"改革发展稳定"为大局，再到如今全面建成小康社会、全面深化改革、全面依法治国、全面从严治党的"四个全面"战略布局的历史发展过程。与之相适应，执法理念必须与时俱进，真正树立符合社会主义法治要求、符合司法规律和诉讼规律的科学执法理念，指导实践，以满足具有时代特征的党和国家大局的需要，满足人民群众不断变化的法治愿望和需要，赢得亲和与公信。

（一）新中国成立后：与社会主义建设探索相伴而行

新中国成立初期，摆在中国共产党人面前的是"百废待兴、百事待举"的全新局面。在上层建筑方面，如何建立强有力的国家机器，对社会进行有效的管理和控制，是必须尽快解决的政治问题。对于检察制度来说，就是尽快从与战时相适应的状况中转化为建国、治国的常态状况中来，为新中国建设和人民当家作主提供法律保障。1951年9月3日，《最高人民检察署暂行组织条例》和《各级地方人民检察署组织通则》颁布，标志着新中国成立初期创建检察制度的基本思想即人民司法的确立。检察制度的指导思想在宏观上服从人民司法的基本原则，在微观上体现为服从和服务党和国家在各个历史时期的工作大局。从宏观上看，人民检察制度是人民司法制度的重要组成部分，是社会主义法制的必要环节，是在中国共产党的领导下巩固和发展人民民主政权的重要国家机器。从微观上看，检察制度较多地受到不同历史时期党的路线、方针、政策的影响。中国共产党在新中国成立后在如何建设社会主义、如何健全社会主义民主和法制的问题上走过曲折的探索之路，这种曲折的探索，也充分地反映在如何建设新中国的检察制度问题上。即使在这种曲折的探索中，检察机关和检察工作也是紧紧围绕服务党和国家大局，与社会主义建设探索道路相伴而行。1950 年 7 月，第一届全国检察工作会议明确了中心任务，即镇压反革命势力的捣乱，保卫土地改革的胜利完成，保卫国家经济建设，惩治危害人民利益的犯罪分子，以巩固人民民主专政的秩序。1954 年 3 月，第二届全国检察工作会议提出了过渡时期检察工作的方针，即根据过渡时期的总路线、总任务，运用人民民主的法制，从检察工作方面保障国家的社会主义工业化和对农业、手工业、对资本主义工商业社会主义改造的实现，向一切反革命分子及各种危害经济建设、危害社会主义改造、危害国家秩序的违法犯罪分子进行斗争。1958 年 6 月第四次全国检察工作会议通过了《检察机关的今后任务（五十条）》，提出检察机关在过渡时期的总任务是贯彻总路线，保卫总路线，充分利用一切有利形势，正确掌握对敌斗争的规律，以打击敌人，惩治犯罪，巩固专政，保护人民。

1966 年 5 月，"文化大革命"开始，检察制度发展中断，1975 年修正通过宪法，规定"检察机关的职权由各级公安机关行使"，检察机关事实上被撤销。1978 年，检察机关开始恢复重建，检察工作的方针是："党委领导、群众路线、执法必严、保障民主、加强专政、实现大治、促进四化。"这一方针展现了"文化大革命"结束后检察机关恢复重建的历史任务,检察机关在党的领导下坚持人民民主,打击犯罪。[1]

(二)党的十一届三中全会后:打击与服务统一于办案中

党的十一届三中全会后,全党工作重心转移到以经济建设为中心上来。当时很多地方的社会治安形势相当严峻,群众缺乏安全感。1979年11月,中共中央召开了全国城市治安会议,提出整顿社会治安的方针政策,决定对杀人、放火、抢劫、强奸和其他严重破坏社会治安秩序的犯罪分子实行依法从重从快惩处的方针,予以严厉打击。经过几年的整顿,社会治安仍然没有根本好转,1981年全国刑事立案89万件,为新中国成立32年来最高,发案率接近五六十年代平均水平的3倍。[2] 为尽快改变这种治安状况,1983年8月,中共中央召开全国政法工作会议,提出对严重的刑事犯罪分子实行依法从重从快、一网打尽的方针。这对于打击犯罪,恢复社会秩序起到了十分重要的作用。最高人民检察院要求全国各级检察机关要"念一本经、唱一台戏",全力以赴投入"严打"斗争。所谓"一本经",就是全国政法工作会议的"经";所谓"一台戏",就是各级检察机关都要在各地党委的统一领导下,坚决贯彻执行中央的方针,与其他政法部门密切配合,协同作战,集中力量搞好"严打"斗争。从1983年8月至1986年,在整个"严打"斗争的三个战役中,各级检察机关审查批准逮捕各种严重刑事犯罪分子170多万人,向审判机关提起公诉160多万人,给犯

---

〔1〕 参见谢鹏程、李勇:《检察工作方针和总体要求》,载《人民检察》2008年第13期。

〔2〕 参见孙谦主编:《人民检察制度的历史变迁》,中国检察出版社2009年版,第351页。

罪分子以有力的打击。[1]

鉴于走私、套汇和索贿受贿等经济犯罪活动猖獗，对国家社会主义建设事业和人民利益危害严重，1983 年，最高人民检察院下发《关于转发〈注意经济犯罪分子动态，坚决打击经济犯罪活动〉的通知》，召开全国检察长会议，强调统筹安排打击刑事犯罪和打击严重经济犯罪等工作。1984 年，党的十二届三中全会《中共中央关于经济体制改革的决定》强调："检察院要加强对经济犯罪行为的检察工作"。1985 年，最高人民检察院提出"抓系统、系统抓"的工作思路，把打击严重经济犯罪作为主要任务，打击经济犯罪活动取得了突破性的进展。1987 年，针对偷税漏税、假冒商标、制造销售伪劣商品等违法犯罪活动一度相当严重的情况，最高人民检察院及时部署，有计划地开展专项打击。

1989 年 6 月，邓小平同志指出，要坚持一手抓改革开放，一手抓惩治腐败。惩治腐败要认真做几件事，可以搞一个临时的大政策，限定一个时期，给贪污受贿分子一次悔罪的机会。[2] 1989 年 8 月 15 日，最高人民检察院、最高人民法院根据我国对刑事犯罪分子实行"惩办与宽大相结合"的政策，发布了《关于贪污、受贿、投机倒把等犯罪分子必须在限期内自首坦白的通告》，这就是后来掀起反腐败斗争新高潮的"两高"通告。同时，检察机关在全国相继设立了举报中心和反贪污贿赂专门机构，加强了对贪污贿赂等犯罪的侦查工作。1988 年至1989 年，全国检察机关共立案侦查贪污、贿赂案件 8 万余件。立案查处偷税抗税案 11216 件，假冒商标案 784 件，挪用公款

---

〔1〕 参见孙谦主编：《人民检察制度的历史变迁》，中国检察出版社 2009 年版，第 352 页。

〔2〕 参见刘复之：《关于检察机关开展反贪污、贿赂斗争情况的报告》，载 http://ww. law. lib. com。

案 1877 件。[1] 在打击腐败和经济犯罪的实践中，广大检察干警逐步认识到，打击犯罪与服务经济是统一的，坚决而准确地打击犯罪，是检察机关最重要、最直接的职责所在，而服从服务于经济建设又是我们打击犯罪的目的之所在，打击与服务统一于办案的过程中。执法实践中，检察机关贯彻"一要坚决、二要慎重、务必搞准"的工作方针，努力做到既坚决打击犯罪，又保护广大工作人员和企事业单位的合法权益，特别注意保护有开拓精神、改革开放有成绩的人，尤其是科技人员，使打击与服务辩证地结合起来，促进了经济建设的发展。

1992 年，党的十四大提出"建立社会主义市场经济"，我国经济发展进入一个新的转型期。根据形势的发展，为适应建立社会主义市场经济体制和加强社会主义民主法制建设的需要，1993 年提出检察工作紧紧围绕经济建设这个中心，一心一意地为社会主义市场经济建设服务。同时，最高人民检察院结合检察机关职能，提出"严格执法，狠抓办案"的工作方针，查办了一批影响大、震动大的领导干部犯罪案件。伴随着改革开放的不断深入和经济形势的迅速发展，刑事犯罪开始呈多发上升趋势。1996 年 5 月，最高人民检察院要求各级检察机关把"严打"作为重大政治任务，精心组织、认真、扎实、有效地落实检察环节的各项"严打"措施，迅速扭转社会治安状况。

（三）20 世纪末至 21 世纪初：强化法律监督，维护公平正义

20 世纪末至 21 世纪初，中国已步入全面贯彻落实依法治国基本方略的时期。检察机关为贯彻党中央重大决策部署，提出"公正执法、加强监督、依法办案、从严治检、服务大局"

---

[1] 参见孙谦主编：《人民检察制度的历史变迁》，中国检察出版社 2009 年版，第 370 页。

的检察工作方针，检察工作整体推进，为改革开放和社会主义现代化建设作出积极贡献。在 2001 年开始的全国性"严打"整治斗争中，检察机关把维护稳定作为首要任务，始终把严重暴力犯罪和严重影响群众安全感的多发性犯罪作为打击重点，依法严厉打击，有力地维护了社会稳定。

按照党的十六大关于"社会主义司法制度必须保障在全社会实现公平和正义"的要求，根据检察机关的性质、宪法定位和检察工作实际，最高人民检察院确立了"强化法律监督、维护公平正义"的工作主题，提出了"加大工作力度、提高执法水平和办案质量"的总体要求，以此统一思想、凝聚力量、推动工作。工作主题与总体要求是一种目的和手段、内容和形式、本质与方法的关系，二者辩证统一于服务党和国家的改革、发展、稳定大局。党的十七大指出，要始终把实现好、维护好、发展好最广大人民的根本利益作为党和国家一切工作的出发点和落脚点。检察工作作为党和国家工作的重要组成部分，必须从维护人民群众根本利益出发，全面履行法律监督职能，努力为经济社会发展营造和谐稳定的社会环境和公平正义的法治环境。为此，检察机关牢固树立"立检为公、执法为民"的执法观，牢固树立为党的中心工作，为大局服务的意识，努力实现执法的法律效果、政治效果和社会效果的有机统一。

（四）党的十八大以来：强化法律监督、强化自身监督、强化队伍建设

党的十八大以来，检察机关认真贯彻党中央的重大决策和重要部署，积极顺应全面深化改革新形势，适应全面依法治国新要求，呼应人民群众公平正义新期盼，从执法观念、执法方式、执法作风、队伍建设各方面不断探索实践。特别是党的十

八届三中、四中、五中、六中全会以来，按照全面建成小康社会、全面深化改革、全面推进依法治国、全面从严治党的要求，主动适应形势新变化，坚持以法治为引领，坚持以强化法律监督、强化自身监督、强化队伍建设为总要求，坚持以司法办案为中心，深入推进平安中国、法治中国建设，深化司法体制改革和检察改革，不断提升严格规范公正文明司法能力和水平，努力为全面建成小康社会创造安全稳定的社会环境、公平正义的法治环境、优质高效的服务环境。紧紧围绕全面推进依法治国的总目标，切实找准检察机关推进法治建设的着力点和切入点，自觉融入全面推进依法治国总体布局，有利于推动检察机关全面履行法律监督职能，服务党和国家工作大局，使检察工作得到全面的发展。

在对检察机关执法理念的历史梳理中，能深切感受到，法治是社会的上层建筑，并不孤立存在，既无脱离社会的法治，也无凌驾于社会之上的法治。党和国家各个时期的大局和检察工作方针、执法理念都有其历史必然性和合理性，在检察工作亲和力和公信力的建构中，绝不能脱离中国实际，不能脱离改革稳定发展的大局，不能脱离中国社会科学发展的基本思路，必须体现国家法治发展的阶段性特征，反映人民群众对检察工作的新要求、新期待。检察工作与一个地方的经济社会发展总是联系在一起的，检察工作必须围绕经济社会发展大局来开展，必须站在经济社会发展这个主舞台来服务。检察工作与最广大人民利益紧密相连，必须始终以最广大人民利益为念。牢固树立服务意识，养成服务自觉，充分发挥检察机关惩治、预防、监督、教育、保护等职能作用，不断推出服务经济社会发展的新举措，不断创新服务人民群众的新途径，才能在服务中提升检察工作亲和力和公信力。

二、强化法律效果、政治效果和社会效果的统一

检察工作亲和力和公信力建构于执法司法理念，建构于执法司法效果，要有检察工作服务大局服务人民的理念之统一，也要有检察工作法律效果、政治效果、社会效果之统一。检察工作的法律效果，是指通过检察工作，使法律得到严格遵守和执行，从而发挥法律适用的作用。检察工作的政治效果，是指通过检察工作实现法的正义、秩序和效率价值与政治统治的内在逻辑一致性，与政权建设的需求吻合度。检察工作的社会效果，是指通过检察工作，体现法的本质特征，实现法的自由、秩序、正义和效益等法的基本价值，从而使法律适用的结果得到社会的公认。检察工作的法律效果、政治效果和社会效果三者之间有其紧密的一致性，是互为联系、缺一不可的。

（一）政治效果是法律效果和社会效果的基本前提

自司法诞生以来，人们就在不断思考司法与政治、司法和社会的关系，这也是一个永恒的话题。"司法诞生于政治，无往不在政治之中。"[1] 应当承认，在任何国家，在任何历史时期，司法都是国家政治的重要组成部分，也是维护统治阶级利益的重要工具。在历史长河中，法律曾经是政治统治的附庸工具，司法权被认为是君王权力的一部分，对司法权的控制是君王最为重要的事情。现代社会中，法律又成为制约政治权力膨胀的监督工具，无论是英美法系国家和地区，还是大陆法系国家和地区，司法都是社会政治生活中关键一环，成为制约立法权、行政权的一极重要权力。而在我国，宪法和法律都是党领

---

〔1〕　陈卫东：《司法机关依法独立行使职权研究》，载《中国法学》2014 年第 2 期。

导人民制定的，体现了党和人民的意志和利益。党的领导是司法工作的保证。可见，追求什么样的政治效果是处理好法律与政治关系的关键。要善于在法律框架内发挥司法的政治功能，实现特定的政治意图。通过准确把握法律的精神实质和意旨，合理填补法律的漏洞，正确运用自由裁量权，进行科学的价值判断和利益衡量，从而实现司法的政治功能。这种司法政治功能之充分，就是法律服务之充分，服务党和国家大局，服务人民群众，提供法治保障，人民群众在党和国家大局中感受亲和与公信。

（二）法律效果是政治效果和社会效果的实现途径

司法的政治功能体现了司法对于国家政治要求的回应，即司法在调整各种利益关系时如何适应国家政权的要求，在促进社会治理和社会稳定中发挥作用。司法权的运行使纸面上的法应用于实践，使政治意志得以实现。我国正致力于建设社会主义法治国家，实现法治意味着实现规则之治、法的统治，要求将主要的社会关系交由法律来调整。确定性的法律使得人们可以摆脱或然性的人治，整个社会呈现一种理性化的秩序。在这种秩序之下，所有人都具有平等的地位，享有平等的权利，承担平等的义务，每个人都确信个人的行为将会得到平等的对待。同时，司法通过个案裁判将制度蕴含的政治理念生动地展现给当事人及社会公众，并就特定社会、道德争端形成价值导向，塑造社会的价值观念。可见，政治引导着司法运行及改革的方向，司法则将此作用于社会，完成政治思想、理念的宣传与贯彻。[1]

---

〔1〕 陈盛:《司法的政治属性与功能》，载《净月学刊》2015 年第 1 期。

（三）社会效果是政治效果和法律效果的根本目的

在社会主义社会中，法律的作用不仅在于调整社会关系，维护社会秩序，更重要的是增进社会民主化程度，促进社会和谐稳定，为人的全面发展提供充分的条件。法律的最初目的是维护社会的秩序，其最终目的是维护人民利益。如果忽视了充分维护人的尊严、情感等价值因素的司法活动，即便适用法律再准确，逻辑推导再严密，形式上再完美，也难以被认同，更得不到必要的尊重。同时，从我国司法实践看，法律问题背后往往蕴含着更为深层、更为复杂的社会问题。单纯从法律技术角度去分析、判断、处理法律问题，不仅问题难以得到有效的解决，甚至还会引发更多的其他问题。检察人员要深化对国情、社情、党情、民情的了解，既善于从法律视角依法办事，又善于从社会视角解决问题，努力实现执法司法行为最优，实现执法司法效果最佳。

（四）坚持法律效果、政治效果和法律效果有机统一

法律提供的是解决案件的原则与框架，而案件本质上是秩序破坏和权利受损，是人际冲突和社会矛盾，因此，仅从法律角度审视或解决，并不能真正消灭冲突，消弭矛盾。应寻求检察工作法律效果、政治效果与社会效果的有机统一，防止和纠正片面追求法律效果的观点，增强主动服务、平等保护意识。在日常办案中，有的服务大局意识不强，就案办案，就法论法，简单机械执法，过分强调案件的客观事实，而忽略了政治层面和社会层面的价值，不善于化解社会矛盾，执法办案综合效果不好。要深化理解和把握服务大局的理念，正确处理履行职责与服务大局的关系，克服和纠正"就案办案"等习惯做法，增强服务大局、促进发展的自觉性。要理性、平和、文

明、规范司法，把握好社会规律，处理好维稳与维权、活力与秩序的关系，促进社会和谐，激发社会活力，努力营造保护改革、鼓励创新、宽容失误的法治环境。围绕大局审视和判断案件，准确适用法律，在追求法律效果的同时，努力扩大政治效果和社会效果。

防止和纠正片面追求社会效果的观点，用法治思维和法治方式解决群众诉求。亲和与公信体现于最广大人民利益，不是极少数事极少数人。如果狭隘地认为"群众满意就是当事人满意"，回避矛盾，甚至将其作为背离法律的托辞，就会违背法律效果所追求的最基本的价值目标，脱离公平正义的轨道。要正确理解和把握法治意义上的公理、常情，以坚守国法作为公理、常情的底线。检察人员来自人民群众，身处错综复杂的社会关系网络，执法司法中经常会陷入"合法不合情理""合情理不合法"的矛盾境地。解决这个问题，关键是善于用法治思维和法治方式处理好法理情的关系，善于用法律上的事实分清是非，用权利义务思维分清对错，在法律框架内明确权利、界定义务。

防止和纠正片面追求政治效果的观点，把履行好法律监督职能作为服务大局的根本立足点。在服务大局工作中，要注意防止和纠正一种倾向，就是离开检察职能搞服务，把服务大局单纯理解成"只讲服从"，忽视检察工作和法治实践自身规律、原则，不敢理直气壮地依法履行职责，甚至有法不依、执法不严、违法不究。这完全背离了服务大局的精神，其结果必然损害检察机关形象，最终将影响和妨碍大局。对政治问题的考虑和关照，切不可超越合法有效的法律规范。司法的直接任务就是依法办案，至于其在维护社会稳定、政治稳定层面的作用，应该是其依法履职的效果。不可否认，经济社会建设是一个庞大复杂的系统工程，客观上需要检察机关不断延伸法律监督触角。但是我们必须始终坚持这样一个理念，就是必须始终立足宪法赋予的法律监督职责。检察机关的法律监督权本身是一种有限监督，监督的对象、范围、程序、手段都有法律明确的规定，既不能妄自菲薄、无所作为，也不能自我夸大、"包打天下"。对此，检察机关要有清醒认识，牢记职权法定，明白权力来自哪里、界限在哪里，做到法定职责必须为、法无授权不可为，绝不能擅自突破法律界限，随意创制和乱作为。检察工作的方法手段既要考虑可行性、创新性，还要考虑合法性，不可为了一时效果而伤害长远，甚至出现越权替代和扩大监督面的问题。

第二节 在保障人民安居乐业中建构 检察工作亲和力和公信力

人民群众首要的、最基本的愿望是"安居"，要求拥有安定有序、祥和宁静的生活环境，生命、人身和财产权利得到法律有效的保护；其次的愿望是"乐业"，要求有实现个人发展、实现人生价值的工作环境。为保障人民"安居乐业"的权利，检察机关要致力于创造良好的社会秩序，依法打击各种犯罪，维护国家安全和社会稳定，为国家发展、社会进步和人的生存发展提供安全有序的法治环境；要致力于把维护人民群众合法权益作为各项检察工作的出发点和落脚点，忠诚履职，营造和谐、安宁和秩序，提供有效的法律权益服务和保障。

人民安居乐业的根本就是社会和谐稳定。当前，我们国家正处在改革的深水区和发展的关键期，同时也处于社会矛盾的凸显期。面对这一背景，努力促进人与人之间、公民与国家之间、群体与群体之间、阶层与阶层之间、区域与区域之间和谐，实现各主体各得其所又和谐相处，毫无疑问应当是构建社会主义和谐社会的价值目标。为此，党的十八届三中全会提出："紧紧围绕更好保障和改善民生、促进社会公平正义、深化社会体制改革，改革收入分配制度，促进共同富裕，推进社会领域制度创新，推进基本公共服务均等化，加快形成科学有效的社会治理体制，确保社会既充满活力又和谐有序。"〔1〕在社会治理过程中，调控社会利益关系、化解社会矛盾纠纷离不开检察机关。检察机关积极参与和深入推进社会治理变革，既是检察机关必须承担的重要社会责任，也是检察机关服务大局、保障民生，切实提高检察工作亲和力和公信力的重要契机。

一、从"社会管理"到"社会治理"的理念转变

新中国成立后特别是改革开放以来，我们党积极探索社会建设的理论和实践，对社会建设任务、规律和内容的认识和把握不断深入。党的十六届三中全会提出完善政府社会管理和公共服务职能。党的十六届四中全会提出加强社会建设和管理、推进社会管理体制创新和建立健全党委领导、政府负责、社会协同、公众参与的社会管理格局。党的十七大提出完善社会管理、健全基层社会管理体制。党的十八大提出城乡社区治理和加快形成党委领导、政府负责、社会协同、公众参与、法治保障的社会管理体制。党的十八届三中全会明确提出创新社会治理体制、提高社会治理水平。这一系列理念转变和发展的背后，体现了我们党对共产党执政规律、社会主义建设规律、人

----

〔1〕《中国共产党十八届三中全会公报》。

类社会发展规律的新思考、新认识，标志着我国从传统社会管理转向现代社会治理，对检察机关强化法律监督、维护公平正义提出了新要求。

（一）社会治理的内涵

社会治理是以实现和维护人民群众的权利为核心，充分发挥多元治理主体的作用，针对国家治理中的社会问题，完善社会福利，保障改善民生，化解社会矛盾，促进社会公平，推动社会有序和谐发展的过程。[1] 由传统"管理"到现代"治理"，一字之别内涵深刻。第一，权力来源的审思。社会管理虽然关涉政府、公民社会组织的管理行为，但仍然偏重政府管理行为，政府是社会管理合法权力的主要来源；社会治理则强调合法权力来源的多样性，包括政府在内的任何单一主体都无法垄断规范和管理的实践过程。第二，政治理念的转变。社会管理更多是基于自身主观意愿管控社会，容易使政府凌驾于社会之上，对社会进行命令和控制；社会治理则更多强调发挥多元主体的作用，允许和鼓励参与者自主表达、协商对话、达成共识，从而形成符合整体利益的公共政策。第三，实践层面的提升。社会管理实践主要依靠政府权力发号施令；社会治理则在权力之外，形成市场、文化、习俗、法律等层面的管理技术和方法。社会治理行为者依托这些管理技术和方法对公共事务进行控制和引导，即政府更多倾向引导，公民社会组织更多分担社会治理责任。

（二）社会治理的价值目标

习近平总书记指出："治理和管理一字之差，体现的是系

---

〔1〕 参见姜晓萍：《国家治理现代化进程中的社会治理体制创新》，载《中国行政管理》2014 年第 2 期（总第 344 期）。

统治理、依法治理、源头治理、综合施策。"这既明确了创新社会治理体制的主要任务，也指明了创新社会治理体制中所应追寻的核心价值，主要体现在：一是民主法治。民主法治主张公民权利和政府义务本位，主张一切以维护人民的利益为根本，主张依法保障公民社会福利权、参与社会事务权，从而促进群众在城乡社区治理、基层公共事务和公益事业中依法自我管理、自我服务、自我教育、自我监督。[1] 民主法治要求要充分发挥法治的作用，逐步完善法律法规，让社会建设有法可依，让公民获取公共服务时有章可循。二是包容活力。社会治理意味着"政府负责"一元化管理向"社会各方面参与"多元合作共治的转变，在多元合作共治的过程中，各参与主体的地位和权利趋于平等，行为同等受规则约束监督，政府治理、社会自我调节与居民自治在良性互动中展现社会活力。在确保公共利益最大化的前提下，鼓励社会包容，承认合法合理的个性化追求。三是和谐有序。社会治理的宗旨是确保人民安居乐业、社会安定有序。然而，社会的稳定并不是完全没有社会矛盾和社会冲突，如果仅重视社会活力，忽视社会秩序，那么社会的活力源泉就可能异化为"混乱源泉"。社会治理的目标就是要在共同遵循社会秩序的前提下将社会冲突控制在有限范围内，社会矛盾在既有的矛盾纠纷解决机制下可以获得较快较好的解决。因此，在通过社会治理创新激发社会活力的同时，必须注重提升社会治理能力以确保社会秩序。

二、参与社会治理的角色定位

检察权的行使实质上是依法引导、示范、评价和规制社会

---

〔1〕 参见姜晓萍：《国家治理现代化进程中的社会治理体制创新》，载《中国行政管理》2014 年第 2 期（总第 344 期）。

行为的过程，是一种司法行为。这种司法行为不仅表现直接而且影响深远，已成为社会治理中不可或缺的环节。作为法律监督机关，检察机关因其特有的职能而具有独特的社会治理作用，必须依据其自身的宪法定位参与社会治理。对此，检察机关要认清自身的社会定位，有所为有所不为。当前，检察机关参与社会治理创新的制度设计是一个复杂的问题，无先例可循。因此，检察机关在社会治理创新中，如何以法律监督职能为依托，寻求正确的角色定位，显得尤为重要。

（一）检察机关是社会治理的重要参与者

在以往的国家治理模式中，居于主导地位的只有执政党和政府，治理关系是单线条的"国家—社会"关系，忽略了社会制度和社会体系的复杂性，无法满足社会各阶层、各群体的不同需求。在社会主体渐趋多元化和社会治理自主性加强的背景下，政府的定位发生变化，不可能包揽一切社会治理事务。除政府外，社会治理必然需要其他社会主体的参与。党的十八届三中全会提出要"创新社会治理体制"，并指出要"加强党委领导，发挥政府主导作用，鼓励和支持社会各方面参与，实现政府治理和社会自我调节、居民自治良性互动"[1] 这说明社会治理是社会的事务，应由社会共同体实施。作为国家法律监督机关，检察机关依法行使检察权的过程，就是通过法律控制和处置社会事务、化解社会矛盾的过程。

从宪政层面来看，检察权随着社会秩序的生成和变迁，成为社会政治发展的主导性变量和动力资源，影响和决定着社会政治的实际进程和方式。[2] 检察机关参与社会治理创新体现了

---

〔1〕《中国共产党十八届三中全会公报》。

〔2〕 参见季卫华：《检察机关参与社会管理创新问题研究》，载《理论导刊》2014 年第 2 期。

执政党对检察机关提出的政治要求。各级检察机关要按照中央关于创新社会治理方式的要求，充分发挥检察职能，履行检察职责，积极推进平安中国建设，促进提升社会治理法治化水平。

从社会层面来看，面对化解社会矛盾、维护社会稳定的压力，不能简单依靠国家强制力甚至国家暴力去压制，也不能习惯于用行政手段"摆平""花钱买平安"的老办法，否则，就会陷入恶性循环的"维稳陷阱"。解决之道在于通过法治方式、回归法治途径，把社会矛盾的解决建立在法治基础上，把维稳建立在维权的基础之上。检察机关作为行使法律监督权的唯一主体，应主动以法律手段调解和规制各种风险因素，以保证社会治理秩序的良好运行。

从法理层面来看，检察机关参与社会治理，旨在通过适用法律，实施监督，指引、评价公众行为的合法性，引导国家机关、公职人员和普通公民按照法定标准预测自身行为，潜移默化地影响公众行为，矫正不良行为，保障社会既安定有序又充满活力。另外，通过积极主动参与社会治理，引导和启示检察人员摒弃单纯就案办案的法律思维，努力发现蕴含于各种诉求背后的政治、经济、法律、道德、民俗等不同价值或者规则之间的冲突，以提高检察工作的亲和力和公信力。

（二）检察机关是社会治理的法律监督者

政府实施社会治理必然涉及行政权力的广泛运用，这就需要一种监督机制，以保证社会管理创新不偏离法治的轨道。检察权设置的目的就是实现权力之间的制约、控制和约束，以法律监督工作为行政权力设置"禁飞区"，为行政权力行使划定合理的"警戒线"，从而保证法律的正确统一实施，实现社会和谐发展。

一是对社会治理依据进行监督。2015 年 3 月 15 日，十二届全国人大三次会议审议通过了立法法修正案，将过去 49 个较大的市才享有的立法权扩大至全部 284 个设区市，并明确地方立法权边界，可以对"城乡建设与管理、环境保护、历史文化保护等方面的事项"制定地方性法规。政府所制定的社会治理法规、规章等规范性法律文件是社会治理法律体系的重要组成部分，也是政府进行社会治理的重要依据。检察机关对政府所制定的社会治理法规、规章等规范性法律文件进行监督，旨在确保国家法律的统一正确实施，从源头上维护社会治理政策、制度和措施的统一。二是对政府社会治理行为进行监督。政府是社会治理法律的执行主体，是社会治理权力的行使者。检察机关对政府社会治理行为进行监督目的在于督促政府正确执行社会治理法律规范，依照法定职权和法定程序行使社会治理权力，纠正政府滥用社会治理权力或怠于履行社会治理职责的行为，促进政府社会治理依法、高效、有序进行。三是对社会组织社会治理权力进行监督。社会组织也是社会治理的重要主体，一方面其社会治理权力来源于法律或政府的授权或委托；另一方面来源于自身组织章程的规定。当前，中国社会组织社会治理权力的规制还相当薄弱。社会组织滥用社会治理权力，运用社会治理权力谋取个人私利、肆意侵害社会公共利益的现象时有发生。人民检察院作为法律监督机关，应当强化对社会组织社会治理权力的监督，规范社会组织的社会治理行为，从而促进社会自治向纵深方向发展。

三、推进社会治理创新

法律监督是检察机关的立身之本，也是检察机关加强和创新社会治理的根本途径。只有立足检察职能，全面正确运用打击、预防、监督、教育、保护等手段，检察机关参与创新社会治理才能落到实处。检察机关要进一步明确并准确把握在创新社会治理中的职责任务，使加强法律监督真正成为检察机关直接参与社会治理的过程。

（一）维护安定稳定，推进平安建设

人民群众对法治最基本的需求是平安和安全，包括人身安全、财产安全、食品安全、药品安全、生产安全、质量安全、信息安全、网络安全、环境安全等，说到底就是人民群众的生命财产安全和社会的平安稳定。检察机关要自觉担当起平安中国的建设者、捍卫者和守护者，从人民群众最关心、最直接、最现实的利益问题入手，创新社会治理，促进社会和谐，为提升人民群众的安全感、幸福感而依法履职、奋力实践。要以人民群众对社会平安的需求为导向，充分履行批捕起诉等职能，依法严厉打击暴力恐怖、涉黑犯罪、邪教和黄赌毒等犯罪活动，绝不允许其形成气候。积极参与危害食品药品安全、影响安全生产、破坏网络安全等重点问题治理，有效防范化解管控影响社会安定的问题。近年来，发生在群众身边、损害群众利益的职务犯罪案件多发易发，群众反应十分强烈。能否解决好这些腐败问题，已经不仅仅是一个履职责任问题，而是具有重大的社会稳定意义。因此，检察机关应当密切关注民生领域犯罪活动的新情况、新动向，继续深入开展查办和预防发生在群众身边、损害群众利益职务犯罪专项工作，促进解决涉及人民群众利益的热点难点问题。

在强化打击力度的同时，要转变执法办案方式。执法办案是实现检察工作亲和力和公信力的直接路径，要坚持"理性、平和、文明、规范"的执法理念，构筑提升检察工作亲和力和公信力的执法体系。注重文明执法，做到语言文明、行为文明、作风文明，依法保障诉讼参与人合法权益；秉持谦抑的执法方式，增加与犯罪嫌疑人、被告人等诉讼主体之间的沟通与对话协商，力求"以最小的支出获得最大的社会效益"，通过非羁押乃至刑罚替代性措施等方式，实现对犯罪的有效预防和控制；探索柔性和恢复性的司法方式，侧重恢复被犯罪人破坏的社会关系；实行宽严相济的刑事政策，对严重危害社会治安和人民群众安全的犯罪活动严厉打击，对轻微犯罪人员采取轻缓的对策，做到既有力打击和威慑犯罪，又尽量减少社会对抗。

（二）化解社会矛盾，维护多元利益

当前，我国正处于跨越"中等收入陷阱"并向高收入国家迈进的历史阶段，矛盾风险挑战之多前所未有。这些矛盾风险挑战是人民日益增长的物质文化需要同落后的社会生产之间的矛盾的集中反映。如何预防化解这些矛盾，关键还是要在规范的、法律的轨道上解决。这就要求检察机关参与社会治理创新时要摒弃机械僵死的"唯办案论"，以更积极的态度、方式来化解社会矛盾。检察机关应在"亲和力""公信力"语境下，更加侧重于健全完善检调对接、刑事和解等机制，析法说理、沟通信息、分清责任、化解矛盾，努力修复受损的社会关系；以启动程序、纠正违法行为和检察建议等形式介入相关执法办案环节，发现被监督主体执法过程中存在问题，督促被监督主体规范或创新管理模式。坚持预防为主，在及时解决现实问题的基础上，积极探究影响安定稳定的深层次原因，及时防范和应对可能出现的新矛盾和突发性事件。

要深入推进涉法涉诉信访工作机制改革，坚持诉讼和信访相分离的原则，建立健全案件导入、执法瑕疵处理等制度，依法及时做好息诉息访、矛盾化解等工作。对符合法定条件、依法应进入法律程序的要及时导入，认真审查办理，发现有违法办案或执法瑕疵的，坚决依法监督纠正；对无法通过司法程序解决的普通信访事项，应当告知信访人向主管机关反映，或将信访材料转送主管机关并告知信访人。完善和落实依法终结制度，在确保终结案件质量的基础上，积极推动地方党委政府、基层组织和有关部门做好后续救助帮扶、教育疏导等工作。随着信息网络技术的发展，逐步推行检察机关网上信访系统建设和视频接访系统建设，实现涉检信访网上受理、网下办理、网上答复，进一步畅通群众的诉求表达渠道。

（三）创新社会治理，完善公共决策

"法已不再被看作单纯地解决纠纷的手段，而逐渐被公民甚至法学家们视为可用以创造新型社会的工具。"[1] 随着社会及社会治理方式的发展，检察机关参与创新社会治理的内容和形式，不再仅仅局限于社区矫正、特殊人群服务管理、推动完善社会治安防控体系等方面，而应该有所创新和发展。

一是加强检察建议的协商性法律监督职能。通过个案反映出的累积性矛盾，以对话、沟通、建议等协商性形式提出针对性强的意见。检察建议是检察机关参与社会治理、延伸检察职能、开展协商性法律监督应用最广、最为有效的方式方法。这种监督方式相对温和、渐进，协商意识强，相关部门和单位接受度较高。因此，检察机关的检察建议要注意剖析案件背后的深层次原因，直指社会治理中存在的突出问题和薄弱环节，不空、不偏、不虚，有的放矢。二是参与对社会组织的监管。随着社会治理由单一中心向多中心的转变，社会治理的主体不仅

---

〔1〕［法］勒内·达维德：《当代主要法律体系》，漆竹生译，上海译文出版社 1987 年版，第 378 页。

是党和政府，还要依托各类社会组织的协同和公民参与。但目前，我国社会组织立法已经严重滞后于社会组织的发展，使社会组织成为权力监督的真空地带。检察机关应该充分发挥法律监督职能，参与对社会组织的监管和培育，支持和引导社会组织合法、有序参与社会建设和管理，使社会组织参与社会治理法律化、制度化。三是推进检察机关参与公共决策。公共决策是公共管理的首要环节，是公共组织在管理社会公共事务过程中所做出的决定，贯穿于整个公共管理过程的始终。公共决策要实现科学化、民主化和法制化，需要广泛的参与性。这些参与既包括决策中的公民参与，也包括公权力的介入和监督。检察权作为一种公权力，检察执法办案已经成为国家价值原则、政策的一种落实或实施手段。[1] 检察机关通过执法办案、司法解释、个案剖析等手段，推动社会公共政策的制定与完善，已经成为检察机关创新社会治理的重要方式。

第三节　在维护人民合法权益中建构检察工作亲和力和公信力

党的十八届四中全会审议通过的《关于全面推进依法治国若干重大问题的决定》突出强调，要坚持人民司法为人民。这是由我们党的性质和宗旨所决定的，是司法机关必须遵循的基本原则。检察权来自人民、服务人民。检察机关要有民本意识，注重在行使检察权时维护人民群众的合法权益。在部署工作、执法导向、考核评价上，要把工作重心、办案重点、人力资源集中到服务和保障民生上，着力解决人民群众最关心、最

---

〔1〕　参见季卫华：《检察机关参与社会管理创新问题研究》，载《理论导刊》2014 年第 2 期。

直接的社会治安、权益保障、公平正义、反对腐败等问题，遏制滥用诉讼权利行为，依法开展公益诉讼，夯实密切联系群众的基层基础，让人民群众从内心深处感受到检察机关是人民利益的捍卫者和社会公平正义的守护者。

一、关切人民群众的合法权益

人民检察为人民，就是要顺应人民群众的新期待、新要求，关切人民群众的合法权益。要切实转变执法理念，用对待亲人般的感情对待群众、服务群众，善于从群众立场分析问题，做到对群众深恶痛绝的事零容忍，对群众急需急盼的事零懈怠。对来自人民群众的要求，特别是涉及具体利益的案件，要极端负责、恪尽职守、紧抓快办，一项一项跟踪。要准确把握群众情绪，充分考虑执法对象的切身感受，推行人性、柔性、阳光执法，通过执法人员的人文关怀，使冷冰冰的法律条文变得温暖人心，让执法对象心悦诚服地遵守法律，以执法为民的实际成效回答人民的所思、所盼、所忧。

群众呼声是第一信号，群众需求是第一选择。更好地满足人民群众需求，是提升检察工作亲和力和公信力的出发点和立足点。在推进城乡一体化进程中，人民群众的思想观念、社会经济关系以及生产生活方式都发生了较大变化，一些新型社会矛盾凸显，基层群众的涉法涉诉问题不断增多，人民群众对法律服务的需求也更为迫切。同时，由于当前一些基层组织建设较为薄弱，发生在群众身边、损害群众利益的职务犯罪案件多发易发。有的涉农部门领导干部和农村基层组织工作人员相互勾结，侵吞"村村通"公路建设、农村饮水工程建设、救灾救济、优抚移民等农村公共服务事业建设专款；有的海洋渔业部门工作人员与农村基层组织工作人员或不法渔民相互勾结，在向沿海渔民发放燃油补贴的过程中，骗取大量国家燃油补贴；有的在食品药品监管环节渎职失职，或收受贿赂，滥用职权，违法审批，严重危害人民群众生命健康；有的基层政法干警违法违纪，侵害群众权益，直接影响群众对党的信任，事关基层政权的稳固。

检察机关作为法律监督机关，既是维护社会公平正义的"最后一道防线"，又处于化解社会矛盾的"前沿阵地"。要积极探索加强基层检察工作的有效举措，把法律监督的触角延伸到基层，在检察工作中充分体现人民的愿望、适应人民的需要、维护人民的利益，让公平正义"看得见""摸得着""感受得到"。要盯住社会保障、征地拆迁、扶贫救灾、支农惠农等民生领域，加大对群众身边腐败犯罪的查处力度；坚决打击直接危害群众生命健康和财产安全的犯罪，提高群众安全感；围绕生态环境和食品安全，推进专项监督，解决突出问题。大力开展查办"违法占地、违法建设"背后职务犯罪、查办专项补贴资金管理领域渎职犯罪、查办涉农惠民领域渎职犯罪、查办危害食品安全渎职犯罪、查办扶贫开发领域职务犯罪等一系列专项工作，让正义看得见、百姓得实惠。对涉及民生的案件，实行"三优先"原则，即对涉及民生的举报、控告、申诉案件优先受理，对侵害民生的犯罪优先审查，对危害民生的职务犯罪优先查办。依法公正对待人民群众的诉求，坚持办案力度、质量、效率、效果、安全相统一。

二、遏制滥用诉讼权利

伴随着现代法的发展，诉讼作为个人请求国家给予司法救济的手段，已经成为一种普适性的权利救济方式，是保护公民人身、财产和自由所不可缺少的基本权利。与此同时，滥用诉讼权利的现象仍然突出，使诉讼权利背离其设立的本来目的，大量增加了诉讼负担和诉讼成本。滥用诉讼权利具有不同的表现形式，如滥用反诉权、滥用申请财产保全权、滥用申请回避权等迟延诉讼行为，但现阶段发生最为频繁、危害最大的则是虚假诉讼行为。所谓虚假诉讼，就是案件双方当事人相互串通，虚构不存在的事实，虚假起诉和应诉，通过虚假诉讼骗取人民法院作出生效的裁判、调解书，从而达到转移个人财产或者侵占国家、集体、他人财产等非法目的。虚假诉讼不仅浪费了人民法院有限的司法资源，扰乱了正常的民事诉讼秩序，而且使人民群众对司法机关的公正性和权威性产生质疑，严重损害司法的公信力，直接威胁到整个社会的诚信基础。

虚假诉讼具有以下主要特征：一是民间借贷纠纷成为民事虚假诉讼的主要类型。虚假民间借贷纠纷往往表现在债务人为逃避债务，虚构借贷关系或者虚构优先清偿的债权等，与虚构的债权人共谋提起民事诉讼，以实现将自己财产转移给虚假债权人，将债务人财产稀释、减少甚至归零，最终导致真正的债权人无法得到清偿。二是离婚纠纷成为民事虚假诉讼的易发领域。离婚案件中的虚假诉讼大体分为两类：一类是夫妻之间恶意串通，虚构诉讼获取非法利益或者损害他人利益。如夫妻之间恶意串通，为达到拆迁补偿、逃避债务、转移财产等目的向法院起诉离婚。另一类是夫妻中的一方与案外人恶意串通，通过虚构诉讼以损害夫妻另一方的利益，达到多分配财产、少承担债务的目的。三是虚假诉讼案件以调解方式结案占相当大比例。原被告双方"合演双簧"、虚构事实、伪造证据提起诉讼，骗取法院裁决以达到转移财产目的之行为，双方当事人并不具有正常民事诉讼的陈述、反驳、质证、认证、辩论等实质性对抗。大多数虚假诉讼案件是通过调解这一合法的方式予以结案，以达到规避法院审查之目的。四是当事人行使诉讼权利义务一般表现出较大的随意性。由于原告、被告对提起诉讼所依据事实的真实性、客观性"心知肚明"，因此，在诉讼过程中原告、被告对行使诉讼权利义务会在不同程度上表现出随意性，或者比较反常。如有当事人为急于达到非法目的，在法院没有征询双方当事人是否愿意调解的情况下，积极、主动地请求法院调解，整个诉讼过程中原告与被告表现出乎寻常的"友好"与"和谐"。五是当事人之间一般具有亲戚或者朋友关系。当事人编造虚假债权债务关系，一般是选择非常信任、非常熟悉的人进行串通，以防泄露"真相"或者弄假成真。从查办的虚假诉讼案件来看，当事人之间要么是亲戚关系，要么是朋友关系，要么是其他某种利益共同体等。基于这种特殊关系，民事虚假诉讼呈现成本低、沟通方便、操作方便、可信度高等特点，导致其不易察觉且查处难度较大。六是个别律师与当事人沆瀣一气，为虚假诉讼出谋划策。个别律师以自身掌握的法律知识和诉讼经验为当事人出谋划策，虚构案由、伪造证据、干扰司法，以达到帮助当事人攫取非法利益、逃避债务等目的。

党的十八届四中全会指出："加大对虚假诉讼、恶意诉讼、无理缠讼行为的惩治力度。"检察机关作为国家的法律监督机关，必须加强对诉讼活动的监督，坚决维护正常诉讼秩序，维护人民群众合法权益，维护司法公信力。一是加强上下级检察机关之间的配合，形成监督合力。由于虚假诉讼案件多系基层法院一审案件，基层民行检察队伍配置相对薄弱，需要借助上级检察机关的力量。在识别虚假诉讼、制定工作方案以及调查核实阶段，上下级检察机关及时沟通、上级检察机关靠前指导非常重要。二是注重采用多元化的监督方式。虚假诉讼案件往往涉及当事人造假、诉讼代理人造假，甚至法官造假等问题，监督对象和环节较多。要以监督方式多元化来巩固和拓展监督效果，如综合运用再审检察建议、抗诉等方式加强对裁判结果的监督，督促法院或相关职能部门对参与虚假诉讼的当事人、代理人等进行相应惩处。三是积极运用民事诉讼法所赋予的调查核实权，查明案件事实。一般而言，虚假诉讼当事人人数众多，人员关系复杂，案情真假交织、刑民交织。要查清案件虚假之事实和证据等，艰苦细致的查证工作不可或缺。检察机关要积极运用调查核实权，用客观证据支撑主要事实，用细节问题和彼此的矛盾揭穿当事人的虚假陈述。

三、依法开展公益诉讼

近年来，生态环境污染、危害食品药品安全等侵害社会公共利益的事件时有发生，有的甚至是因为行政机关违法行使职权或者不作为而使公共利益受到侵害。为加强对公共利益保护，有效监督违法行政行为，党的十八届四中全会《决定》提出："探索建立检察机关提起公益诉讼制度。"根据全国人大常委会授权，自 2015 年 7 月起，最高人民检察院以生态环境和资源保护、国有资产保护、国有土地使用权出让、食品药品安全等领域为重点，在 13 个省区市开展提起公益诉讼试点。最高人民检察院还出台《检察机关提起公益诉讼改革试点方案》，对公益诉讼改革的目标、原则、主要内容、方案实施和工作要求做了明确规定。

公益诉讼是有别于传统私益诉讼的一种诉讼类型，是为保护公共利益而提起的，具有通过司法纠正危害公益行为的公共目的性。其不仅有利于维护宪法法律权威，维护社会公平正义，而且有利于充分发挥检察机关法律监督职能，促进依法行政、严格执法。公益诉讼包括民事公益诉讼和行政公益诉讼。

检察机关在履行职责中发现公民、法人或其他组织有污染环境损害社会公共利益、生产销售不合格食品药品的行为，应当依法督促或者支持有关机关或组织提起民事公益诉讼。如果没有适格主体或者适格主体不提起诉讼，可以以公益诉讼人身份向法院提起民事公益诉讼。检察机关在履行职责中发现生态环境和资源保护等领域，负有监管职责的行政机关违法行使职权或者不作为，造成国家和社会公共利益受侵害，其他主体由于没有直接利害关系，没有也无法提起诉讼的，可以向法院提起行政公益诉讼。

要牢牢抓住公益这个核心。主要是生态环境和资源保护领域，具体包括陆生动植物资源、环境资源、矿产资源、水资源、海洋生态环境资源。紧紧抓住人民群众反映强烈的侵害公益事件及背后的监管不力问题，以生态环境和资源保护领域为重点，集中力量办理有重大影响的案件。

公益诉讼涉及主体众多，法律关系纷繁复杂，需要正确处理好公益诉权与监督权、公益与私益、检察机关与社会公益组织以及行政机关的关系，正确履行检察职能，维护公益，维护最广大人民群众的根本利益。在公益诉讼中检察机关要明晰自身的定位，即作为监督性、辅助性的主体，不是越过社会组织等主体直接参与诉讼，而是为身居纠纷一线者提供力量和帮助。只有在穷尽了其他救济途径的情况下，检察机关才能以直接参与者的身份介入公益诉讼。要充分发挥诉前程序及时解决问题、有效节约司法资源的优势。

要注意抓案件来源、审查起诉、庭审、案件执行等关键环节。案件线索是办案的前提和基础，需要拓宽案源渠道，通过履行检察职责来发现案件线索，要充分发挥好控告检察的"窗口"职能作用，积极受理和办理通过"两法"衔接平台发现的线索，党委、政府、人大、政协、法院以及其他有关机关转交的线索，和群众投诉、有关媒体反映线索。在审查起诉环节，要做好调查取证工作，精心筛选案件，认真分析研判提起公益诉讼案件的可行性和实效性，经过诉前程序而没有取得监督实效的，才能提起公益诉讼。在庭审环节，要高度重视加强与法院的沟通联系，高度重视出庭公诉工作，正确运用好检察机关在公益诉讼中的处分权。在案件执行环节，要履行好申请执行职能，对于已生效的裁判文书应当在法定期限内及时申请法院强制执行，还要履行好执行监督职能，对于民事公益诉讼生效裁判涉及生态环境修复费用等赔偿损失的，应当重点监督执行款项的用途。

四、夯实密切联系群众的基层基础

检察工作大量的任务在基层，最坚实的力量支撑在基层。人民群众首先通过基层和基层检察人员感受检察工作，感受检察工作的亲和力和公信力。打牢检察工作亲和力和公信力的基础在基层，基础越牢，基层工作越扎实，越能充分了解人民对司法的新期待。检察机关要从维护人民合法权益的角度出发，坚持检察工作重心下移，促进检力下沉，延伸法律监督触角，畅通群众诉求渠道，解决好联系服务群众"最后一公里"问题。

自 20 世纪 80 年代开始，检察机关在一些经济发达、人口密集、交通便利的重点乡镇设置了派驻乡镇检察室。进入 21世纪，进一步延伸法律监督触角，促进检力下沉，在一些重点区域、领域和经济开发区等派驻检察室，加强了基层检察工作，密切了与人民群众的联系，但仍存在一些需要改进和加强的方面。一是法律依据不足。检察机关设置基层检察室延伸法律监督职能并没有明确的法律授权，长期处于探索性实践，实施法律监督效果大打折扣。二是职能定位不清。不能体现派驻检察室的独特性，不能充分满足基层群众的司法需求。三是保障机制缺失。在机构编制、人员配置和经费保障方面法律依据缺失，很难有效开展工作。因此，要从制度、职能、监督和保障层面对派驻检察室进行完善。具体而言，要坚持需求先导、因地制宜、有限监督、协作配合、便民高效原则。要科学合理、分区域、分领域设置，设置重点是人口较多、信访总量较大、治安问题突出、辐射功能强的地区，原则上可与法院派出法庭对应设置。要充分考虑基层检察机关现有人力、物力、财力和基层当前的执法环境，使派驻检察室在实现检察工作重心下移方面发挥更重要的作用，成为化解社会矛盾的重要渠道，成为预防违法犯罪的重要平台，成为推进便民服务的重要窗口。

夯实密切联系群众的基层基础，还要充分运用近年来探索的检察工作站、检察联络站、检察信息员、下访、巡访、定点访等载体。例如，结合实际，建设社区检察联络室，不断延伸法律监督视角，维护社区和谐安定；以涉农检察工作站为依托和平台，为"三农"服务，向农民群众承诺随时开展预约接访、下访、巡访活动，该平台覆盖面广，针对性强，能及时解决群众的法律诉求，监督惠农惠民政策落实情况，切实有效预防和减少影响农村社会稳定问题的发生；有些检察机关通过走访，通过下访、巡访和开通民生检察服务热线等举措，听民声、解民难、化民怨，从而建立联系和服务群众的长效机制。

夯实密切联系群众的基层基础，可以更充分地履行检察职能，接受群众举报、控告、申诉，接待群众来访；发现、受理职务犯罪案件线索，开展职务犯罪预防；受理、发现执法不严、司法不公问题，对诉讼中的违法问题依法进行法律监督；开展法治宣传，化解社会矛盾，参与社会治安综合治理和平安创建；监督并配合开展社区矫正工作，参与并促进社会治理创新。从而维护基层政权稳定，保障基层群众合法权益，促进基层公平正义。

第六章
检察工作亲和力和公信力的监督保障

检察工作亲和力和公信力的提升，靠法治理念引领，靠忠诚履职实现，还要靠制度机制作保证。保证程序公开，以公开透明赢得亲和与公正，保证社会参与，建立法律诚信，赢得人民群众信任；保证行为规范，文明执法，树立执法权威；保证自身廉正，强化内部监督，防止检察权失范。

第一节　健全开放、动态、透明、便民阳光司法机制

司法公开是法治国家不可或缺的构成要素，是司法步入现代社会的内在需求，司法透明度高，才能够被人民群众所了解，才能被人民群众所接近，唯有此，司法才会具有亲和力和公信力，才是"人民的司法"。"法治中国"美好愿景的达成，必然依赖于人民群众对法律的信任与信心，这种信任、信心直接来源于人民群众对法律过程的知晓和参与。检察权行使作为一种极具专业性的活动，难以强求人民群众普遍参与执法过

程，却可追求执法过程最大限度为人民群众所知晓，藉此保障宪法和法律赋予公民的知情权。党的十八届三中、四中全会相继部署法治中国建设，聚焦司法程序公开。党的十八届三中全会《关于全面深化改革若干重大问题的决定》明确提出要健全司法权力运行机制，推进审判公开、检务公开。党的十八届四中全会进一步要求构建开放、动态、透明、便民的阳光司法机制，推进审判公开、检务公开、警务公开、狱务公开，依法及时公开执法依据、程序、流程、结果和生效法律文书，杜绝"暗箱操作"。这些都为检察工作中司法公开提供了方向和指引，努力实践，求得实效，以制度机制作保证，检察工作的亲和力和公信力就能不断彰显。

一、完善程序公开规则

程序公开重要意义在于，加强大众对司法的信赖，提高司法机关之责任感，避免不适当的事况对司法机关与执法司法结果产生影响。[1] 检察机关对于程序公开的关注和探索由来已久，[2] 一般认为，狭义的程序公开概指诉讼活动向社会公开；而广义的程序公开还扩及程序具有透明度，向程序涉及其利益的人及相关的人公开。[3] 两者有所区分却又不可分离，通常所言的程序公开，一般着眼于广义方面，却以狭义方面为核心。这就是说，程序公开作为民主法治社会的主要标志，应当保证

〔1〕 参见胡铭：《刑事司法民主论》，中国人民公安大学出版社2007年版。

〔2〕 最高人民检察院1998年10月出台了《关于在全国检察机关实行"检务公开"的决定（十条）》，1999年1月颁布了《关于"检务公开"具体实施办法》，2006年6月再次下发《〈关于进一步深化人民检察院"检务公开"的意见〉的通知》，2015年2月下发《关于全面推进检务公开工作的意见》。系列规范性文件的出台，为全国检察机关推行检务公开提供了依据，深化检察执法程序的公开成为科学发展观统领下检察机关全面协调发展的重要方面。

〔3〕 参见宋英辉主编：《刑事诉讼原理》，法律出版社2003年版，第129页。

信息的自由流通，使人民群众能够在知情的状况下参与司法和监督司法。检察工作中程序公开之核心在于执法过程公开，但应向前后阶段延伸拓展，形成"执法前提公开—执法过程公开—执法结果公开"完整规则。

（一）执法前提公开

检察执法过程为人民群众所接受和认可，必须让人民群众对检察规律有所认知和了解，应将检察职能、执法规范等相关前提加以公开。检察职能的公开就是检察机关通过一定的方式将检察机关的具体职责和权能公开，让人民群众知晓，便于服务人民群众、接受监督。检察制度是中国特色社会主义司法制度的重要组成，但长期以来检察机关执法特性所具有的"神秘色彩"以及人民群众的法治意识现状，均使检察机关与人民群众之间有所疏离，普通人民群众对于检察机关的具体职能往往并不熟悉。检察职能的公开是检察机关拉近与人民群众距离、赢取人民群众信任的必然要求。自"无教而诛"到"铸法于鼎"，执法规范的公开渐成法制传承演变的基本趋向，成为现代法治文明的必由选择。现代法治要求执法依据法律规范而行，而规范必须公开才能为人民群众所了解掌握，才能使行为具有法律可期待性。人民群众对于执法行为以及自身行为的法律结果产生预期，才能更好地规范自身行为、监督执法行为，才能在检民之间形成良好的互动互信。检察机关公开执法规范的内容是广泛的，包括法律、法规、规章、法律解释等一切可能作为执法依据的规范；同时，各级检察机关发布的各种制度规范、办案纪律，以及检察机关内设部门针对某项业务工作提出的具体要求也应属公开范畴。实践中，各地检察机关纷纷在检察院大厅等显著位置设置宣传、导向栏，开通检察门户网站、新闻客户端、APP手机应用软件等新媒体平台的形式介绍检察机关内设机构的职能、公开执法办案的规范，方便群众知晓，方便群众办事。此外，通过形式多样、内容丰富的法制宣传方式，宣传检察职能与执法规范，有效拉近了与人民群众的距离，赢得了人民群众赞誉。

（二）执法过程公开

执法过程公开是程序公开的核心问题，也是争议最多的问题。从程序公开的完整规则来看，程序公开之"程序"围绕执法活动展开，执法过程本身就是检察业务的具体运行，没有执法过程公开，程序公开的限度无疑将大幅限缩，甚至流于形式。而且诉讼参与人和普通群众借助执法过程公开，参与监督执法活动。执法过程没有公开，执法是否规范就无从判断，也就难以真正形成人民群众对检察工作的支持和信任。当然，执法过程往往涉及案件秘密和当事人隐私，公开内容必须严守一定纪律。例如，保障犯罪嫌疑人、被告人的人权，不能因程序公开侵害犯罪嫌疑人、被告人的基本人权；又如，保证检察执法正常运作，不能因程序公开影响执法活动的正常开展。一些检察机关设置案件办理情况查询系统，方便群众查询了解案件办理情况，监督依法、及时办理案件，在防止超期羁押、化解社会矛盾，增进检察亲和、树立检察公信等方面取得了积极成效，但仍应把好公开的实践向度。程序公开应当衡量向度，以免过犹不及。如果为了程序公开而搞形式，违背底线，那么势必损害当事人合法权利，影响检察机关公正执法。

（三）执法结果公开

执法结果公开不仅必要，而且可行。问题的关键在于执法结果公开尚未常态化，更多局限于重大案件方面，通过新闻发布会、主办检察人员接受记者采访、国家机关门户网站、微博微信等方式通报案件的结果。当然，随着检务公开的进一步深化，执法结果公开正逐步常态化。通过案件办理情况查询系统，可以查询执法办案动态过程，也可及时查询执法结果，方便群众及时了解案件的办理情况。也有一些检察机关，定期公开案件办理的结果，尤其是将社会较为关注、容易滋生执法办案风险的不立案、撤案、不批捕、不起诉案件以及已扣押、冻结赃款、赃物处理等结果进行公开，增强检察工作的透明度，接受人民群众监督，取得了较好成效，这些做法逐渐得到广泛认同和接受。党的十八届三中、四中全会相继部署落实检务公开，最高人民检察院要求在检察工作中坚持"能公开的一律公开"，逐步细化和推行检察环节执法办案的内容、对象、时机公开，建立检察机关终结性法律文书公开制度，增强法律文书说理性。[1] 随着执法结果的公开，检察工作透明度增强的同时，检察工作亲和力和公信力得到提升。

（四）程序公开之度

程序公开的基础在于人民群众享有知情权，知情权是现代民主社会中人们为之不懈奋斗的一项权利，相应地，程序公开也经历了一个从无到有不断扩大的过程。这就意味着，应将程序公开的理念定位于当事人和社会公众权利话语表达方式的"权利型"，而非检察权运行方式的"权力型"。从"权力型"到"权利型"的转变，是现代社会程序公开的基本流向，而"权力型"公开理念依然根深蒂固。程序公开往往更多呈现自上而下的"管理"模式，而非自下而上的"服务"姿态。有

---

　　〔1〕　2014 年 3 月 10 日，最高人民检察院检察长曹建明在十二届全国人大二次会议上所作的工作报告中提出"2014 年，检察机关将深化检察环节司法公开，完善办案信息查询系统，建立检察机关终结性法律文书向社会公开制度，增强司法公开的主动性、及时性"。同年 6 月，最高人民检察院下发《人民检察院案件信息公开工作规定（试行）》兑现了报告中的承诺。

人将其常态归纳为"公开尺度小，保密规范多；新案难案少，简单案件多；常态公开少，例外公开多；后续报道少，一播了事多"。[1]

要处理好程序公开与检察保密的关系。程序公开要求向当事人、向社会公开检察信息，检察保密则要求检察人员保守检察工作秘密，程序公开与检察保密是矛盾的统一体。虽然，各地检察机关试图明确程序公开下的检察保密范围，划清程序公开与检察保密的界限，确立程序公开和检察保密程序，从制度上解决程序公开与检察保密的矛盾关系，但实践运作仍然在很大程度上深受困扰。这也就是说，程序公开应当把好"度"，即在法律规定框架内，在法定前提下推进程序公开，应警惕两种倾向：一是公开"度"过小。存有"多公开多错，少公开少错，不公开不错"的心理，以检察保密为由，该公开的不公开，遮遮掩掩，徒增人民群众猜臆；还有担心程序公开容易束缚手脚，增强人民群众维权、反侦查等意识，不利于检察执法办案。二是公开"度"过大。片面追求创新而违背法律规定。毕竟，"什么事项应该公开，什么事项不能公开，是需要法律作出规定的，而不是哪个检察院自己就可以决定的，任何检察院也无权作出超越法律规定的解释，随意扩大公开事项"。[2]

要理顺检察机关与媒体关系。在信息时代，检察机关推进程序公开与媒体建立的互动，是双方互为主动的关系，检察机关主动向媒体发布信息，媒体也主动收集信息。程序公开过程中，检察机关依照自己意愿把好程序公开向度，而媒体为追求新闻轰动效应竭力收集任何可能的爆炸信息，检察机关依此需

---

〔1〕 李建：《检务公开的理论思考与实践探索》，载《中国检察官》2012 年第 23 期。

〔2〕 李英民：《检务公开要有限度》，载《人民检察》1999 年第 12 期。转引自魏建文：《缺失与构建：对"检务公开"制度的反思》，载《中国刑事法杂志》2009 年第 9 期。

要作出适时回应，而媒体则从检察机关回应中重新找到信息点，在互动中检察机关和媒体追求各自促成目标实现。新媒体时代的来临更是迫使检察机关迅速调整角色，调处与新媒体关系成为推进程序公开必须面对的时代挑战。新媒体时代的显著变化在于自媒体的凸显，信息资讯实现所有人到所有人的迅速传播。民意表达渠道的突变，致使任何人都成为潜在的"媒体人"，可以即时传递对于社会存在的审思批判，海量信息未及过滤便充斥网络，后续真实有效信息因此被覆盖，网络文化大众化、庸俗化倾向明显，却往往契合了当下人民群众的基本心理。为此，必须确立"真相走在谣言前面"的程序公开理念，只有尽快公开真实有效信息，才能防止大量无效信息的扩散，形成人民群众对检察工作的认可和信任。然而，理念的梳理确立、准确落实均非一蹴而就，自媒体时代下检察执法办案程序公开的理性把握和正确引导，需要理论求索的努力，更要实践试点的勇气。

二、深入推进检务公开

为推进司法公开，1998 年 10 月开始检察机关建立了检务公开制度。[1] 随着国家的法治进程更加开放和透明，特别是党的十八届三中、四中全会之后，检务公开机制进一步完善，在促进公正司法，提升检察工作亲和力和公信力，推动中国法治建设方面发挥着越来越重要的作用。同时也应看到，人民群众对检察权运行的透明度要求越来越高，检务公开在一些方面的不完善、不适应问题日益显现，例如，对"检务公开"认识不

---

[1]　1998 年 10 月，最高人民检察院发布《关于在全国检察机关实行"检务公开"的决定》规定了"检务公开"的内容。

足、"检务公开"的法律依据欠缺、"检务公开"机制建设不完善等。要以加强办案过程中的信息公开为重点，拓展检务公开范围，丰富检务公开形式，强化检务公开保障，健全检务公开机制，着力推动检务公开工作从侧重宣传向案件信息公开转变，从静态公开向动态公开转变，从单向宣告公开向双向互动公开转变，更好地保障人民群众对检察权运行的知情权、参与权、表达权和监督权，不断提升检察机关亲和力、公信力和人民群众满意度。

（一）检务公开应遵循的原则

检务公开应当依据一定的准则，具体而言，应当遵循以下几项原则：

一是依法公开原则，检察执法活动公开要做到依法有据。由于检察执法活动所涉及案件大多属于审前程序，很多案件材料处于保密状态，相对于审判公开而言，检察执法活动公开所受到的法律限制更多。检察执法活动中哪些内容不对外公开，要由法律作出明确规定，不能随意限制公开范围。严格按照法律和有关司法解释的规定，对应向社会和诉讼参与人公开的与检察职权相关的活动和事项予以公开。这既是保障检察执法活动顺利进行的需要，也是保护犯罪嫌疑人、被告人合法权益的需要。检务公开应当实行"以公开为原则、不公开为例外"的原则。2014 年 5 月，曹建明检察长在江苏专题调研深化检务公开时强调："除法律明确规定保密的情况外，对执法依据、执法程序、办案过程、执法结果等都要向社会公开。"一般而言，除因涉及国家秘密等原因外，对办案程序、复查案件的工作规程、各个诉讼阶段参与人的权利和义务，法律监督结果等依法应该公开的事项，都要充分公开，如实公开。

二是及时公开原则。及时公开就是强调公开的时效性，提高公开的效率。为了保障公众的知情权，除了细化和完善公开的内容外，还必须明确公开的时限，只有及时满足社会公众的知情权，才能同步保障其参与权、表达权和监督权，实现公开的价值。检察机关履行作为义务，公民的权利才能实现，如在审查起诉阶段，检察机关需要告知犯罪嫌疑人其有权委托辩护人，必须按照法律或司法解释要求及时公开，以便当事人及时实现其权利；诉讼过程各环节，凡涉及当事人的权利义务的，都要依法、及时公开，不得无故拖延。

三是规范公开原则。规范公开是检务公开的形式性要求。确定公开的范围、程度和方式，既要防止应当公开而不公开，也要防止不应当公开而随意公开，确保公开制度化和规范化。公开的内容要规范，如公开的法律文书不规范甚至不合格，将影响到社会公众对检察机关执法办案能力的看法和评价，损害检察公信力。因此，要建立健全公开信息审核把关机制，制定统一规范的公开标准和格式，按照"谁办理谁审查、谁把关谁负责"的原则，做好公开信息的内容审查、技术处理和质量把关工作。

四是便民公开原则。在信息化时代，便民公开原则要体现在公开方式途径的创新上，加强新媒体公开平台建设，增强信息发布、信息查询、法律解读、在线交流、咨询服务等功能，着力构建多角度、多层次、全覆盖的检务公开网络。以人民检察院案件信息公开系统为主平台，建立网上查询、电话查询、触摸屏自助查询和案管岗位查询"四位一体"案件信息查询机制。同时，要建立健全检务公开的相关救济机制，妥善处理保障群众知情权和维护其他合法权益之间的关系，让检务公开不致沦为一纸空文。

（二）完善、创新检务公开的方式方法

检务公开的内容，能公开的一律公开，这已经十分明确，现在的关键是以公开赢得亲和公信的效果。当前，要及时解决困扰检务公开的公开审查案件和法律文书释法说理两方面的问题。

一是探索完善公开审查制度。随着最高人民检察院《关于全面推进检务公开工作的意见》中公开审查案件范围的不断扩大，检务公开要与之相适应。首先，在启动程序时，要处理好依职权启动与依申请启动的关系。根据刑事诉讼法及有关司法解释，公开审查不是办理侦查监督案件的必经程序，而是依当事人申请或检察机关依职权启动的一种特别程序。因此，在实践中务必要处理好依职权启动与依申请启动的关系，把握好度，既要保护当事人充分行使自己的申辩权，又要防止滥用权利，造成司法成本的无端浪费。其次，在公开审查时，要处理好"兼听"与"处断"的关系。"兼听"即检察机关应让代表不同利益、坚持不同主张的多方当事人都能充分主张自己所了解的情况和意见。这就要求检察官应当以开放的、不带预设偏向的态度听取意见，坚持全面、公正听取，克服对意见"选择性听取"的立场。但检察官作为案件的承办人，既要充分听取各方意见，又要依法对案件作出处理结论并承担责任。因此，在公开审查案件的过程中，检察官要对各方意见做出权衡和判断，对于合法有理的意见，应当听取和采纳，对于不符合法律规定的意见，不予采纳。再次，在程序设计时，要处理好效率与公平的关系。从诉讼原理和权利保障角度说，对具有刑事诉讼案件普遍适用公开审查是一种理想的状况。但是在现实操作中，在原有的诉讼环节嵌进这样一个程序，无疑会导致司法成本增加和诉讼效率下降。可见，全面公开审查并不具备现实可行性。因此，要把握好公开审查的制度设计目的，就是要实现以公开促公正，回应社会呼声。把公开审查案件范围仅仅限定于"对于在案件事实、适用法律方面存在较大争议或在当地有较大社会影响"的案件，对于其他案件质量更主要是要依靠检察机关自身办案水平的提升和内部监督制约机制的落实。最后，在制度执行时，要处理好公开与保密的关系。有公开就有风险。检察阶段审前程序的秘密性与公开审查制度对司法公开的内在要求是个两难选择。例如，在审查逮捕阶段，在不能保证定罪证据稳定的前提下，进行公开审查，很可能会给后续的侦查工作带来负面影响。因此，启动程序前必须进行风险评估，对影响证据和干扰侦查的因素进行预警。既要符合诉讼规律又达到公开审查目的，才能取得最积极的法律和社会效果。

二是探索法律文书释法说理工作。"不仅要实现正义，而且要让人们看到正义是如何实现的。"这是人民对法律实施的期待。检察机关在法律文书中，根据事实和法律充分说理，展示法律监督的理由和依据，可以有效增进当事人与检察机关之间的沟通与理解，提高当事人对具体执法行为的接受度，实现以理服人，和平息讼。可见，释法说理的过程是增强检察亲和力和公信力的直接路径。首先，要明白加强法律文书释法说理工作，是检察机关化解社会矛盾、促进社会和谐的重要手段。通过法律文书释法说理，有助于诉讼参与人及时、全面、准确理解检察机关司法办案行为和所作有关决定的法律政策依据，尽可能做到服判息诉、案结事了，进而从源头上化解社会矛盾，促进社会和谐稳定。同时，法律文书释法说理是检察机关规范自身司法办案行为的重要方式。通过强化检察官在司法办案过程中的释法说理责任，有效构建起检察官与诉讼参与人以及社会公众的交流沟通机制，客观上也有利于加强对检察官执法办案活动的约束和监督，促进严格公正规范司法。其次，检察法律文书制作要讲章法、讲论证、讲逻辑。目前，法律文书虽有标准格式要求，但对于释法说理部分由于没有统一规范，导致普遍存在用语程式化、说理逻辑差、分析论证少等问题。因此，有必要制定"检察法律文书释法说理规范指引"，加强对检察法律文书释法说理工作的指导。要层次分明，论证有理。紧紧围绕具体案件，抓住案件的争议焦点，运用法律规定和法律原则来阐述认定事实和适用法律的理由。对事实认定的说理要运用证据规则分析证据，对有异议的事实证据的认定与否及其理由进行论述。对适用法律的说理要着重阐述本案应适用的程序或实体法律及理由。要繁简得当，把握主次。根据事实是否清楚，权利义务关系是否明确，争议的程度等进行繁简分流，使法律文书当简则简，该繁则繁，详略得当，更好地体现出对司法公正和司法效率的价值追求。要用词准确，通俗易懂。专业性与通俗性有机结合，尽量解释清楚而非晦涩难懂。制作文书不但要准确引用法律条文，还要将法律条文具体化到案件中去，将抽象的法条与具体的事实有机地联系在一起，让当事人看得懂，看得明白，给双方当事人一个满意的"说法"。最后，可以通过法律文书评查方式，查找问题、督促规范；通过优秀法律文书评比方式，树立标杆、提升规范；通过法律文书网上公开，加强监督、倒逼规范。

三、健全公民参与规则

法律和法制具有权威性，"并非是让人民群众产生心理上的隔膜和恐惧，相反，应当使人民感到亲切和心理上的认同"[1]。这种认同需要参与，应当引导和强化检察工作的人民群众参与，将检察职业的法律优势广泛辐射到社会各个领域，推动检察工作亲和力和公信力的提升。党的十八届三中全会指出："深化司法体制改革……让人民群众在每一个司法案件中都感受到公平正义……广泛实行人民陪审员、人民监督员制度，拓宽人民群众有序参与司法渠道。"可见，贯彻群众路线，让人民群众参与司法是司法工作的重要内容。公民参与司法的广度、深度、范围是衡量亲和公信程度的重要指标。[2] 广度上，司法活动应当为普通公民参与预留空间，而不应囿于少数的社会精英，实现大众话语权和精英话语权在司法活动中的契合；深度上，公民参与能够对司法裁判活动产生实质影响，而不是流于形式；范围上，公民能够在司法的各个阶段和各种具体司法活动中发挥参与、监督等作用。"人民检察"的本质属性决定了必须坚持人民检察为人民，引导公民参与检察执法活动。

（一）公民参与的理性认识

理性认识公民参与，要认清公民参与的价值功能，明确司法职业化和司法民主化之间的关系；还要清楚公民参与司法应当遵循的基本原则。

1. 公民参与的价值功能

我国的司法改革进程中，一直存在关于司法职业化和公民参与司法的激烈争论。司法职业化，就是司法职业从社会总体

---

〔1〕 王利明：《司法改革研究》，法律出版社 2000 年版，第 133 页。
〔2〕 参与的广度，即数量问题，受政策影响的社会成员中实际或可能参与司法运作的比率，通常比率越高越亲和；参与的深度，即由参与的性质所决定，参与者参与时是否充分、有效；参与的范围，即参与者可对哪些具体问题发挥作用。

分工的混合状态中分化出来，走向专业细密化、具体化和分工协作化的过程。其要求法律职业工作者有共同的知识技能、法律语言、思维推理方式、辨析技术等，并构成伦理、价值、意义共同体和语言、知识、符号共同体等。[1] 公民参与司法本质上是司法民主化。"司法应充分体现人民的意志和利益，司法活动应体现民主性，并应受到人民的有效监督。"[2] 借鉴国际上的司法经验，从提升司法亲和力和公信力角度出发，需加强司法职业化和民主化建设。公民参与司法有利于破解司法权力运行中的官僚化、行政化，有利于加强司法权力运行的有效监督。

首先，公民参与司法能缓解司法职业化带来的专业法律思维与群众大众思维之间的矛盾，减少群众对司法的隔膜和疏离感。司法职业化可以提高司法工作的专业性、精确性，是法治社会的必然要求。但却不能由一个极端走向另一个极端，过度重视司法专业属性而忽略群众参与作用。改革开放前，中国社会"法律虚无主义"泛滥，法律作为阶级斗争工具，人们多凭阶级感情、政治热情"办案"，司法职业异化。这些固然有误，但过分强调司法职业化，可能导致司法独立于人民群众这一社会基础，远离社会现实，无法适应社会发展变化，从而限制和阻碍法律的发展和完善，引起人们对于职业化可能导致人民群众疏离感的担忧。"法律职业的专业化……在一些市场经济国家中实际上出现了另一个负面作用，即法律行业的垄断。法律本来是世俗的活动，为了解决人们的纠纷，与人们的生活紧密相联系；但随着法律的职业化、专业化……法律活动变成一个

〔1〕 参见邱飞：《通过法律职业化进路的司法改革》，载《法学论坛》2005 年第 2 期。

〔2〕 张广鲁、耿振英：《司法职业化与大众化——对我国司法改革的思考》，载《法制与社会》2011 年第 31 期。

普通人除了依赖于法律专门人员之外无法也没有时间涉足的领域。"[1] 现阶段我国法治化程度总体水平不高，人民群众法律知识相对有限，专业的法言法语和复杂的诉讼程序对于大部分人来说理解有一定难度。可见，过度强调司法职业化，无疑将导致人民群众无法充分有效参与司法，司法工作将与人民群众的需求渐行渐远。因此，司法作为面向大众的公共产品，在坚守法治界限、严格执行法律过程中，必须融贯民情、民意，加强释法说理、形成共识，回应公民要求和期待，达到应有的社会功效。

其次，公民参与司法在客观上促进了权力运行过程与结果的公正性，使群众对司法公信有更亲身的感受和体会，提升了司法的亲和力和公信力。由于司法活动的被动性和非常态性，大部分公众只能通过间接的渠道形成司法认知，只有少数人能获得司法的直接体验。现实中，司法官的结论并不是在真空中作出的，他们也生活在一个充满着预期的环境中。从长远来看，除非能够满足一些底线预期，没有人能够成功地扮演任何社会角色。[2] 实践也表明，公民参与司法客观上提升了公众对司法的信任。在美国，有研究表明，陪审员在参与审判之后，更加倾向于认为司法制度是公正的。我国台湾地区学者的统计也很能说明问题：真的经历过司法程序的人，对于法官的信任度至少有 60%，但进行全体统计时就马上变成 30%，因为大多数的人都是"听说的不信任"。[3] 可见，公众越是亲近、参

---

〔1〕　苏力：《法治及其本土资源》，中国政法大学出版社 2004 年版，第 153 页。

〔2〕　参见齐建英：《论司法大众化的法律推理之维》，载《理论与现代化》2014 年第 6 期。

〔3〕　陈卫东：《公民参与司法：理论、实践及改革——以刑事司法为中心的考察》，载《法学研究》2015 年第 2 期。

与和了解司法，其判断和认知就越客观理性，对司法的支持度和信任度就越高。同时，司法权具有公权力易于肆虐、难以监督的天然特性。公众参与能将由司法官垄断的司法运作过程置于阳光之下，有助于减少司法权权力寻租和腐败行为，有助于防止司法权成为侵犯公民权利的"脱缰之马"。

最后，公民参与司法能让群众以更理性方式参与司法过程，有助于疏导社会情绪，促进社会和谐。在新媒体时代，群众对社会事件的参与更便捷，群众的参与和群众的意见已经成为司法活动绕不开的一个话题。同时，传统媒体时代单向信息传导方式的改变，极大地影响了群众参与司法模式，分散性、被动性参与已逐渐被群体性、主动性参与所取代。不可否认，如今新媒体时代已经出现"舆论审判"和"媒体审判"的问题，但应当清醒认识到，这不是推进公民参与司法造成的，而是具体法律规制不到位、不完善所导致的结果。司法权运行与公民参与司法均以追求社会正义、保障人权、化解矛盾为共同目标，具有制度性合作与互补的价值基础。

2. 公民参与的原则

公民参与司法并不意味着完全由群众来执法办案，这种情况下，很容易形成一种"多数人的暴政"，这样的司法民主也就不能成为民主了。因此，公民参与司法应该遵循一些基本的原则：

一是范围法定原则。这就要求公民参与司法必须纳入法治的框架，并不是司法的所有环节都要求公民参与。公民参与司法必须考虑诉讼的基本规律和基本原则，不能影响司法权力规范运行和司法公正，不能舍本逐末。例如，刑事侦查阶段的保密要求相对较高，如果在此阶段引入公民参与，且不严格限定公民参与的范围，极有可能妨碍侦查活动的开展。即使检察机关在引入人民监督员对检察院办理直接受理立案侦查案件实施监督，也有严格限定的情形,〔1〕并不是所有检察机关的自侦案件，人民监督员都可以介入。在立法上明确公民参与司法范围，既可以避免公民参与司法于法无据，导致参与的权威性大打折扣，又可以防止公民乱用"参与权"，恣意扩大参与范围，扰乱正常的诉讼秩序，增加不必要的诉讼成本。

二是角色法定原则。公民参与司法主要有两种形式，一种是协助性参与，也就是公众协助司法机关开展司法活动，保障国家法律实施；另一种是监督性参与，也就是公众充当司法活动监督者的身份，保证司法公平公正地开展。但无论哪种形式，公民在参与司法活动中处于一种辅助的角色地位。公民参与司法并不能否定司法官的法律权威地位，对于诉讼活动中的法律适用也不能由公众所取代。必须从立法上寻找出司法权力运行与公民理性参与之间的平衡点，解决好司法理性与公民参与的冲突，以实现其良性互动。

三是程序法定原则。程序是法治的形式体现，具有实质的法治意义，被认为是一种看得见的正义。同样，公民参与司法也必须按照法律事先拟定的程序进行，不能逾越法律的规定，否则将存在失去理性的风险，容易扰乱诉讼活动，甚至反而侵害了公民权利。许多公众据以评判司法公正性的事实未经程序

---

〔1〕　最高人民检察院、司法部联合下发的《深化人民监督员制度改革方案》规定，"人民监督员对人民检察院办理直接受理立案侦查案件的下列情形实施监督：1. 应当立案而不立案或者不应当立案而立案的；2. 超期羁押或者检察机关延长羁押期限决定不正确的；3. 违法搜查、扣押、冻结或者违法处理扣押、冻结款物的；4. 拟撤销案件的；5. 拟不起诉的；6. 应当给予刑事赔偿而不依法予以赔偿的；7. 检察人员在办案中有徇私舞弊、贪赃枉法、刑讯逼供、暴力取证等违法违纪情况的；8. 犯罪嫌疑人不服逮捕决定的；9. 采取指定居所监视居住强制措施违法的；10. 阻碍律师或其他诉讼参与人依法行使诉讼权利的；11. 应当退还取保候审保证金而不退还的。"

认可或与法律适用无关，在此基础上作出的结论自然不严谨、不客观，但经公众积极参与和媒体争相报道后，容易发酵成为社会事件，造成司法公正性和独立性削减，甚至引发"舆论审判"和"媒体审判"。

四是效果法定原则。对公民参与司法的法律效果加以明确，有助于有效发挥公民参与司法的能动效果和客观效果，特别是提供充分有效的制度安排和措施，积极地协助公民参与，确保公权机关担负起保障公民有效参与的义务，增强了公民参与司法的有效性。效果法定原则有助于避免公民借助参与司法追求法律效果之外的其他利益，可以使公众对自己参与司法的法律效果有个明确的预期，确保参与的理性和规范，满足公民参与司法的需求。

（二）完善人民监督员制度

人民监督员制度是检察机关主动接受外部监督，吸收公民参与司法的一项创新性制度。这项制度的创立与施行，弥补了长期以来检察机关办理职务犯罪案件外部监督缺乏的不足，让检察权运作始终处在人民的监督下，促进检察机关严格依法办案，为人民群众参与司法工作、促进司法公正开辟了新的路径。从2003年至今，历经十多年的探索，实践证明，这项制度抓住人民群众反映强烈、影响司法公正的突出问题，有效破解了"谁来监督监督者"，有力促进了检察机关亲和力和公信力的提升。

党的十八届四中全会提出："完善人民监督员制度，重点监督检察机关查办职务犯罪的立案、羁押、扣押冻结财物、起诉等环节的执法活动。"[1] 2015年2月27日，习近平总书记

---

〔1〕《中共中央关于全面推进依法治国若干重大问题的决定》。

主持召开中央全面深化改革领导小组第十次会议，审议通过了
《深化人民监督员制度改革方案》。最高人民检察院与司法部联
合下发《关于人民监督员选任管理方式改革试点工作的意见》
明确提出："改革选任管理方式，由司法行政机关负责人民监
督员的选任和培训、考核、奖惩等工作……有利于充分发挥司
法行政职能，提高人民监督员制度公信力，加强对检察权力运
行的监督制约，提升检察机关法律监督能力，对于拓宽人民群
众有序参与司法渠道，建立公正高效权威的中国特色社会主义
司法制度具有重要的意义。"改革后，人民监督员的选任和管
理不是司法权，而是司法行政权。由司法行政机关进行人民监
督员的选任和管理，是人民监督员制度实现"由内而外"转变
的关键一步。特别是由检察系统外的独立机关进行选任，可以
保证人民监督员选任全过程独立，排除检察机关以及其他公权
力机关的干扰，获得人民群众的更多信任。人民监督员的监督
是一种社会监督，其制度特点具有人民性，能真正代表人民群
众对检察机关进行外部监督。一项科学制度的建立不容易，制
度的健全、完善及其作用效果体现更不容易。

1. 保障人民监督员知情权

人民监督员的作用和效果首先在人民监督员的知情权。一
旦知情权得不到保障，人民监督员既缺乏主动启动监督的线
索，更没有主动启动监督的权力，监督作用和效果就无从谈
起。一要建立监督事项告知制度。检察机关查办职务犯罪案件
的侦查、审查逮捕、审查起诉等诉讼环节中，在第一次讯问犯
罪嫌疑人、执行搜查扣押时，在执行冻结后，应向犯罪嫌疑人
及其近亲属等告知有关人民监督员监督事项的内容。建议将人
民监督员监督事项列入《犯罪嫌疑人、被告人权利义务告知
书》等法律文书，由承办人在笔录中将告知情况予以完整记

载。与检察官办案责任制对接，对应当告知而未告知，追究承办人相应责任，强化落实的刚性。二要建立人民监督员知情权保障机制。检察机关应对职务犯罪立案、强制措施采取、扣押财物保管处理以及刑事赔偿案件办理情况建立相应的台账，定期集中报送上一级检察机关组织人民监督员查阅，掌握案件办理情况，发现监督线索。对于检察人员在办案中发生的刑讯逼供、暴力取证、超期羁押、违法搜查扣押冻结、应予刑事赔偿而不赔偿、徇私舞弊、贪赃枉法等违法违纪情形的控告、检举，应建立案件处理信息通报制度，由人民监督员办公室将纪检监察部门的处理结果及时通报人民监督员。

2. 完善监督程序

人民监督员不能直接地接触案件有关材料，只能向检察机关办案人员了解情况，这使人民监督员对一些案件缺乏必要的监督手段。同时，人民监督员获取信息的单向性必然会导致其意见形成的偏向性，导致人民监督员难以全面地了解案件情况，还可能误导人民监督员对案件的认识。为此，应完善监督的程序。一是设置人民监督员阅卷程序。阅卷范围包括证据材料和诉讼文书，必要时，经过检察长批准，在确保不泄密前提下，人民监督员还可查阅侦查内卷的案卷材料。同时，为避免监督程序与诉讼时限的冲突，既要保证人民监督员有充分的准备时间了解被监督案件事实和掌握有关法律，也要具体规定阅卷时限。二是规范介绍案件程序。承办人介绍案件的内容应该包括实体和程序、事实证据和法律适用等有关材料，并介绍对案件处理的不同观点和意见，梳理每种意见所依附的事实和证据，并对其法律适用问题进行阐释。三是赋予听取辩护律师意见的程序。为保障人民监督员全面了解案件，人民监督员可以通过收听收看讯问犯罪嫌疑人同步录音录像了解当事人的意见。必要时人民监督员可以当面听取辩护律师意见并提问，或可以由检察机关转交辩护律师意见，这有利于人民监督员对案件的全面客观了解，增强监督的公正性。

3. 增强监督效力

人民监督员的监督是对检察机关的一种外部监督，仅有程序性效力，没有诉讼程序意义上的发动、变更和终结功能，不具有强制力，更多体现了社会监督，但对人民监督员意见除了要引起重视，及时进行复议外，承办案件的检察机关应当对人民监督员的表决意见进行审查。检察长同意表决意见的，案件将按照刑事诉讼程序继续进行；若不同意的，提交检察委员会讨论决定。检察委员会的最终处理决定与人民监督员表决意见不一致的，应当向参加监督的人民监督员作出必要的说明。若多数人民监督员仍有异议的，可以提请检察机关复议一次。可见，人民监督员监督的效力主要还是建议性质的。对此有学者认为，如果人民监督员的监督不赋予相应的司法强制效力，就不会对被监督者产生任何的威慑，监督就难以达到制衡的实质功效。[1] 但如果一味追求人民监督员监督的强制力，势必会破坏现有的宪政制度和检察机关依法独立行使司法权。普通群众由于法理知识缺乏和法律素养不够，往往会凭一时之感观恣意裁决，从而有碍公正。因此，既要强化人民监督员监督的效力，不仅仅是参考意见，但又不能绝对赋予其决断力。首先，要对复议程序进行具体化规定，比如复议时要另行指定人员办理，并在规定时限内进行反馈。其次，要增加复核程序。如果人民监督员对复议结果仍有异议的，在过半数本案人民监督员提请后，上一级人民检察院应对该案进行复核。同时，要强化

---

〔1〕 参见陈卫东：《人民监督员制度的困境与出路》，载《政法论坛》2012年第4期。

上级检察院对下级检察院实施人民监督员制度的监督，应当对下级检察院该接受监督而未履行监督程序径行作出处理决定的予以通报，必要时可责令下级检察院依照规定启动人民监督员监督程序。

第二节　规范司法行为

党的十八届四中全会突出强调，发挥司法公正对社会公正的重要引领作用，对保证公正司法、提高司法公信力作出重大部署。明确提出："必须完善司法管理体制和司法权力运行机制，规范司法行为，加强对司法活动的监督，努力让人民群众在每一个司法案件中感受到公平正义。"[1] 这是在党的重要文献中，第一次明确把"规范司法行为"确立为司法工作的基本要求。党的十八大以来，习近平总书记从加强权力监督制约、实现国家治理体系和治理能力现代化的高度，反复强调要实现党、国家、社会各项事务治理制度化、规范化、程序化，要求推进权力运行公开化、规范化，做到严格规范公正文明执法。习近平总书记还多次对规范司法行为提出要求。在党的十八届三中全会上，强调要推动建立科学合理、规范有序的司法权力运行机制；在中共中央政治局第四次集体学习时，强调要"优化司法职权配置，规范司法行为，加大司法公开力度，回应人民群众对司法公开公正的关注和期待"；在中央政法工作会议上，再次强调"要用纪律规范司法行为"。检察机关作为法律监督机关，亲和力和公信力来自严格、公正、规范、文明执法，必须依照法律授权行使权力，不能超越法定权限、违反法

---

〔1〕《中共中央关于全面推进依法治国若干重大问题的决定》。

定程序行使权力。

一、规范司法行为的现实审思

审思司法行为的规范，要弄清检察机关司法活动中存在的突出问题，分析产生问题的原因，为全面推进规范司法奠定基础。

（一）突出问题

检察机关是国家的法律监督机关，其承担的神圣职责、特殊使命和重要任务，要求我们必须严格规范司法行为，从而确保自身司法公正，有力监督其他执法司法机关严格执法、公正司法。检察权的行使涉及公民的生命财产和人身自由问题，不严格规范司法，权力就可能被滥用，给当事人及其家庭造成极大伤害。如果我们任何一个环节上的司法行为不规范、不严格，不要说事实不清、证据不足，就是程序上的瑕疵，都可能对案件处理造成致命的影响。以前证据收集方式有瑕疵，但如果证据是客观真实的，可以补证采信，现在可能就要作为非法证据排除。以前办案过程中出现个别不严格执行程序规定的情况，只要办案结果公正，往往也不会被深究，现在则可能被当事人、辩护人乃至社会广泛质疑，引发炒作。所以，我们的侦查、审查批捕、审查起诉、诉讼监督各环节，都要以证据说话、案件事实、证据、程序、法律适用等都要经得起法庭调查、质证、辩论的检验。但也必须看到，检察机关的司法活动中仍然存在不少突出问题。

在案件实体方面，个别案件对犯罪构成要件把握不准，收集证据过程中重口供、重有罪证据，轻无罪证据，少数办案人员审查把关不严，个别案件适用法律不准确。特别是少数办案人员审查不到位，有的对案件证据没有进行全面审查；有的只简单地审查书面材料，没有进行必要的提审；有的只注重对有罪证据的审查，忽视了对无罪证据的审查，如对犯罪嫌疑人的辩解等不予重视，影响了案件的正确处理，甚至办成错案。有一起故意伤害案，犯罪嫌疑人否认涉案，辩解不认识同案犯、没有作案时间、没有出现在作案现场，并提出证人，但在审查逮捕阶段，承办人未提审犯罪嫌疑人，未认真核实其无罪辩解，认为同案犯均指认该人，遂作出批捕决定。后在审查起诉期间，确认另一个男子才是犯罪嫌疑人，造成错捕。

在案件程序方面，司法行为也存在诸多不规范之处。如强制措施适用不当，取证程序不规范，个别案件起诉期限较长，超期限办案仍有存在，办案效率不高。个别起诉案件违反规定，一些案件扣押冻结款物不符合规定。

在履行法律监督职责方面，不规范司法行为时有发生。有的是对侦查活动监督不够，公安机关以事实不清、证据不足为由撤回案件，但多数案件卷宗内未体现这些案件撤回后的处理情况。一些案件承办人对判决裁定审查不够，对一些民事行政案件监督不够。一些民事执行监督案件和审判人员违法行为监督案件监督属性不强，监督理由泛泛而言，无法具体指出法院在民事执行活动或民事审判程序中存在的违法情形，监督理由也很难让被监督法院信服。一些民事执行监督和审判人员违法行为监督案件，相当一部分都集中在监督法院法律文书未送达或未按照法律规定的期限内送达当事人等方面。

在法律文书制作方面，部分法律文书不规范。有的法律文书未对犯罪嫌疑人供述进行概括摘录，而只是简单地复制、粘贴笔录。有的法律文书存在瑕疵，如审查逮捕意见书中受案时间早于公安机关提请批准逮捕书的落款时间；没有写明被采取强制措施情况以及是否有前科，是否有影响羁押的严重疾病等情况；证据分析过于简单，没有对证据是否具有合法性、客观性、关联性进行阐述；处理意见未引用法律条文，或者引用法律条文错误等。

（二）原因分析

司法不规范问题体现在办案实践中，具有不同的表现形式，但从根源上看，是司法理念、司法作风上的问题，是立检为公、执法为民上的差距。

一是尊重和保障人权意识有差距。当前检察机关所处的社会条件、面临的外部环境、内部管理模式都发生了深刻的变化，司法标准越来越高，司法难度不断加大，司法作风要求越来越严，依法治国方略的提出对检察机关规范司法提出了更高的要求，人民群众对检察机关规范司法有了更高期待。一些检察人员未能及时转变观念，法治信仰还不够坚定，现代司法理念没有真正完全树立。有的检察人员在办案过程中，重惩治犯罪，轻保障人权，重视对有罪、罪重证据的收集，忽视对无罪、罪轻证据的收集，审查和排除非法证据的意识比较弱，保障当事人、律师、诉讼代理人的合法权益的自觉性还不高，甚至把保障人权同惩治犯罪对立起来，对律师依法行使执业权利存在抵触情绪。

二是程序公正意识有差距。法治传统的缺失，从某种程度上来讲，并不单单是实体法治的缺失，更多的是程序法治的缺失。长期以来，司法活动重实体轻程序、重结果轻过程的错误观念和做法，在检察机关司法办案过程有一定的体现，如只重视办案结果的公正，没有深刻认识到程序公正本身的价值所在以及对于实体公正的基础和保障作用，没有正视程序公正对提升检察亲和力和公信力的重要意义和对于培育民众法治思维和增强民众法治信仰的关键作用，而是讲起来重要，做起来次要，忙起来不要。

三是运用法治思维和法治方式能力有差距。有的不注意自身素质的提升，司法办案能力达不到要求，造成老办法不管用，新办法不会用的困局。有的缺乏准确判断事实、正确适用法律的能力，凭经验、靠直觉办案。有的法律专业技能不过硬，缺乏突破案件、深挖犯罪的能力。有的法律监督不到位，缺乏发现监督线索的能力。有的就案办案，缺乏深入群众化解矛盾的能力。有的对新知识的掌握和运用能力不足，对法律知识掌握不够全面、系统，缺乏对立法精神及其价值取向的正确把握，导致案件出现瑕疵、错误。有的对新的法律法规、司法解释了解掌握不及时，对新类型犯罪以及案件涉及的新情况研究不深不透，缺乏妥善处理疑难复杂问题的能力。

四是司法作风不严不实。有的责任心不强，工作不够细致严谨，态度不够端正。有的案件在制作笔录、文书等时对应该填写的信息漏填、错填，有的取证中对复印件未标注完整信息甚至完全没有标注应当标注的信息，导致证据出现严重瑕疵。有的为追求考评成绩而"打擦边球"、做技术处理，甚至弄虚作假。少数基层院将应当类案监督的案件拆分为个案监督，对同一场所的多个违法行为发出多份纠正违法通知书，既导致法律监督效果不佳，也损害了检察机关司法权威和司法公信力。更为严重的是，少数检察人员群众观念、为民意识、公仆意识淡薄，服务基层、服务群众意识不强，不愿接触群众，对群众利益、基层困难漠不关心，对群众诉求无动于衷。

五是监督管理和追责不到位。有的对内制约监督管理不严格，对司法流程各个环节的适时监控、检查、监督不到位，特别是对不立案、撤案、不批捕、不起诉、变更强制措施等重点环节缺乏有效的监督，对规范执法中存在的特权思想、霸道作风、滥用强制措施、违法扣押冻结款物等突出问题不重视、不纠正，对不规范执法行为不敢直面，不制止、不追究，甚至敷衍了事，大事化小、小事化了。

检察权来源于法律，制约于法律，只有形成规范，作于规范，成于规范，才有检察权的公正行使，才有检察机关的亲和力和公信力。每一个人、每一个单位都规范，整个系统就有形象；每一个案件、每一件事情都规范，整个检察工作就有公信。很多错案的发生，不是业务水平不高导致的，而是不规范，忽视细节而产生的。大到案件证据提取，小到法律文书制作，每一件事都应当遵循流程要求，符合行为规范，养成好的习惯。要把规范司法行为作为长期性、基础性的战略任务来抓，坚持问题导向和严格司法，从每个部门、每个岗位、每个阶段、每个环节、每项要求抓起，确保有章可循，不断提高检察机关规范司法的能力和水平。要以先进的法治理念引领司法规范。强化法治精神、民本意识、责任担当，坚守法治定力，打牢规范司法行为的思想基础，提高运用法治思维和法治方式深化改革、推动发展、化解矛盾、维护稳定的能力和水平。要以科学的制度机制保障司法规范。紧紧抓住检察权运行的重点环节，明确办案程序、细化操作规范，厘定权力边界，切实防止和纠正不严格、不规范、不作为、乱作为的问题，确保检察权严格依法行使。要以有效的监督制约落实司法规范。坚持以司法办案活动为重点，以制度机制建设为载体，不断加强对检察权运行的管理和监督制约。要以严格的责任追究倒逼司法规范。增强主动公开、主动接受监督的意识，拓展公开的深度和广度。要以过硬的队伍建设助力司法规范。坚持从源头抓起，有针对性地强化教育、管理和监督，持续加强素质能力和检察职业道德建设，使规范成为广大检察人员的自觉行动。

二、规范检察监督

党的十八届四中全会突出强调，要推进严格司法，要求做到事实认定符合客观真相、办案结果符合实体公正、办案过程符合程序公正。检察监督需要规范，有规范就有严格司法、公正司法，严格公正就能取信于民，增强亲和力和公信力。如果连法律规定都不能严格执行，规范司法行为就无从谈起，亲和力和公信力就是一句空话。近年来，司法改革深入推进，刑事诉讼法、民事诉讼法和行政诉讼法相继修改，为检察机关强化法律监督提供了更充分的法律保障，同时也对检察机关严格规范司法提出了更高要求，检察机关职能拓展、责任加重、标准更高。检察机关要聚焦法律监督主责主业，将"规范监督"贯穿于检察机关履行法律监督职能始终，严格依照法律规定的权限、程序履行职责、行使权力。

（一）规范刑事检察监督

要深入贯彻刑事诉讼法，规范刑事检察监督，以实现惩治犯罪、保障人权的目标。

一是要规范对刑事立案、侦查的监督，坚决纠正有案不立、以罚代刑、插手经济纠纷和刑讯逼供、暴力取证等违法行为。刑事立案监督的案件具有周期长的特点，因此对受理、审查、移送、反馈、答复等各环节，要明确规定相应的时效。明确立案监督的范围，拓宽立案监督知情渠道，加强检察机关内设各职能部门的联动配合，把立案监督寓于各职能部门的业务工作中。完善立案监督的程序，细化立案监督的流程，使立案监督更加具有可操作性。推进重大疑难案件侦查机关听取检察机关意见建议试点，完善介入侦查、引导取证制度。深化对公安派出所刑事侦查活动监督试点工作，规范对限制人身自由司法措施常态化监督，以及对刑事拘留未报捕、未移送审查起诉案件的监督。推动与侦查机关网上信息系统衔接，规范运行"两法衔接"信息共享平台。特别要加强对职务犯罪侦查取证工作的监督，检察机关对自侦案件，要坚持更高标准、更严要求；要健全侦监、公诉、案管、执行、控告等部门对职务犯罪侦查活动监督制约的机制，健全撤案、撤诉和无罪判决案件逐案分析通报制度。

二是要规范对刑事审判的监督。探索诉讼职能与诉讼监督职能适当分离，由刑事审判监督部门集中承担刑事审判监督工作的主要任务，合理划分公诉和刑事审判监督部门的职责和任务，加强协作配合，全面履行对刑事审判活动的监督工作，畅通刑事审判监督渠道，构建科学合理的内部运行机制。积极构建以抗诉为中心的刑事审判监督格局，把监督纠正个案与监督纠正普遍性问题相结合，坚决纠正定罪错误、量刑严重失衡以及审判程序违法等问题。加强与法院沟通协调，统一政策把握、法律适用、证据采信标准，规范指定管辖、庭前会议、证人鉴定人出庭、撤回起诉等工作。规范对法院指令异地再审案件的监督，探索建立法院裁判改变起诉指控事实、罪名案件报上一级检察院备案审查制度。

三是要规范对刑事执行的监督。进一步开展判处实刑罪犯未执行刑罚的专项监督活动，加快减刑、假释网上协同办案平台建设，建立刑罚交付执行和变更执行监督长效机制。进一步规范体表外伤检察监督工作，深入推进财产刑执行检察监督，强化指定居所监视居住和强制医疗执行的规范监督。完善羁押必要性审查工作流程，清理纠正久押不决案件。人民法院判决被告人无罪，免予刑事处罚，判处管制，宣告缓刑，单处罚金或者剥夺政治权利，被告人被羁押的，检察机关应当监督被告人是否被立即释放。

（二）规范民事行政检察监督

党的十八届四中全会提出要加强对民事诉讼和行政诉讼的法律监督，对检察机关民事行政检察工作提出新的要求。检察机关要顺应新形势、新期待，规范民事行政检察监督。

一是要规范民事检察监督。以加强对公权力监督为核心，推动健全多元化民事检察监督格局。综合运用抗诉、检察建议等方式，加大对生效民事判决、调解书的监督力度。加强对民事审判人员违法行为监督，着力监督民事立案环节不当拆分诉讼标的、规避级别管辖、有案不立等情形。进一步规范民事执行检察监督，化解"执行难"和"执行乱"；对民事执行的监督应当贯穿于民事执行的全过程，既要监督法院执行裁判行为，又要监督法院执行实施行为。对法院违法采取强制执行措施，不依法及时采取执行措施或者执行法官有意拖延，拒不出具执行裁定书等执行违法行为，检察机关可以发出纠正违法通知书。对法院存在程序瑕疵等不影响实体权利的一般违法行为，法院采取强制措施可能存在错误以及认为法院怠于执行的，可以发出检察建议书。同时，还要加大责任追究力度，强化执行监督的刚性。

二是要规范行政检察监督。行政检察是一项开创性工作，也是未来检察监督的重要发力点。要全面规范对行政诉讼活动的检察监督，统筹推进行政生效裁判、审判程序和执行活动的监督，完善行政诉讼监督工作机制。深入研究和开展对行政违法行为和行政强制措施的监督，明确监督范围、方式、程序和效力。规范行使检察机关的行政公益诉讼权。适度的行政公益诉讼权既是对行政权的一种规制，也是对传统公诉权的延伸，应始终坚持权利救济、谦抑、维护公益、尊重和维护审判独立与裁判权威的理念。当行政行为违法损害重大公共利益、又没有适格原告，检察机关通过向相关行政机关发出检察建议使其及时纠正违法行为，如果检察建议不足以阻止违法行为，检察机关可以提起公诉，以法律手段纠正行政违法行为。

（三）规范控告申诉检察监督

控告申诉检察是检察机关通过受理公民的控告、申诉，查办控告申诉案件，提供犯罪案件线索，纠正冤假错案，履行检察机关的法律监督职能。控告申诉检察监督，关系到社会安定稳定，关系到公民的人身、民主和其他合法权益，需要进一步加以规范。

一是要统一受理来信、接待来访。对来信来访和控告申诉，应认真填写登记表。对不属于检察机关管辖的，按"归口管理"原则分别处理，依照有关规定分别移送主管部门处理。对性质不明、难以归口的检举、控告案件，由控告申诉检察部门进行初步调查，根据情况决定转办或自办。对不予立案或不复查的控告申诉案件，应将作出不立案、不复查决定的原因通知控告申诉人，对决定转出的应将转往单位和转出时间通知控告申诉人。

二是要加强"一站式"检察服务平台建设。协调检察机关各内设业务部门，有效推动集控告申诉举报受理、律师接待、行贿犯罪档案查询、案件信息查询等功能于一体的"一站式"检察服务平台的建设。依托新兴通信方式延伸服务，全面融合"信、访、网、电、视频"诉求表达渠道，推广微信公众号、手机客户端信访应用，实现网上信访、远程视频接访常态化，方便群众和诉讼参与人反映情况和诉求。

三是规范刑事申诉案件复查程序。对于需要立案复查的申诉案件，应当以"有错误可能的"为原则，从实体和程序方面加以审查。对批准复查的申诉案件，应当制订复查计划，确定需查清的主要问题，以及复查方法、步骤、措施和完成时间等。复查终结后，办案人员应制作结案报告，经批准后结案。重大的、改变原处理决定的案件应报检察长或检察委员会批准结案。坚持把公开审查作为基本要求，采取公开听证、公开答复、主动邀请人大代表参与等形式，努力做到"宜公开，尽公开"。要探索重大刑事申诉案件异地审查，以消除阻力和干扰。深化反向审视工作，将定期分析、专项分析、个案分析相结合，梳理和分析侦查、审查逮捕、审查起诉尤其是刑事申诉办案环节存在的突出问题，提出明确的改进意见。通过复查申诉案件，维护正确裁判、决定，有效纠正和建议改正冤假错案。

四是规范国家刑事赔偿监督，加强司法救助。要重视办好刑事赔偿案件，充分发挥国家赔偿相关司法解释统一司法、指导和规范办案以及典型案例示范引导作用，依法及时履行赔偿责任，积极稳妥开展国家赔偿监督工作。积极推行赔偿协商工作机制，针对赔偿申请人提出精神损害赔偿的，注重从申请人角度出发，在法律、情理和生活实际情况上进行协商，引导其接受合法合理的赔偿范围。对办理的国家赔偿案件中发现的具有普遍性的司法瑕疵问题进行专项梳理，以检察建议、函件等形式向相关单位提出整改建议。深入推进国家司法救助工作，通过加强沟通、完善机制、充实资金、创新方式、多元救济等措施，切实增强救助工作实效。

三、坚守司法执法底线

底线是最低界限，是最起码的规则，它是一道坎，一条界。万事万物皆有底线，思想、道德、法律如是，做人做事如是。明确底线，就是"知止"，知止而不逾，知止而不违，逾者过极，违者越界。对检察机关而言，有法律、制度、纪律要求，有思想、道德、行为要求，做人做事都有规矩，界限条条，底线道道，知止而守，敬而生畏，就能严格自律，不失向、不迷路、不出事。确保办案质量，坚守廉洁自律，防止冤假错案、防范办案安全事故底线，是每一个执法办案人员的重大责任。

应该看到，这些年检察机关对廉洁自律、防止冤假错案和防范办案安全事故非常重视，采取了不少措施。在防止冤假错案方面，检察机关加大了廉洁自律教育，查处了一批在执法办案中的违法违纪案件。坚持不懈地加强执法理念教育，完善批捕、起诉等质量标准，强化对侦查、审判等诉讼活动的法律监督，建立健全讯问犯罪嫌疑人同步录音录像、保障律师依法执业、非法证据排除等机制制度，对从申诉或办案中发现的冤假错案，认真复核证据，依法提出纠正意见，先后监督支持人民法院纠正了多起冤假错案。例如，"张氏叔侄强奸杀人案"就是检察官张飚首先发现并坚持监督的。张氏叔侄被改判无罪，让公平正义得以伸张。在防范办案安全事故方面，更加注重将尊重和保障人权，办案安全事故总的呈下降趋势。但是，与党中央的要求相比，与民主法治的发展进步相比，与人民群众对公平正义的期待相比，还存在一些差距。实践中，侵犯人权的现象仍有发生。有刑讯逼供致人死亡的，有犯罪嫌疑人、证人自杀死亡的，也有犯罪嫌疑人在接受讯问期间发病死亡的。发生的地方，有在办案点的，也有在看守所的。必须从依法保障人权、加强办案安全防范入手，加强教育，作出了禁止性规定，并明确责任追究，真正把严格公正文明规范司法变为自觉行动和职业习惯，做到心有所畏、言有所戒、行有所止。

（一）坚守廉洁自律底线

习近平总书记指出，领导干部要时刻做到心中有党、心中有民、心中有责、心中有戒，要始终牢牢守住清正廉洁底线，这是领导干部的基本要求，也是从政底线。检察官作为履行法律监督职责的国家工作人员，如果说忠诚是基石、公正是核心的话，那么清廉就是底线和基础。为此，检察官要在其位、谋其政、履其职、负其责，自觉遵守新修订的《中国共产党廉洁自律准则》和《中国共产党纪律处分条例》，始终把纪律和规矩挺在前面，坚守廉洁自律底线。

一是严把理想信念关。自律源于定力，最根本的定力是理想信念。理想信念是共产党人的精神之"钙"，是自我约束的"压舱石"。理想的动摇是最危险的动摇，信念的滑坡是最致命的滑坡。自我约束就是要树立高尚精神追求，筑牢思想道德防线，增强底线思维。既要处理好世界观、人生观和价值观这个"总开关"和"总闸门"问题，增强政治意识、大局意识、核心意识和看齐意识，又要落细、落小、落实，解决好小节、小事、小处的问题。要进一步锤炼党性，锤炼品格，增强政治修养和职业道德素质，坚守共产党人精神高地和人民检察官的职业本色。

二是严把抗拒诱惑关。一个人能否廉洁自律，最大的诱惑是自己，最难战胜的敌人也是自己。作为检察官，要不断提高自我掌控的能力，常修为政之德，常怀敬畏之心，常省自身之过，常思贪欲之害，努力做一名清廉为民的检察官。"一丝一粒，我之名节；一厘一毫，民之脂膏。宽一分，民受赐不止一分；取一文，我为人不值一文。"秉此理念并勉力践行，时刻把照镜子、正衣冠、洗洗澡、治治病融入锤炼自身品行修养中，把牢关口，把握自我，抑制自己的奢望和贪欲，永葆纯洁的公仆本色和情怀。

三是严把抵制干扰关。要把解决为检不廉问题作为坚守廉洁自律底线的重要内容，真正做到检察执法不受权力、金钱、人情、关系所干扰，自觉做到秉公用权，廉洁从检。加强对领导干部特别是"一把手"的监督，推进检察权运行公开化，规范自由裁量权，防止滥用检察权。保持对检察机关自身腐败的"零容忍"，查办关系案、人情案、金钱案，查办滥用强制措施、滥用职权、越权办案等问题。建立健全廉政风险防控、廉政隐患摸排预警、重点岗位轮岗交流、利益冲突防止等制度机制，探索建立办案说情报告和通报制度，努力从源头上预防检察执法不公不廉问题的发生。

（二）坚守防止冤假错案底线

检察机关在执法办案中，要坚持惩罚犯罪与保障人权并重，坚持互相配合与依法制约并重，坚持实体公正与程序公正并重。在刑事诉讼各环节严格审查，严把案件程序、事实证据和法律适用关，坚守防止冤假错案的底线，坚决杜绝冤假错案的发生。

一是严把案件程序关。严守法律程序，办案中不得规避管辖、随意延长办案期限、滥用刑事强制措施、侵犯犯罪嫌疑人诉讼权利、违法扣押冻结处理涉案款物。依法对侦查活动、审判活动、刑罚执行和监管活动进行监督，确保公正、合法，防止司法权滥用。落实案件集中管理机制，完善案件内部审批和备案审查制度，加强对立案后侦查工作的跟踪监督和侦捕诉衔接联动，全程、动态、适时监督执法活动，确保每一个执法办案环节都符合司法程序规定要求。坚持"敢用、慎用、短用"原则，严格、依法、规范使用指定居所监视居住措施，不得随意扩大指定居所监视居住的适用范围。

二是严把事实证据关。严格把好审查逮捕和审查起诉关，完善侦监、公诉部门提前介入引导侦查取证机制，客观全面地收集、调取和审查判断犯罪嫌疑人有罪或无罪、犯罪情节轻重的证据材料。注重审查证据的合法性，建立亲历审查机制，坚持犯罪嫌疑人在押案件"每案必讯"、法定必须讯问的案件"每案每人必讯"，认真听取和核实犯罪嫌疑人供述、辩解和辩护律师意见。一旦犯罪嫌疑人前后供述出现反复，认真分析出现反复的原因。完善检察技术部门与业务部门的协作配合机制，加强对法医、文检、司法会计、电子数据等技术性证据的审查。健全讯问犯罪嫌疑人全程同步录音录像资料移送、调取、审查制度，受理并及时调查核实非法取证的材料或者线索，依法排除非法证据。采用刑讯逼供等非法方法收集的证据，不得作为批准、决定逮捕或者提起公诉的依据。

三是严把法律适用关。完善案件质量分析评查通报制度，建立不捕、不诉、撤案、变更强制措施的备案审查、专项检查、同步监督等机制。坚持和完善刑事申诉案件"两见面"制度，高度重视在押和服刑人员的举报申诉，依法及时复查具有冤错可能的案件。严格落实刑事诉讼法关于逮捕、起诉标准规定，凡不符合逮捕、起诉条件的，依法作出不捕、不诉的决定。经审查认为判决、裁定确有错误的，特别是无罪判有罪、有罪判无罪、量刑畸轻畸重的案件，应依法及时提出抗诉。强化对审判活动的监督，对定罪证据不足的案件，坚持疑罪从无；对定罪证据确实、充分，但影响量刑的证据存在疑点，应依法提出监督意见。坚持以事实为依据，以法律为准绳，不能因舆论炒作、当事人及其亲属上访闹访和地方"维稳"等压力，作出违反法律规定的决定。

（三）坚守防范办案安全事故底线

牢固树立尊重和保障人权理念，坚持理性、平和、文明、规范执法，坚持"人防、物防、技防"并重，坚决防范和杜绝查办职务犯罪案件安全事故的发生。

一是严把安全办案关。强化安全办案意识，绷紧安全办案这根弦，并贯穿于查办职务犯罪案件全过程。办理职务犯罪案件时，应根据个案具体情况制定相应的安全防范预案。检察长、分管副检察长和办案负责人，对职务犯罪案件办理的安全防范工作负有领导责任，应当加强组织保障和监督检查；案件承办人和负责传唤、拘传、提押、看管等工作的人员负有直接责任。推进办案工作及讯（询）问室监控联网，严肃查纠违反办案安全规定的行为。凡发生办案安全事故或违反安全防范规定，相关人员应承担直接责任或领导责任。

二是严把办案管理关。办案工作区要按严格标准建设，与办公区域保持适当隔离，形成符合安全、保密要求的区域。办案工作区由司法警察部门负责日常管理，办案部门使用须报经分管副检察长或部门负责人批准。对办案人员在办案中的违法违规行为，司法警察应及时提醒或制止，必要时可向分管副检察长报告。严禁在办案工作区对犯罪嫌疑人、被告人实施监视居住。严禁将办案工作区作为羁押、留置犯罪嫌疑人、被告人或者其他涉案人员的场所。

三是严把技术规程关。严格落实最高人民检察院对规范侦查活动"十个依法、十个严禁"要求，坚决防止和杜绝刑讯逼供、暴力取证等违法办案行为。严格执行讯问职务犯罪嫌疑人全程同步录音录像制度，凡接触犯罪嫌疑人必录、凡讯问必录、凡搜查必录。办案工作区应实现监控录像全覆盖，对涉案人员在办案工作区的活动实行全程监控录像。严格落实"看审分离""审录分离"等制度，传唤、拘传、提押、看管等工作必须由两名以上司法警察执行，警力不足的，应当安排其他办案人员专门负责，不得脱管或由一人看管。

第三节　强化内部监督

强化法律监督是检察机关的立身之本，强化自身监督是检察机关的发展之基。检察权的宪法定位是一种法律监督权，由国家最高权力机关授权给检察机关专门行使，对其他国家权力进行专门监督。法治下的任何权力都需要监督，否则"权力导致腐败，绝对权力导致绝对腐败"。作为专门的法律监督权，检察权自身也面临着如何建立公正高效的监督工作机制，来保证检察权有效行使的问题，而且这是一个与强化法律监督职能同等重要的命题，是提升检察工作亲和力和公信力必须直面的课题。

一、检察机关内部监督概述

检察机关内部监督是一个复杂的系统，切实掌握其特点，分清不同类别和层级，建立和健全监督机制，监督才会有力见效，才能确保公平、公正司法执法，提升检察机关公平正义形象。

（一）内部监督的意义和特点

司法的功能在于惩治犯罪、伸张正义，满足人们对公平正义的追求，保证全社会公平和正义最低限度的供给，以维护社会正常的秩序。从某种角度说，司法就是维护和实现公平正义的最后一道屏障。对检察机关而言，要保障在全社会实现公平正义，主要在于不断强化自身的法律监督职能。要强化法律监督，维护全社会的公平正义，就必须建立一个符合检察工作规律，既能够保障检察权高效运行，又能够有效防止检察权滥用和不作为的监督机制。只强调监督而忽视自我监督；反而会弱化检察机关监督权，减损检察机关的公信力。从这种意义上讲，对检察权的有效监督，是提升检察工作亲和力和公信力、强化法律监督不可或缺的重要方面。

对检察权的制衡是保证检察权沿着公正高效权威轨道运行的保障和前提，检察权能否有效行使关键取决于自身是否具备健全的制度规范、良好的运行机制和完备的监督制约体系。只有建立起健全完善的内部监督制约机制，才能将权力自我膨胀和为所欲为的本能冲动抑制在萌芽状态，才能使检察权被滥用的危险得到及时有效的控制，才能确保检察机关公正高效地行使检察权，从而不断提升检察工作的亲和力和公信力，确保在全社会实现公平与正义。

检察机关的内部监督具有外部监督不可比拟的制度优势：首先，外部监督往往需要在"制约检察权的滥用"和"检察权独立行使"之间寻找一个平衡点，但实践中二者的界限并不明晰，加上对检察业务和检察干警的不熟悉、不了解，外部监督与干扰办案之间的尺度难以掌握，而内部监督则不存在这个问题。其次，外部监督介入的深度、范围及效果有限，大多在事后救济或责任追究，发现问题时，案件往往已时过境迁，重新处理将要花费大量的人力、物力，更重要的是案件所涉及的国家利益或当事人权益在很长时间内被错误的处分，有时造成的后果无可挽回；内部监督则更加及时、全面、直接，可以做到事前预警、事中审查、事后跟踪，最大限度地预防检察权滥用和减小滥用的危害。最后，由于内部监督在监督主体和监督对象之间，在决策、管理和执行等方面具有统一性，工作职能相近，技术手段相互熟悉，监督内容更为详尽，使内部监督能够更深入持久、及时适当，也较为节约成本。所以和外部监督相比，检察机关内部监督在维护司法权威、节约监督成本、预防权力滥用和最大限度地防止危害后果扩大上有自身特点。因此，内部监督对于检察权行使中的规范和约束有不可替代的作用，是保证检察权正确行使的重要环节。

（二）坚持案件、人员和事务监督相统一

按照管理对象的标准，检察机关内部管理可以划分为案件的管理、人员的管理和事务的管理。据此，检察机关的内部监督可以细分为以下几个方面：一是对执法行为的监督。执法行为是检察权在司法实践中的主要表现形式，也是检察机关对国家社会最具影响力的活动。而对执法活动的监督立足于避免和纠正职权行使的偏差，并直接以行使检察职权的过程及行使职权的结果为监督的对象，从而客观上减少或防止办案人员主观因素对执法公正性的影响。因此，对执法行为的监督是检察机关内部监督机制的核心和重点，既是最为有效，也是最具有实质意义的。二是对人员的监督。针对检察人员尤其检察机关的执法办案人员的行为予以规范，包括履行职责情况、遵守法律法规和党纪政纪情况等实施的监督。在检察机关内部监督体系中，对人员的监督与对执法行为的监督存在最为紧密的联系，因为执法行为是特定人员所实施的。对检察人员的监督，主要在于维护检察机关整体运行秩序，并以追究和惩处人员主观过错实现对所有成员的普遍约束和管理，既包括对依法行使检察职权人员的监督，也包括对检察行政人员的监督。三是对事务的监督。针对检察机关日常事务进行监督，例如文件档案保密情况、国有财产使用情况的监督。对事务的监督虽然与执法办案没有直接关系，但直接影响着检察机关日常工作的正常运行，并进而影响检察机关法律监督的效果。

（三）健全内部监督机制

内部监督机制是一个有机的整体，既包括上级对下级检察机关的监督，也包括检察委员会对检察业务的监督，还包括检察机关内部部门之间的监督制约，理顺关系，健全机制事半功倍。

一是上级检察机关对下级检察机关的监督。我国检察机关上下级之间属于领导与被领导关系，这种领导与被领导关系一方面保证检察机关作为一个整体独立行使检察权；另一方面也为上级检察机关监督下级检察机关，防止下级检察机关滥用权力提供了法律依据。为此，要确定上级检察机关监督下级检察机关具体的程序、方式。加强对个案的督办，下级检察机关在办理重大案件或办案中出现问题时，上级检察机关直接介入监督指导。加强业务检查，由上级检察机关或上级检察机关内设部门组织全局性或部门性的业务检查。

二是检察委员会的监督。检察委员会作为检察业务决策的最高权力机构，通过讨论决定重大案件和其他重大问题，对各项检察业务进行监督，要及时召开检察委员会会议，研究解决重大案件的方案，讨论检察业务工作中面临的形势、任务和存在的问题，并作出决策，制定相应的对策措施；要认真审议、决定下级检察机关提请复议的案件或者事项。

三是举报部门与侦查部门的监督。受案与办案分离，是检察机关实现内部监督的一个重要方式。举报中心集中行使举报线索管理权，除初查个别难以归口的疑难线索外，不享有初查权，即举报中心专门从事对举报、控告的受理、审理、分流和举报线索的管理与监督。举报中心分流到侦查部门的案件线索，侦查部门将初查、立案的情况及时反馈举报中心，举报中心也可以发现查办案件中的违法嫌疑，提出意见并将举报的查处情况回复举报人。

四是公诉部门对侦查部门的监督。公诉部门在职务犯罪侦查部门行使侦查权时提出取证要求，特别是对于重大复杂的职务犯罪案件，公诉部门可以提前介入侦查，在案件侦查终结前，侦查部门可将案件的侦查情况通知公诉部门，公诉部门立足庭审需要，要求侦查部门提供充分的证据材料，制作《提供法庭证据意见书》，对证据的收集、固定，提出符合起诉条件的要求，使职务犯罪案件侦查终结时认定的犯罪事实和证据经得起庭审质证，使侦查部门办案质量得到提高。

五是纪检监察监督。主要是通过加强教育，查处问题，追究责任。可以经常听取和了解办案干警办案纪律作风情况，是否依法办案，是否严格执行诉讼程序和办案纪律，经常深入办案现场检查或随时抽查办案中执法执纪情况，发现问题及时纠正。对办案人员违法违纪行为进行调查，追究责任，以防止检察权的不当行使和滥用。

内部监督从不同角度、不同层面对检察权的运行起到了一定的监督和制衡的作用，机制健全，则能确保监督者在维护部门利益与履行监督职能时一旦出现利益冲突时，坚持公正、公平、严格的监督。

二、完善检务督察机制

检务督察是检察机关强化内部监督的重要抓手，对检察人员履行职责、遵章守纪、检风检容等方面进行督察，是确保正确行使检察权、提升检察工作亲和力和公信力的重要举措和防错纠错机制。坚持突出督察重点、创新督察方式、完善督察机制、注重督察实效。坚持把发现和解决问题作为检务督察的着力点，强化事前、事中监督，对发现的违法违纪行为，务实地予以纠正。

（一）强化检务督察的职责权限

要强化知情权、审查权、检查权、建议权四项权能。一是强化办案部门履行相互制约职责情况的知情权，适时介入审查部门工作情况，了解部门间的办案分歧，提出相应的处理意见，解决监督制约不作为；二是强化对重点案件审查权，派员列席部门案件讨论会，查阅案卷材料，提出相应的处理意见，解决案件质量问题；三是强化对办案质量的检查权，通过个案抽查、专项检查或质量评查，及时督促整改，解决跟踪监督不到位问题；四是强化对违法、违纪、违规行为处理的建议权，完善与纪检监察工作相衔接机制，解决监督刚性不足的问题。真正做到管住案，管住人，实现对重大复杂敏感案件和执法活动薄弱环节的同步监督，与纪检监察人员相互配合，形成对检察干警廉洁、公正、严格执法的强大约束力，进一步强化检察干警的责任意识、质量意识和廉洁意识。

（二）突出执法办案督察重点

检察机关是围绕执法办案开展工作的，这决定了必须突出对执法活动的检务督察。一是突出抓好修改后三大诉讼法运行实施情况的督察。围绕运行实施过程中的重点、难点问题，特别是落实同步录音录像制度、指定居所监视居住、辩护律师会见权阅卷权保障、证人保护以及民事调解、民事执行、行政违法行为监督等要求，开展督查，及时发现和纠正存在的问题。二是突出抓好执法办案重点岗位和关键环节的督察，通过案件评查、个案监督等方式，重点加强对初查后决定不立案的职务犯罪案件，侦查机关对不逮捕、不起诉提出不同意见的案件，长期申诉上访的案件，人民监督员提不同意见的案件等重点案件的督察。三是突出抓好社会关注度高、群众反映强烈案件和问题的督察。注重事前、事中动态监督，着力监督纠正侵犯当事人人身和财产权利的问题。

（三）创新检务督察方式

督察的方式应灵活多样，围绕督察工作的性质、特点和职能，创新方式，完善机制，用好平台。依托案件管理中心，通过检察院综合信息管理系统，对案件的受理、分流、办理、回转、送达进行全程监督，及时查找和发现办案中存在的苗头性、倾向性问题，通过督察建议的形式，督促办案单位或部门对存在问题限期整改，做到案件办到哪里，监督制约就跟踪到哪里，问题出在哪里，检务督察就查纠到哪里。加强与廉政风险防控的有机衔接，把排查确定的廉政风险点纳入检务督察内容，紧扣群众反映的"热点"和监督制约的难点问题开展督察，前移监督关口，做到一般性问题随时督察、苗头性问题超前督察、普遍性问题重点督察、顽固性问题反复督察，努力消除存在的风险隐患。

（四）完善通报、整改、问责机制

要完善督察通报、整改和问责机制。对督察中发现的实体和程序问题，要及时通报，发出督察建议，帮助督查对象建章立制、堵塞漏洞。要加强检务督察的刚性，把检务督察工作纳入党风廉政建设责任制，明确检察机关党组和领导干部特别是检察长负责抓检务督察的责任，结合党风廉洁建设责任制检查考评，对检务督察工作开展情况进行检查和问责。

检务督察制度作为一种检察机关内部监督的机制，对提升检察工作亲和力和公信力，提升检察机关和检察人员形象起着积极的推动和促进作用。同时，作为一种新的制度，检务督察制度实施的时间不长，积累的经验相对少，还有很多需要改进和完善的地方，应在检察工作实践中不断地加以改进，以发挥其最大的效能。

三、完善案件管理机制

案件管理是检察机关案件管理部门对办理的案件实行统一受理、流程监控、案后评查、统计分析、信息查询、综合考评等，对办案期限、办案程序、办案质量等进行管理、监督、预警。案件管理机制改革是检察工作和检察改革的重要组成部分，其通过加强对办案全过程实行节点监控、对法律文书和涉案财物统一监管、对律师统一接待，增强严格规范司法的刚性约束，确保检察机关司法执法办案活动严格依法进行。所以，案件管理机制是检察机关为强化内部监督、规范司法行为、促进司法公开公正而推行的一项重大改革举措，是提升检察工作亲和力和公信力的有力载体。同时，案件管理机制着力于构建开放、动态、透明、便民的阳光检察机制，更好地保障人民群众参与检察工作，切实保障诉讼参与人合法权益，是提升检察工作亲和力的重要保障。完善案件管理机制，需明晰案件管理与原有内部监督制约机制的关系，适应改革和信息化发展的需要，使之成为权责明确、协作紧密、制约有力、运行高效的检察业务管理和监督体系。

（一）理顺案件管理与原有内部监督制约机制的关系

案件管理作为一种监督机制，与检察机关原有内部监督制约机制是辩证统一的关系，侧重点虽不同，但是从不同的角度共同构筑了对检察人员和检察业务的监督制约。

一是案件管理与纪检监督之间的关系。两者监督的对象不同，纪检监督的对象主要是检察执法人员的纪律作风和违法违纪情况，而案件管理是以案件环节和案件质量为监督对象和监督重点。两者启动监督的方式不同，案件管理的监督具有主动性，贯穿于检察执法办案的全过程，纪检的监督一般具有被动性，主要按照上级机关和领导的部署和安排，通过举报来信核实、纪律作风检查等方式来实现。

二是理顺案件管理与检务督察的关系。案件管理是以执法办案活动为内容，以流程管理、质量评查、综合考评等为手段的管理活动，检务督察主要是针对督察对象在履行法律职责、行使职权等方面进行督察。案件管理的监督侧重与日常的、实时的、同步的阶段性的监督，检务督察根据督察的内容，可以采取明察暗访、突击督察、现场督察等方式进行。检务督察工作中有案件督察，案件管理工作中则有对重点案件的备案审查和案件评查，对两者之间交叉重叠的部分，应当协调处理，将案件管理与检务督察有机衔接起来，对在案件管理工作中发现存在的检风检纪问题及时移送给纪检监察部门调查处理。

三是理顺案件管理与业务部门自行监督的关系。业务部门之间的监督主要表现为互相制衡或制约，如捕诉衔接、公诉引导侦查等。虽然这种制衡或制约发生在诉讼程序中，带有同步的性质，但由于各部门只涉及检察权运行某一点或者某一段流程，往往是后一程序对前一程序的制衡，是一种事后的监督，无法全面有效地发挥内部监督所具有的同步发现和纠正问题的功能，无法对检察执法办案实施全程动态的监督。设立专门的案件管理机构，对案件、事务实行管理集中化和管理一体化，有助于打破各业务部门之间信息沟通的壁垒，加强各业务部门之间的协同配合，实现案件资源信息共享，提高办案效率。

四是理顺案件管理与检察委员会的关系。案件管理部门对检察长和检察委员会负责，为检察长与检察委员会提供决策服务。检察长通过案件管理的平台，可以及时了解和掌握案件情况，指导业务工作。案件管理工作通过提供案件数据情况、案件评查、办案情况综合分析等方式，为检察委员会工作提供决策参考；对在案件管理过程中发现的案件质量问题，应当交由检察委员会研究决定。检察委员会作为检察机关的业务决策机构，可以审议案件管理工作情况，并作出通过、改变、修正等决议，案件管理部门应当执行检察委员会的决定。

（二）充分发挥案件管理的监督作用

要充分发挥案件管理的监督作用，需完善监管机制，理顺监管职责，提升监管实效。

一是完善监管机制。要建立案件分流自动轮案机制，减少分案环节，提高分流效率，从制度上防止人情案、关系案等问题的发生。还要构建流程管理机制，运用规范化管理理念和信息化管理手段，确立办案操作规程与质量标准，通过案件管理机构对案件集中归口管理和全称跟踪监控，真正成为规范执法行为和提高案件质量的一种管理活动。[1] 建立执法办案风险评估预警机制。通过备案登记，记录业务部门对案件、线索的风险评估、预警、化解情况，实时监督业务部门受案后是否在规定时间内对每件案件、线索及时进行风险评估，对可能引发的办案风险是否及时制作预案，对预警的风险是否已妥善化解，及时发现和提醒办案中的各种苗头性、倾向性、潜在性问题，促进矛盾和问题及时得到防范、化解和处置。

二是理顺监管职责。对案件管理与办理、集中管理与条线管理、管理监督与服务保障等关系要准确把握，明确职责分

---

[1] 参见天津市滨海新区大港人民检察院课题组：《检察机关案件流程管理的理论与实践探索》，载《天津法学》2012 年第 1 期。

工，不断提高管理的科学性和有效性。要促进案件办理与案件管理的有机统一。有司法办案活动，就必然有案件管理活动。案件管理兼具业务性和管理性特征，既要严格遵循司法规律，又要严格遵循管理规律。要坚持以司法办案为中心，实现案件办理与案件管理的适度分离，在加强全面管理、过程监管的同时，尊重办案活动的亲历性、判断性、独立性，把握好管理的具体方式和介入程度，既切实防止和纠正违法办案和办案瑕疵问题，又切实防止和纠正对正常的案件办理工作造成不当影响。要促进案件集中管理与部门管理的有机统一。案件集中管理并不是否定和排斥办案部门的自身管理，而是在强调办案部门自我管理的同时，重视支持和推进办案部门和办案活动之外的管理和监督，增强管理和监督实效，促进案件集中管理各项职能的有机统一。

三是提升监管实效。案件管理的各项工作，无论是流程监控、文书监管、涉案财物管理，还是案件评查、业务统计、律师接待等，都会从不同方面掌握办案情况、发现司法活动中的问题，确保数据真实、准确、完整、及时，无论统一业务应用系统产生的案件信息，还是其他途径产生的案件信息，都要严格审核把关，坚决防止和纠正数据造假、相互冲突，充分发挥案件信息在科学决策中的基础性作用。要依托积聚的案件信息，健全同业务部门的协作机制，充分运用现代信息化技术，深入挖掘数据资源，从总量中揭示规律、反映发展态势、分析问题和原因、提出对策和建议，形成情况翔实、有说服力、有参考价值的分析报告。

坚持把监督制约贯穿案件管理工作全过程，真正做到案件流转到哪里，监督制约就延伸到哪里。要注意适应办案组织、办案机制等改革，合理调整、完善监控节点和管理方式，强化对检察业务的过程控制、实时监管和事后评价，不断增强监督的针对性和实效性。要把监督的重点放在严重影响、限制公民权利的司法措施和手段上，坚决防止和纠正不规范司法、随意司法、怠于履行职责的问题，切实保障诉讼参与人合法权益。要切实增强监督的刚性，依托科技信息化手段，将司法办案的各种制度要求细化到每个节点、固化于软件之中，促进人工监督与技术监控的有机结合。健全案件管理部门同业务部门之间的问题情况反馈和督促落实机制，建立案管工作联络人和业务联席会议制度，确保监督中发现的问题得到切实整改。对检察机关办案部门、办案人员自身违法违纪行为，要探索建立纠正违法通知和违法办案记录、通报、责任追究制度。

第七章
检察工作亲和力和公信力的素质养成

　　提升检察工作亲和力和公信力，最终要落实到人，落实到检察人员的素质。检察人员作为司法职业者应具有与检察职业特点、职业要求和职业形象相符合的素养和品质。这种素养和品质可内化为检察人员特定的思维方式、行为模式和责任意识，也可外化为检察人员的司法职业形象，是检察工作亲和力和公信力的基本内核。有过硬的检察队伍，就有检察工作的亲和力和公信力。2013 年习近平总书记提出提升政法工作亲和力和公信力，并提出建设过硬队伍。2014 年习近平总书记又提出建设政治过硬、业务过硬、责任过硬、纪律过硬、作风过硬的政法队伍。建设过硬的检察队伍，提升检察工作的亲和力和公信力，就有队伍自信，就有队伍定力；就有法律监督的制度力量，就有公平正义的监督实现；就有平安和谐基石，就有发展进步保障。

第一节　培育服务精神

　　服务精神是一种意识，一种思与行的自觉，一种思想境界。我们党来自人民，国家权力来自人民，没有人民的拥护和支持，党就没有根基，国家权力就是无本之木，无源之水。检察权作为国家权力的一部分，同样来自人民，与人民不可分离。检察机关必须增强服务意识，培育服务精神，坚持服务人民。要牢固群众观念，以人民为中心，把保持党同人民群众的血肉联系作为检察工作的根本要求；养成服务自觉，贯彻党的群众路线，坚持全心全意为人民服务的根本宗旨，为群众办实事、解难事，当好人民公仆，坚持问需于民，绝不允许当官做老爷、漠视群众疾苦，更不允许欺压群众，损害和侵占群众利益。

一、牢固群众观念

牢固群众观念不仅是工作方法问题，更是立场问题、世界观问题。检察机关和检察工作人员要自觉坚持群众路线，做好群众工作。

（一）增强群众观点

增强和坚持群众观点，是我们党的性质和国家政权性质所决定的。人民群众是国家和社会的主人，一切工作的部署和实施，都要以人民群众的根本利益为出发点和落脚点，以是否有利于人民群众最直接、最现实、最根本的利益作为衡量标准，都要坚持群众立场，满含对人民的深厚感情。群众观点是无产阶级政党区别于其他政党的显著标志。党的十八大指出，"党坚强有力，党同人民群众保持血肉联系，国家就繁荣稳定，人民就幸福安康"；"全党必须牢记，只有植根人民、造福人民，党才能始终立于不败之地"[1] 检察机关既是司法机关，又是

---

[1]《坚定不移沿着中国特色社会主义道路前进　为全面建设小康社会而奋斗——在中国共产党第十八次全国代表大会上的报告》。

群众工作机关，在检察工作中增强群众观点，是各级检察机关围绕国家中心大局、创新社会管理应当承担的时代重任。

增强群众观点，要增强全心全意为人民服务的宗旨意识，不断彰显检察权和检察工作的人民性。革命、建设与改革开放所取得的成绩，其根本原因都是党始终秉持全心全意为人民的服务宗旨，都是党始终胸怀为人民请命、为人民造福的伟大理想。中国检察制度设立伊始，就将人民二字牢牢地镶嵌其中，明确了检察工作的方向。增强群众观点，要找准自身职能的定位，即检察机关是司法机关和群众工作机关的统一体，是我们党密切联系群众、全心全意为人民服务的重要载体。

增强群众观点，还要坚定群众立场，认真履行职责，依法维护好人民群众的合法权益。立足检察职能，紧紧围绕人民群众日益增长的司法需求，全力维护人民群众的根本利益。要用好人民赋予的法律监督权力，惩治犯罪、保护人民、维护司法公正。一是要严厉打击各种严重刑事犯罪，切实维护社会稳定，彰显法律的尊严。二是要坚决惩治和有效预防职务犯罪，特别是涉及民生民利的职务犯罪，促进国家权力依法正确行使。三是要加强对立案、侦查、审判、刑事执行以及民事行政诉讼各个环节、关键部位的监督，坚决监督纠正人民群众反响强烈的违法犯罪行为，维护法律的严肃性。

（二）贯彻群众路线

群众路线是中国共产党在长期的革命斗争中总结出的宝贵经验，是马克思主义基本原理和中国革命具体实践相结合的产物。群众路线是我们党根本的工作路线，也是检察工作根本的工作路线。要坚持一切为了群众，一切依靠群众，从群众中来，到群众中去。把为民务实清廉的价值追求植根于全体检察人员的思想和行动中，密切同人民群众的血肉联系，使检察工作具有更加广泛、深厚、可靠的群众基础。

贯彻群众路线，在于执法为民。为人民服务是马克思主义政党的生命根基和本质要求，是检察机关的神圣职责、根基所在和力量源泉。要坚持司法为民，进一步增强人民群众的安全感和满意度，努力让人民群众在每一个司法案件中都能感受到公平正义。要始终坚持人民主体地位，始终牢记检察权来源于人民，把执法为民作为核心价值理念，作为检察工作的根本出发点和落脚点。切实增强"人民检察为人民"的理论认同、感情认同和实践认同，自觉摆正与人民群众的关系。从人民群众的新要求、新期待出发改进检察工作，积极探索新形势下坚持走专群结合的有效形式，拓展人民群众有序参与检察工作的途径。

贯彻群众路线，在于求真务实。求真务实是党的思想路线和群众路线的根本要求，是推动检察事业科学发展、强化检察机关法律监督的基本要求。贯彻群众路线，就是要弘扬务实精神，要坚持实事求是，做任何事情、解决任何问题都从实际出发，按客观规律办事。当前检察工作中形式主义、文山会海、急功近利等不务实的问题一定程度上存在，严重影响了检察机关在人民群众中的形象。因此，要弘扬奋发有为、真抓实干的精神，弘扬恪尽职守、勇于担当的风气，把反对"四风"落到实处，把依法治国的各项要求和部署落到实处，创造经得起历史和人民检验的实绩。

贯彻群众路线，在于清正廉洁。清正廉洁是共产党人的政治本色，也是检察机关的立身之本。"打铁还需自身硬"，检察机关作为法律监督者，作为反腐败的重要职能部门，必须以更高的标准、更严的纪律，更坚定的信念要求自己，保持高尚的品格、廉洁的操守和浩然的正气，增强拒腐防变的自觉性。要自觉遵守廉洁从检的各项规定，坚守做人、处事、办案、用权、交友的底线。

（三）做好群众工作

党的群众工作，以广大的人民群众为工作对象，以践行党的全心全意为人民服务的宗旨为原则，以贯彻落实党的正确主张为工作内容，以宣传群众、组织群众、服务群众为手段。群众工作是党团结和带领群众推动中国社会历史前进的基础，也是检察工作的根本，是检察事业得以蓬勃发展的动力源泉。做好群众工作，对检察机关来说意义重大，既可以延伸检察监督触角，也可以推进社会治理创新；既可以促进社会和谐稳定，也可以增强执法公信力和群众满意度。人民内部矛盾和犯罪问题交织增加了群众工作的艰巨性，群众思想观念和利益需求多元化增加了群众工作的复杂性，检察机关要从查找执法理念和执法实践中存在的偏差入手，夯实思想基础，改进方式方法，完善群众工作机制。

做好群众工作，要更新执法理念，打牢检察机关群众工作的思想基础。有些检察人员认为，执法办案就是适用法律的过程，只要达到良好的法律效果，社会效果也就实现了，因而容易忽视群众工作，很少深入了解群众对检察工作的所思所盼。因此，要树立执法为民、以民为本理念，把人民群众"拥护不拥护、赞成不赞成、高兴不高兴、答应不答应"作为想问题、办事情、作决策的出发点和落脚点。要树立体察民心、顺应民意理念，具体执法办案中注重与当事人多沟通交流，多倾听当事人的意见，多了解当事人的困难，多想想当事人的感受。要树立以民为师、集中民智理念，从群众中汲取智慧，不断开阔工作视野，依靠群众规划和谋划检察事业，使检察事业深深植根于群众工作实践的土壤。

做好群众工作，要改进方式方法，提高检察机关的群众工作能力。一些检察人员群众工作意识相对淡薄，忽视群众工作能力的提高，特别是在化解社会矛盾中，缺乏服务意识和沟通意识，协调利益冲突的能力较弱。因此，要注重开展培训，加强实践锻炼，把提高与群众沟通能力纳入检察业务学习和培训的内容，培养熟悉群众工作和法律知识的综合型人才。对于群众的监督、质疑和批评，不管是属实还是误解、是合理还是无理，都要理性对待。要注重言行举止，讲究沟通方式，讲真话、实话和通俗话，让群众听得明白，听得自然。

做好群众工作，要加强制度建设，完善检察机关群众工作机制。健全检察工作宣传制度，使社会各个群体，特别是信息来源渠道偏窄的普通大众都能随时随地了解检察工作，认同检察工作，最大限度地保障人民群众对检察工作的知情权和参与权。要建立畅通高效的检民互动机制，整合受理、接待举报的各种资源，开通检察机关举报、控告、申诉、投诉"四合一"的统一受理电话和网址，实现受理接待工作的集约化管理。保持对网上涉检舆情的敏锐洞察力，及时掌握网络舆情动态和网民心理。如果涉检舆情影响较大，可即时启动应急预案，采取有效措施，有效引导网络舆论。

二、养成服务自觉

服务是人民的要求，是党和国家的要求，而自觉服务则是一种境界。要在服务中建设，在服务中提升。检察工作是党和国家事业的重要组成部分，要自觉增强服务意识，把检察工作放在满足人民群众要求中来谋划和推进，积极回应人民群众的新期待。

（一）增强服务意识

服务意识是内存于心中的思想认识，是发自于内心的思想自觉，体现于行动上的一种思想境界。服务意识不仅是社会发展的主旋律和总要求，是当今时代道德情操、为人处世的道德标准，也是每个党员在实际工作中的基本要求和行为准则。对于检察机关而言，服务意识就是对检察人员职责、义务、规范和标准的认识，要求检察人员时刻保持在服务对象心中的真诚感和满意度。

增强服务意识，要求立足检察职能，服务中心工作。作为国家法律监督机关，在新形势下，检察机关要切实肩负起中国特色社会主义建设者和捍卫者的使命，充分发挥职能作用，坚持围绕中心，服务大局，主动适应经济社会发展新形势。要明确检察机关在促进经济社会发展中的重大责任，更加自觉地为加快经济社会发展提供良好的司法保障。要牢固树立为经济建设大局服务意识，始终做到脑里想着大局、心中装着大局，服从服务于经济建设大局，不断强化为经济建设服务的责任感和使命感。

增强服务意识，还要求强化检察职能，找准切入点。要围绕党和国家的大政方针和目标任务，坚持把发展作为第一要务，把稳定作为第一任务，充分发挥打击、监督、教育、预防、保护等职能作用，强化执法办案的社会效果，加大查办职务犯罪工作力度，进一步做好预防工作，着力服务非公有制经济，更加自觉地把检察工作放到经济社会发展的大局中去谋划、去部署、去推进，依法稳妥处理改革中出现的新类型案件，促进实现科学发展新跨越，促进实现改革新突破。

（二）满足人民群众要求

检察机关的根本属性是人民性，这决定了其必须把满足人民群众的要求贯彻于检察工作的始终，最大限度地、全面地实现好、维护好、发展好人民群众的根本利益。

要满足人民群众的物质要求。物质要求是人类生存发展的第一需求，是满足其他需求的物质基础。如何公平公正地实现人民群众的物质利益正越来越成为社会发展和群众工作的重要目标。检察机关要注重查办发生在人民群众身边、直接侵犯群众切身利益的职务犯罪案件，严厉打击"两抢一盗"等多发性、涉众型侵财犯罪，以反腐败和打击刑事犯罪的实际成果取信于民。

要满足人民群众的政治需求。随着社会经济和民主政治的发展，人民群众投身改革、关心政治，有着十分迫切的政治参与需求。检察机关应拓宽人民群众参与检察工作的渠道，在人民群众的积极参与和大力支持下，形成检察监督和群众监督的合力，充分发挥检察机关在促进依法治国、构建和谐社会中的职能优势，切实保障人民群众的民主政治权利，积极推动我国社会主义民主政治的进程。

要满足人民群众的文化需求。文化需求与物质需求是同步增长的。检察机关在履行法律监督职能过程中，要努力构建具有法治特征、体现检察特色、反映和谐要求的检察文化，用于指引检察官的行为和意识，使之成为人民群众文化需求的重要组成部分。通过广泛开展法制宣传教育，积极倡导廉政文化，大力弘扬社会主义荣辱观，引导人民群众形成守法、诚信、文明的生活方式。

（三）积极回应人民群众的新期待

检察机关要进一步突出重点、强化措施、狠抓落实，以检察工作的新成效回应人民群众的新期待。

要积极回应人民群众对公共安全的新期待。坚决惩治和打击敌对势力的分裂、渗透、颠覆活动，依法严惩严重暴力、黑恶势力等危害群众安全感的犯罪，依法严惩涉医违法犯罪，依法严惩涉农犯罪，深入推进平安中国建设。

要积极回应人民群众对公平正义的新期待。针对人民群众广泛关注的执法司法问题，进一步强化诉讼监督，防止和纠正冤假错案，开展清理久押不决案件，严肃查办虚假诉讼，查办违法插手经济纠纷、枉法裁判背后的司法腐败犯罪，促进严格公正司法。

要积极回应人民群众对司法公信的新期待。深化检务公开，推进检察机关司法规范化，完善对检察执法活动的监督制约机制，加强基层基础建设，进一步解决执法能力、业务水平、纪律作风、职业素养等方面存在的突出问题，不断提高司法公信力和人民群众满意度。

第二节　涵养法治定力

法治定力是检察人员法律修养和职业素养的集中反映。坚定的法律信仰，坚定的法治信念，是法律监督者职业素养的基石，是维护公平正义的根本保证。法律是治国之重器，法治是国家治理体系和治理能力现代化的重要依托，检察机关要在维护法律权威、推进法治建设中更好地发挥职能作用，检察人员必须信仰法治，涵养法治的定力。守住公正，亲和力自生，公信力自生。

一、坚持依法治国基本方略

依法治国，建设社会主义法治国家，是我们党领导人民治理国家的基本方略。坚持依法治国基本方略，是涵养法治定力的前提基础，检察人员必须牢固于心，努力践行。

（一）牢固树立宪法权威和法律权威

检察权源于宪法，牢固树立宪法权威和法律权威，维护和保障宪法和法律统一完整，这是检察机关责无旁贷的义务，更是检察机关的法治定力。2012 年 12 月 4 日，习近平总书记在首都各界纪念现行宪法公布施行 30 周年大会上指出，"要在全社会牢固树立宪法和法律的权威，让广大人民群众充分相信法律，自觉运用法律"。在中共中央政治局第四次集体学习时，习近平总书记强调，"我们必须加强宪法和法律实施，维护社会主义法治的统一、尊严和权威，形成人们不愿违法、不能违法、不敢违法的法治环境"，"要逐步在广大干部群众中树立法律的权威"。2016 年 12 月 4 日，习近平总书记对"五四宪法"历史资料陈列馆作出重要指示，强调宪法是国家的根本法，是治国安邦的总章程，是党和人民意志的集中体现。坚持依法治国首先要坚持依宪治国，坚持依法执政首先要坚持依宪执政。

在我国，法律是通过法定程序成为国家意志的党的主张，是人民根本意志的反映，维护宪法和法律权威，就是维护党和人民共同意志的权威；捍卫宪法和法律尊严，就是捍卫党和人民共同意志的尊严；保证宪法和法律实施，就是保证人民根本利益的实现。古往今来，众多思想家、政治家都讲"法律至上""法律至尊"，强调的正是法律的权威性。如果法律失去权威，就"不过是毫无意义的空气振动而已"。例如，商鞅继承了管仲依法治国的观点，认为国君"秉权而立，垂法而治"，

"明主之治天下也，缘法而治，按功论赏"。韩非认为："国无常强，无常弱。奉法者强则国强，奉法者弱则国弱。"总结社会主义发展史上人治与法治的经验教训，我们党对法律权威的认识越来越清晰，越来越深刻。无论我们处理什么问题，无论我们面临怎样的困难和矛盾，都不能以牺牲法治、损害法律权威为代价。检察人员的法治定力，来源于宪法权威和法律权威。牢固树立和坚决维护宪法和法律权威，就是不断涵养法治定力。遵守宪法，遵守法律，就有法治定力；有法治定力，就能公正司法，依法履职。

（二）自觉维护党的政策和国家法律权威

党的政策和国家法律都是人民根本意志的反映，在本质上是一致的。党的主张需要上升为国家意志，形成法律，通过法律保障实施。检察机关要自觉维护党的政策和国家法律的权威性，确保党的政策和国家法律得到统一正确实施，而不能把二者简单对立起来，武断割裂开来。

党的政策和国家法律本质上都归结于人民性，体现了政治原则和法治原则的统一。坚持执行党的政策和执行国家法律相统一，是坚持党的领导、人民当家作主、依法治国有机统一在政策和法律层面的具体体现。法律制度作为党的政策的一种重要形式和手段，实施法律就是贯彻党的意志，依法办事就是执行党的政策。检察机关要正确把握二者关系，作为行使检察权的法治定力。有了这种法治定力，在履职中就能自觉维护党的政策和国家法律的权威性，严格执行党的政策，严格依法办事。

（三）始终坚持法治与德治相结合

法律是准绳，是成文的道德；道德是基石，是内心的法律。法律和道德是辩证的统一，都具有规范社会行为、调解社会关系的作用，都以维护社会秩序、促进社会发展为使命，都是实现国家稳定和长治久安的需要和保障。在新的历史条件下，我们要贯彻依法治国基本方略，把法治中国建设好，必须坚持法治和德治相结合，使二者在国家治理中相得益彰、相互补充、相互促进，共同推进国家治理体系和治理能力现代化。习近平总书记在中央政法工作会议上指出："我们要坚持以德治国和依法治国相结合，法律规范人们的行为，可以强制性地惩罚违法行为，但不能代替解决思想道德的问题。我国历史上历来就有德刑相辅、儒法并用的思想，法是他律，德是自律，需要二者并用。如果人人都自觉进行道德约束，违法的事情就会大大减少，遵守法律也就会有更深厚的基础。"中共中央政治局第三十七次集体学习时，习近平总书记指出："法安天下，德润人心。法律有效实施有赖于道德支持，道德践行也离不开法律约束。法治和德治不可分离、不可偏废，国家治理需要法律和道德协同发力。"

　　坚持法治和德治相结合，是改革开放以来我国深刻总结社会主义法治建设成功经验和惨痛教训，深刻把握治国理政科学规律后做出的正确选择。检察机关作为法律监督机关，要始终坚持法治和德治结合，作为履职定力。一是要在强化道德对法治的支撑和教化作用、提高全社会文明程度、为全面依法治国创造良好人文环境中发挥检察环节的积极作用。在道德教化中体现法治要求，发挥道德对法治的滋养作用，使二者相衔接、相协调、相促进。二是要把道德要求贯彻到法治建设中。以法治承载道德理念，检察机关在参与和推进社会治理创新中，用道德导向，体现社会主义道德要求，使社会主义法治成为良法善治。同时，在实践中对广泛认同、较为成熟、可操作性强的道德要求及时建议作为法律规范。三是在履职中注意运用法治手段解决道德领域突出问题。法律是底线的道德，也是道德的保障。明确对失德行为的惩戒措施，依法加强对群众反映强烈的失德行为的整治。加大执法力度，让败德违法者受到惩治、付出代价。

二、坚定法治理念和信仰

"法律必须被信仰，否则它将形同虚设"。法治是一种理性，是一种理念，凝结着民族精神，承载着规律和真理，如果不能被信仰，就会形同虚设，更不可能内化于心、外化于行。检察人员坚定法治理念和信仰，既是涵养法治定力的基本要求、题中应有之义，也是检察职业基本要求、基本素质。

（一）深化对法治的认识

随着依法治国基本战略的实施和依法治国进程的进一步推进，人们对法治的认识进一步深化，而这正是坚定法治理念和法治信仰的思想基础。

法治是规则之治。"法律底线不能逾越、法律红线不能触碰"，这是对法治理念和信仰根本要求的深刻揭示。法治是规则思维的集中体现，凝聚了人民的公意，具有确定性、可预期性和可执行性的特点，是人们对于事物理性期待的体现，也是重要的心灵依托。因此，法治的根本要求就是严守规则的行为底线，如果一旦打破规则，就打破了人的预期，引起不安无望，导致变异行为。

法治是平等之治。"法不阿贵，绳不挠曲"，这是法治精神的真谛，平等执法、公正司法才能赢得群众信赖。检察权是国家重要的公权力，如果不能公开和规范行使，势必导致权力滥用和腐败，损害国家和人民的利益，损害执法亲和力和公信力。所以，要以法律规范权力，以权利监督权力，通过完善监督机制、有效的权力制衡机制和严肃的责任追究制度，确保检察权规范行使。

法治是权力之治。法律以界定权力界限、明确权力责任为主线，它不仅赋予权力，更约束权力。2013年1月22日，习近平总书记在第十八届中央纪律检查委员会第二次全体会议上发表重要讲话，提出"把权力关进制度的笼子里"，阐明了法治的要义首先是限制权力、防止权力的滥用。"不要去行使依法不该由自己行使的权力，更不能以言代法，以权压法、徇私枉法"，这不仅是针对领导干部，也是针对所有检察机关工作人员，要求检察机关工作人员严格依照法律授权行使权力，谨慎地恪守正当程序，不能超越法定权限、违反法定程序行使权力。要自觉用法律厘定权力边界，确保严格按照法定权限和程序行使权力，防止随意执法、粗暴执法，更不能滥用权力侵犯公民合法权益。

（二）引导群众信仰法律

宪法的根基在于人民发自内心的拥护，宪法的伟力在于人民出自真诚的信仰。在中共中央政治局第四次集体学习时，习近平总书记强调："法律要发生作用，首先全社会要信仰法律。如果一个社会大多数人对法律没有信任感，认为靠法律解决不了问题，还是要靠上访、信访，要靠找门路、托关系，甚至要采取聚众闹事等极端行为，那就不可能建成法治社会"。人民群众是法律实施的主体，也是全面推进依法治国的基础力量。法律要得到有效实施，人民群众必须信仰法律，对法治有信心。近年来，我们国家的法治环境不断改善，人民群众越来越重视法律、依靠法律。但总体上全社会学法、尊法、用法的氛围还不够浓厚，公民包括一些领导干部的法治意识还有待进一步提高。"信访不信法""信关系不信法"等现象大量存在，不少人对法律还没有达到内心真正信赖的程度。唯有在全社会形成法律至上、守法光荣的良好氛围，宪法和法律才能得到有效实施。让法律成为一种全民信仰，让法治成为一种全民信念。检察机关有责任、有义务加强法律的宣传，引导群众尊法守法。人民群众有了法律的信仰，有了法治的信念，尊法守法成了一种自觉，依法办事成了一种自然，检察机关依法办案也就有了群众基础，依法治国也就有了群众力量。

（三）带头信仰法律、敬畏法律

发生"信关系不信法"的突出问题，关键还在政法机关，在于通过正常的程序不能得到公平正义，导致群众对政法机关不托底，不信任，不放心。人民群众每一次求告无门，每一次经历冤假错案，损害的都不仅仅是他们的合法权益，更是法律的尊严和权威，是他们对社会公平正义的信心。

人民对法律的信仰不是凭空而来的，既要求有良法，又要求执法者公正和亲和，政法机关对全社会信仰法律起着关键作用。作为政法机关的重要组成部分，检察机关要内心敬畏法律，把法律顶在头上、记在心中。敬畏法律，最根本的是要敬畏法治对执法司法的约束，敬畏公民的合法权益，自觉把检察权用来为人民谋利益，使人民群众发自内心地对法律真正的服从。

三、善用法治思维和法治方式

2013年3月，习近平总书记在中共中央政治局第四次集体学习时强调："各级领导机关和领导干部要提高运用法治思维和法治方式的能力，努力以法治凝聚改革共识、规范发展行为、促进矛盾化解、保障社会和谐。"这一论述明确了"法治思维和法治方式"在治国理政中的战略地位，要用法治思维和法治方式全面推进法治建设。特别是当前，改革进入攻坚期和深水区、社会稳定进入风险期，比以往任何时候都更加需要运用法治思维和法治方式开展工作、解决问题。检察机关、检察人员是否具有法治思维、能否善用法治方式，关系到社会主义法治国家的建设，关系到国家治理体系和治理能力现代化的实现。

（一）法治思维和法治方式的内涵

法治思维，与人治思维相对应，是基于法治的固有特性和对法治的信念来认识事物、判断是非、解决问题的思维模式。[1] 法治方式，与人治方式相对应，是运用法治思维处理和解决问题的行为方式和手段。法治思维与法治方式是内在和外在的关系，法治思维影响和决定法治方式，法治方式是法治思维实际作用于人的行为的外在表现。法治思维和法治方式的根本在于国家权力在法律范围内行使，公民的自由和权利通过贯彻实施法律得到切实保障，限制权力与保障权利。检察机关践行法治思维和法治方式就是牢记人民授权和职权法定原则，严守法律规则和法定程序，切实维护人民权益，保障人权，坚持公平正义，加强自身监督。

一是坚持法律至上。合法性是法治思维和法治方式的起点。法治思维和法治方式不同于基于利弊权衡的政治思维和方式，也不同于投入与产出比较的经济思维以及善恶对比和是非评价的道德思维和方式，突出表现为行为主体想问题、办事情应将合法性放在第一位，所有思考和决策都必须围绕合法性展

---

[1]　参见汪永清：《法治思维及其养成》，载《山东人大工作》2014 年第 11 期。

开。[1] 在确立法律权威的过程中，特别重视政府的作用，强调政府尊重法律从而引领社会大众尊重法律。现实中，一些上访者只相信领导的能力，而不愿相信法律的力量。"大闹大解决，小闹小解决，不闹不解决"，成为很多人口口相传的"法宝"，于是他们就采用极端的方式表达诉求。让人奇怪的是，这样的方式竟屡试不爽。一些领导干部只有维稳思维和方式，看似一时解决了问题，实际上是"摁下葫芦浮起瓢"，本质上还是"鸵鸟心态"在作怪，导致矛盾越积越多。处理类似的事件，应当多一些法治思维和方式，解决问题只有一个标准——法律。依法处理的意义绝不仅在于处理事件本身，而是确立了一种依法、理性、文明的法治思维和方式，这样法治思维和法治方式才能深入人心，才能成为大众的习惯。

二是坚持规则公平。法治思维和法治方式的重心则是合法与非法的预判，即把合法当作思考问题的前提，其特点是重规则、重程序，其核心是对公平正义的追求和认同。一方面，法治思维和法治方式是规则性思维和方式，其要求法治主体运用法律规范、法律原则和法律精神对事务进行分析、推理和判断，进而作出决定，而法律规范、法律原则和法律精神本身即是规则体系的组成部分，故法治思维和法治方式必然要求执法者培养规则意识。另一方面，法治思维和法治方式要求规则公平。第一，法律面前一律平等，任何个人无论贫富贵贱都没有凌驾于法律之上的特权，即使位高权重者也必须服从法律、严格依法办事。第二，普遍性优于特殊性。法律是普遍的行为规范，其规定的关系模式具有普遍性，而运用法律所要解决的具体问题具有特殊性。在这里，对普遍性的考虑是第一位的，不

---

〔1〕 参见李群星：《培育领导干部法治思维》，载《学习时报》2014年10月20日。

能以需要解决问题的特殊性排斥规则的普遍性。第三，法律实施中"无例外"。对任何公民的合法权益，都应当依法保护；对任何公民的违法犯罪行为，都平等地依法追究。既不容许不受保护的"例外"，也不容许不受处罚的"例外"。

三是坚持权力制衡。法治的核心是对公权力的制约，以及对公民权利的保障。一方面，法治思维和法治方式要求制约权力，破坏法治的最大危险在一般情况下都来自公权力。治国重在治吏，治吏重在治权，不受制约的权力必然滋生腐败。因此，法治要求权力受到控制，这也就是所谓"把权力关进制度的笼子"。为有效制约政府权力，必须在制度层面上通过权力分立，消除过分的权力集中，严格限定权力行使的边界及方式，规范权力的正当使用。所以说，依法治国的关键是依法治权。另一方面，法治思维和法治方式要求保障权利。法治对公权力的限制和制约，也是为了最大限度地保障公民权利。法治思维和法治方式重视保障公民的正当权利，强调普通公民的权利神圣不可侵犯。公民的基本权利通过法律的至上权威得以确认并得到有力的保障。公民的法定权利限制了政府权力的作用空间，划定了政府机构行使权力时不可逾越的边界。同时，必须明确"无救济则无权利"。任何人的权利都有可能受到侵害或削弱，当权利受到侵害或者削弱的时候，应获得平等的法律保护和救济。

四是坚持程序优先。公正科学的程序是法治的基本构架，程序的完善程度是法治完善程度的基本标志。法治思维和法治方式特别注重程序，强调明确规定制度运行的每一个环节，使制度能够具体化为可操作性的规定。法治内在地蕴涵着一系列合理有效的程序，没有程序保障的法治是海市蜃楼。有公正科学的程序，制度运行才会规范化，制度运行中的不确定性才会削减，法治建设也才会富有成效。因此，为确立和完善法治，必须坚持正当程序的优先地位。目前，制约中国法治进程的深层次障碍和阻力还有来自传统社会形成的交往习俗和人际关系准则导致的关系社会、熟人社会格局，这种形形色色的"潜规则"制约着正当程序作用的有效发挥，对实现法治国家具有极大的负面影响。而程序的本质是一种形式合理性，是一种可实践的理性。借助程序这个"形式性操作杠杆"，就把利益的博弈和价值衡量转化为在法治规程上表达的诉求，相应纠纷和问题最后都会回到法治轨道上得以解决。正是通过程序对所有人平等对待的设计，人情、关系、偏见、恣意才会被消除，个案公正才能转化为普遍公正，并且转化为能够为人们感知到和看得见的正义。

（二）法治思维和法治方式的培育

法治思维和法治方式是检察人员的基本素质，要以信仰和敬畏来支撑，以学习和教育来养成，以制度和机制来保障，以文化和环境来影响。

一是以信仰和敬畏来支撑。法治信仰和敬畏，是基于对法治油然而生的神圣情感，是对法治发自内心的认同和尊崇。对法律的信赖、崇尚、敬畏、奉行是法治的人文基础。对法律的信仰，包含着社会对法的理性推崇，寄托着现代公民对法律的终极关怀及法律人的全部理想与情感。法律一旦被信仰和敬畏，就具有崇高的威望和制度化的力量。人民对法律的信仰和敬畏不是凭空而来的，既要求有良法，又要求执法者公正与亲和。法律要被社会公众信仰，首先必须被政法机关所信仰。法律要被社会公众敬畏，其次必须被政法机关所敬畏。如果政法机关自身不能正确实施法律，自觉敬畏法治对执法司法的约束，把权力用来为人民谋取利益，而要求别人无条件服从，这样的法律和权威就无法持久。检察机关作为重要的政法机关，要把法治思维作为一种观点、一种意识、一种信仰，敬畏之，崇尚之，奉行之，思必尊法，言必合法，行必守法。

二是以学习和教育来养成。有了对法治的正确认识、树立对法治的信仰和敬畏之后，能否通过学习、教育，具备必备的法治素养，是能否养成法治思维的关键环节。只有通过开展卓有成效的教育培训，强化法治思维，唤起法律职业者对公平、正义等法律终极目标的价值追求，才能在具体的司法实践中严格依法办事，实现司法公正。在教育中要十分注重检察人员职业良知的培育。要深入开展检察职业道德教育，增强检察人员的职业使命感和责任感。要牢牢把握职业良知的五个基本要求：坚定理想信念、执法为民、捍卫法治、坚持公平公正和清廉如水。这些基本要求为法治思维和法治方式的具体的养成和培育路径指明了方向。

三是以制度和机制来保障。严格执法、公正司法，要靠检察人员的道德自觉、内心良知，还要有外在的制度机制来约束、来推动。完善的执法司法制度机制是有效指引、规范约束执法司法活动的重要前提。要紧密结合深化司法体制改革，针对容易发生执法不严、司法不公问题的重点领域和关键环节，完善执法司法制度，构建决策科学、执行坚决、监督有力的执法司法权运行体系。当前对深化检察管理体制和检察权运行机制改革主要要抓好四项改革：其一，检察人员分类管理。就是要按照司法规律配置司法人力资源，从现有检察官中挑选出最优秀的人员来办案，打造高素质、专业化的司法队伍，以提高司法质量、效率和公信力。其二，检察官办案责任制。重点是遵循司法亲历性和权责一致性规律，让审理者对案件负责，通过依法合理放权，使一线办案检察官成为有职有权、相对独立并承担责任的办案主体。其三，检察官职业保障。主要是建立检察官单独职务序列和工资制度。检察官作为办案主体，入职门槛高、办案任务重、承担责任大，需要按照责权利相适应的原则，加强对检察官的职业保障。其四，人财物统一管理。这是确保检察院依法独立公正行使职权的重要举措，对维护社会主义法制统一具有重要意义。对人的统一管理，实行检察机关政法专项编制统一管理，设立检察官遴选委员会和检察官惩戒委员会，规范检察官遴选、任命和惩戒程序，建立检察官选任和公开选拔制度。

四是以文化和环境来影响。法治的基础是文化。培育法治思维和法治方式需要丰富的文化载体，先进的检察文化必然造就先进的法治思维和法治方式。首先，从强化信念入手，营造一个公正的执法文化。通过广泛开展职业道德教育等，提升干警的职业归属感、荣誉感和责任感，引导干警公正执法、文明办案，使法治思维和法治方式成为一种信仰，根植于每位干警心中。其次，从环境入手，营造一个健康向上的环境文化。设立院史陈列室、荣誉室，鼓励有条件的地方在大厅、走廊等场所建设文化长廊等，进一步浓厚文化氛围，潜移默化地向检察干警灌输一种崇尚法治的价值观念。最后，激发检察人员参与检察文化建设的热情。要鼓励干警与检察文化相融合，把物质激励与精神激励结合起来，使得规范的执法行为由于检察文化的不断强化而稳定下来，自然地接受这种行为价值观的指导，从而使法治思维和法治方式为全体干警所接受，并固化为规范的执法行为。

（三）法治思维和法治方式的运用

是否善于运用法治思维和法治方式，关系到检察工作的法治化水平，关系到检察工作的现代化。

一是用法治思维和法治方式强化法律监督能力。要树立法治观念，强化法律意识，自觉遵守宪法和法律，准确理解把握立法原意和法律精神，把维护国家法制统一、尊严和权威作为一种责任、一种自觉；要恪尽职守，切实履行法律监督职责，努力维护司法公平正义；要强化对行政活动和行政行为的法律监督，严肃查办失职渎职、滥用职权、玩忽职守等犯罪行为，确保国家权力在法治轨道上运行；要严厉打击刑事犯罪，为经济社会健康发展提供公平有序的法治环境；要结合执法办案开展法制宣传教育，弘扬法治精神和文化，引导每一个公民依靠法律解决诉求，形成全民守法的良好氛围。

二是用法治思维和法治方式解决群众诉求。善于在法律框架内明确权利、界定义务，注重用法律上的事实分清是非，用权利义务思维分清对错。对进入法定渠道的群众诉求，要严格以事实为依据，以法律法规为准绳，公开公正地处理矛盾，让人民群众体会公平正义、信服法律权威，从而形成办事依法、遇事找法、解决问题用法、化解矛盾靠法的良好环境。

三是用法治思维和法治方式处理好法理情的关系。任何国家任何制度都不可能把执法司法人员与社会完全隔离开来，对执法司法的干扰在一定程度上讲是客观存在的。在中央政法工作会议上，习近平总书记指出，"我国是个人情社会，人们的社会联系广泛，上下级、亲戚朋友、老战友、老同事、老同学关系比较融洽，逢事喜欢讲个熟门熟道，但如果人情介入了法律和权力领域就会带来问题，甚至带来严重问题。现在，一个案件，当事人到处找门路、托关系、请客送礼，不托人情、不找关系的是少数。过去讲'有理走遍天下'，现在有理也到处找人"。

检察人员来自人民群众，身处错综复杂的社会关系网络，在执法办案活动中难免有时会陷入所谓"合法不合情理"或"合情理不合法"的矛盾境地。解决这个问题，关键是善于用法治思维和法治方式处理好法、理、情的关系。法治意义上的理是公理，法治意义上的情是绝大多数人公认的常情。公理、常情是构成国法的重要内容，国法是公理、常情必须坚守的底线。只有把法理、事理、情理用法治思维和法治方式有机结合起来，才能实现法律效果、政治效果与社会效果的统一。

四是用法治思维和法治方式管权管事管人。党的十八届三中全会明确指出："坚持用制度管权管事管人，让人民监督权力，让权力在阳光下运行，是把权力关进制度笼子的根本之策。"这说明了只有运用法治思维和法治方式加强对权力的制约和监督，才能实现权力运行的法治化、规范化，才能保证权力沿着法治的轨道正确运行。检察机关出现的一些问题，大多出在依法办事差距上，出在制度不健全、不执行制度上。要用法治思维和法治方式来治理，强化法治意识，坚持依法办事，加强制度建设，增强制度执行力，做到先立规矩再议事，按规矩办事。坚持制度执行没有特权、法律约束没有例外，确保制度管权管事管人，刚性运行。

第三节　建设过硬队伍

习近平总书记提出政法队伍要做到"政治过硬、业务过硬、责任过硬、纪律过硬、作风过硬"，为检察机关在新的历史条件下肩负新使命、开创新局面指明了前进方向。"打铁还需自身硬"，事业成败，关键在人。实施依法治国基本方略，建设社会主义法治国家，必然也要依靠检察队伍素质的养成。建设过硬队伍，既是党中央的殷切期望，也是社会发展和法治进步的迫切要求。只有队伍过硬，才有检察机关的忠诚履职，才能落实执法为民要求，树立检察队伍良好形象，实现检察工作科学发展，为提升检察工作亲和力和公信力提供坚强的保证。

一、建设政治过硬队伍

政治过硬指的是检察人员的思想政治素质，即思想意识、政治态度、法律观念、道德行为及人生观、价值观、世界观。在"五个过硬"中，政治过硬是统帅，是灵魂，是生命线，其核心是忠于党、忠于国家、忠于人民、忠于法律。政治过硬要求检察人员强化忧患意识，提高政治警觉，把维护国家政治安全特别是政权安全、制度安全放在第一位，做到对党对人民对事业忠诚，面对大是大非能够挺身而出，面对歪风邪气敢于批评制止。政治上不过硬，首先就过不了第一关，就不是合格的党员干部，就不是合格的检察人员，就算能力再强，也可能贻误工作，甚至出问题；政治上过硬，各项工作就有主心骨，就能做到任尔东西南北风，立定脚跟，不为所动。

（一）加强理论武装，提升政治素养

良好的政治素养来自系统的理论学习和日积月累。理论学习是我们加强党性修养、坚定理想信念、提升素质能力的重要途径。周恩来有句名言："活到老，学到老，改造到老。"他把理论学习与加强世界观改造紧密联系，形成了崇高的思想品德和高尚的道德情操。但是，检察机关有的党员干部在理论学习上是有差距的。有的浅尝辄止，有的心浮气躁，有的应急而为，既缺习惯，又缺自觉。实践中的迷茫和困顿，往往是因为我们学习不够，思想没弄通。检察工作中遇到的很多新问题，在理论学习中都能找到科学的答案。学习了、领会了、掌握了，就能心明眼亮、与时俱进、坚定方向。

加强理论武装，提升政治素养，一要持恒，学而不厌；二要内化，修身养德；三要升华，坚定信仰。要全面系统学马克思列宁主义、毛泽东思想、邓小平理论、"三个代表"重要思想和科学发展观，特别是党的十八届三中、四中、五中、六中全会和习近平总书记系列重要讲话精神，领会贯穿其中的马克思主义立场、观点、方法，把握新理念、新思想、新精神、新要求，审视、修正自己的理论认知体系。要通过学习改造主观世界，自觉严格精神生活，培育理想信念，规范一言一行。要通过学习增强政治意识、大局意识、核心意识和看齐意识，对于政治思想、政治观点和政治现象要保持正确的态度和评价，保持清醒的政治头脑，保持敏锐的政治观察力和鉴别力，坚定正确的政治立场，始终坚守对马克思主义的信仰、对中国特色社会主义和共产主义的信念、对党和人民的绝对忠诚。要通过学习解决思想入党问题，深化政治认同、思想认同、感情认同，坚定道路自信、理论自信、制度自信、文化自信，做到政治信仰不变、政治立场不移、政治方向不偏。

（二）增强大局观念，提升政治觉悟

观念是党员干部应当具备的政治觉悟。它要求我们做任何事情，都要站在党和国家大局的角度看问题、想办法、做决策。坚决贯彻落实中央决策部署，确保中央政令畅通。这既是认识论，也是方法论。检察工作与一个地方的经济社会发展总是联系在一起的。在经济社会发展过程中，检察机关既是参与者、建设者，也是保障者、促进者。检察工作必须围绕经济社会发展大局来开展，必须站在经济社会发展这个主舞台来服务。要主动适应经济发展新常态，跟紧新常态，认识新常态，服务新常态。对经济发展新常态对检察工作有哪些新要求，要心中有数。要及时掌握中央重大决策部署、重要产业政策、重要经济活动，了解区域经济发展重大布局、重要安排，跟进重点项目建设情况，科学预见风险、困难，准确把握司法办案重点、力度和节奏，保障政策落实、项目实施和资金安全。

增强大局观念，要坚持党的领导。不管司法体制怎么改，坚持党的领导这一条始终不变。坚持党的领导包括坚持党中央的领导、最高人民检察院党组的领导、地方党委的领导，以及检察机关党组的领导几个层面。要坚定地服从党的领导，主动向党中央看齐，向习近平总书记看齐，坚定不移地贯彻党的基本理论和路线方针政策，坚定不移地听党话、跟党走，牢牢着眼和融入大局，谋划和推进检察工作，找准检察机关服务经济社会发展的切入点和着力点，提供检察环节的法治保障。

（三）遵守政治纪律，严守政治规矩

政治纪律和政治规矩，是各级党组织和党员干部在政治方向、政治立场、政治言论、政治行动方面必须遵守的刚性约束。习近平总书记特别强调严守政治纪律和政治规矩问题，明确要求各级党员干部要抓住政治纪律和政治规矩这根弦不能放松。遵守政治纪律，严守政治规矩，要坚持党的领导，坚守"四个服从"，遵守组织原则，严守规章制度，维护班子团结。

政治纪律是最重要、最根本、最关键的纪律，遵守政治纪律是遵守党的全部纪律的基础。检察机关执行党的纪律是对我们党性意识、政治觉悟、组织观念的集中体现，是检验党员干部对党忠诚度的重要标准。检察干警如果在政治纪律上出问题，危害性很大。要始终做政治上的"明白人"，始终做到"五个必须、五个绝不"：必须维护党中央权威，绝不允许背离党中央要求另搞一套；必须维护党的团结，绝不允许在党内培植私人势力；必须遵循组织程序，绝不允许擅作主张、我行我素；必须服从组织决定，绝不允许搞非组织政治活动；必须管好亲属和身边工作人员，绝不允许他们擅权干政、谋取私利。

不以规矩，不能成方圆。不守规矩，就会方向失衡、失控，就会言行失当、失范。规矩不能立起来、严起来，问题就会随之而来。人无以规矩则废，党无以规矩则乱。讲规矩、守规矩，首先要讲政治规矩、守政治规矩。对于检察机关，党的章程、国家法律以及党在长期实践中形成的优良传统和工作惯例，都是必须严守的政治规矩。作为党领导下的司法机关，检察机关各级党组织和党员干部都要学习党章、遵守党章、贯彻党章、维护党章，严格按照党章办事，用党章来规范、约束组织和个人的言行。要带头敬畏法律、带头遵守法律，严格按照法定权限行使权力，做尊法、学法、守法、用法的模范。党的一些优良传统和工作惯例，是自我约束的不成文纪律，需要长期坚持并自觉遵循。在涉及重大问题、重要事项时，该报告的要报告，该请示的要请示，不报告就会违规，不讲规矩就会违纪违法。在党内政治生活中，要按照民主集中制原则，认真做好分管工作，主动配合协管工作，支持班子成员工作，积极思考全面工作，拾遗补阙"一把手"工作。

二、建设业务过硬队伍

在检察队伍建设中，业务能力建设处于基础性、先导性的战略位置。业务过硬，就是指业务能力强，具有精湛的业务水平和高超的业务素质，具有履行检察职权的综合能力和水平。具体而言，业务过硬，要求检察人员具有较强的法律适用、政策运用能力，明断善谋、化解复杂矛盾的能力，新媒体时代应对舆情的能力以及新形势下群众工作的能力。要做到业务过硬，须养成学习自觉，增强职业能力，做到敬业精业乐业。

（一）养成学习自觉

古人云："非学无以广才，非学无以明识，非学无以立德。"学习是加强党性修养、坚定理想信念的基础，也是提升素质能力的重要途径。事有所成，必是学有所成；学有所成，必是读书所得；人有所志，必是学习所立。正确的价值取向和价值理性激发学习自觉，把理性自觉和实践自觉统一于价值取向。好学勤学皆来于此。

学以修身，治其心，养其德。读书不仅是立身之本，更是从政之基。要坚持在读书学习中不断提高自己、完善自己，把握人生道理，领悟人生真谛，体会人生价值，实践人生追求。学以增智，广才识，明事理。当今世界，科技进步日新月异，知识更新一日千里。"一切都在变化，唯一不变的只有变化本身"，如果不跟上时代发展和知识变化的速度，不主动加快知识更新、优化知识结构，知识就会老化，能力就会退化。只有通过学习，才能厚基础、澄思维，才能通过纷繁复杂的现象提出新认识、创造新方法。只有加强学习，才能增强检察工作的科学性、预见性、主动性。学以强能，施于事，见于业。党执政兴国面临四大危险，其中一个就是"能力不足的危险"，检察队伍同样面临这样一个问题。与党和国家事业发展的要求相比，我们的本领还有不适应的一面，特别是不能正确认识和依法妥善处理我国发展起来后不断出现的新情况、新问题。如有的检察人员有做好工作的真诚愿望，有热情有激情，但缺乏新形势下做好工作的本领和方法，习惯于用老思维、老套路来应对，结果事与愿违。因此，要有本领不够的危机感，通过坚持不懈的学习，不断提高贯彻党的路线方针政策、推动检察工作科学发展的本领，不断提高应对和驾驭复杂局面、依法科学民主决策的本领，不断提高把握客观规律、运用科学理论和法律政策解决实际问题的本领，在检察事业的发展进步中成就个人事业。

要大力开展建设学习型检察院、学习型党组织活动，争当学习型检察官。树立终身学习思想，正确处理工作学习矛盾，养成多读书、读好书的习惯。创新和丰富学习载体，运用多种形式和方法，营造良好学习氛围。要学政治、学业务、学历史、学人文、学科技，树立正确的世界观、人生观、价值观，掌握科学的方法论，增强知识能量，不断提高法律素养。要坚持学以致用、用以促学、学用相长，发现问题，化解矛盾，推动工作。

（二）增强职业能力

检察人员职业能力高低，直接关系到检察机关能否公正执法。每一项工作都是一门学问，离不开相关专业知识的支撑。只有学好、用好专业知识，具有相应的能力水平，才能做好本职工作。检察人员要结合工作需要，有针对性地学习掌握做好本职工作、履行岗位职责所必备的新知识、新技能，不断提高自己的职业化、专业化水平。要适应中国特色社会主义法律体系的完善，加强对法律规范特别是修改后刑事诉讼法、民事诉讼法的学习，加强对法律监督基本理论、各项检察专业技能的学习，全面深入掌握履行岗位职责所必备的专业知识。

增强检察人员的职业能力，需要建立健全教育培训制度。要深刻把握检察职业能力建设面临的新形势、新任务，把教育培训作为建设过硬检察队伍的基础性、战略性工程来抓，创新培训理念和方式方法，促进检察教育培训工作科学化、实战化。牢牢把握检察工作专业性要求，实施检察人员岗位素能的基本标准，以提高履职能力为主线，坚持实战化训练，构建教、学、练、战一体化教育培训机制。采取集中授课、网络培训、专题研讨、案例式教学等方式，开展领导素能、任职资格、专项业务、岗位技能培训，每年突出一两项重点业务，深入开展岗位练兵、文书评比、业务竞赛和岗位技能比武活动，努力在专业化、职业化队伍建设中，争当检察业务专家、业务尖子和办案能手。制订实施推进检察人才重点工程的具体方案，有重点地引进高层次法律专门人才，完善检察官逐级遴选制度，强化人才学历教育，提升学历层次。加大实践育才力度，有序组织人才到办案业务一线、信访窗口和基层锻炼，实践成才，岗位成才。加强职业道德建设，认真执行《检察官职业道德基本准则（试行）》，把握检察人员职业性特点，把职业伦理和职业操守教育贯穿教育培训始终，教育引导广大检察人员真正把检察职业作为用毕生精力去奉献的崇高事业。

（三）敬业精业乐业

敬业，是人们对一件事情、一种职业的热爱和基于热爱而产生的全身心投入的精神，是社会对人们工作态度的道德要求。中华民族历来有"敬业乐群""忠于职守"的传统，早在春秋时期，孔子即有"执事敬""事思敬""修己以敬"之言。北宋程颐进一步提出："所谓敬者，主之一谓敬；所谓一者，无适之谓一。"敬业，对于检察人员来说，是一种对检察工作和检察事业全身心投入的奉献精神。具体而言，就是在职业活动中，树立主人翁责任感、事业心，增强做好检察工作的光荣感、使命感，培养认真踏实、恪尽职守的工作态度，保持奋发有为、积极进取的精神状态，凝心聚力干事业，聚精会神抓工作。

精业，是对自己从事的工作和事业，保持精益求精的态度。对于检察人员来说，就是认真钻研法律业务，熟悉检察工作，熟练掌握运用法律和政策，找准法律和政策的结合点，努力实现法律效果、政治效果、社会效果的有机统一；秉公执法、公道办案，做到办理的每一起案件程序无违法、实体无错案，成为维护公平正义的具体实践；及时回应群众关切，有效疏导公众情绪，赢得舆论，赢得群众；善于运用信息化手段，提高办案质量和效率。

乐业，是对工作有高度的兴趣、热忱和认同，把工作当作一种精神享受和终极的价值追求。孔子云："知之者不如好之者，好之者不如乐之者。"对于检察人员来说，乐业就是热爱检察工作，安于职守，乐于效力；就是增强职业认同，自觉把个人前途命运融入检察事业的发展进步，甘于把自己的忠诚、智慧、辛劳奉献给检察事业，与检察事业同呼吸、共命运。

三、建设责任过硬队伍

责任过硬，就是要具备敢于担当、勇于负责的党性品质，就是始终保持天下为公的宽阔胸襟，担国家之大任，当时代之先锋。无责任则无亲和，无责任则无公正。这是党对检察队伍的政治要求，也是人民检察工作的职责所在。长期以来，在案多人少、条件艰苦的情况下，广大检察工作人员不畏艰辛，秉持原则，敢于负责，体现出高度的担当精神。与此同时，由于办案责任体系和工作机制不完善、不落实，一些检察人员无法担责；在办案和涉检信访任务重、压力大情况下，由于管理体制和执法司法环境方面的问题，一些检察人员不敢担责；由于职业保障和考核晋升机制等方面的问题，一些检察人员不愿担责。当然，也有一些检察人员，理想动摇，道德滑坡，受不良风气影响，只想要权不想担责，甚至规避责任、放弃责任，没有担当。而责任担当对于执法司法者十分重要，关系到法律的实施，关系到人民群众对检察队伍亲和力和公信力的评价。建设责任过硬队伍、敢于担当的检察队伍是法治建设的迫切需要。

（一）坚守履职责任，养成担当精神

责任过硬，要强化责任意识，坚守履职责任，强化担当精神。每一个检察人员都有不同的工作岗位以及岗位背后的责任。《左传》云："正如农功，日夜思之。"检察人员要常思量自己工作岗位的来之不易，常掂量自己肩负的责任之重，勇于担当、敢于担当。一是坚守忠诚的政治责任。检察权是司法权的重要组成部分，必须掌握在对党和人民绝对忠诚的人的手中，为党尽心，为国尽力，为民尽责，这是检察机关的政治责任和政治担当。把忠诚融入检察干警的血脉之中，增强道路自信、理论自信、制度自信和文化自信，在坚定自信中增强政治责任和担当，在搞好服务中增强政治责任和担当，在全局中谋划和推进各项检察工作。充分发挥惩治、预防、监督、教育和保护等职能作用，以人民群众平安需求为导向，把握维护稳定第一责任，打击犯罪，保护人民，促进社会治理创新，维护社会大局稳定，在忠诚履职中增强政治责任和担当。二是坚守敬业精业的职业责任。责任意味着敬业，体现的是职业良知。维护公平正义是检察职业良知的基本内涵和检察机关核心价值追求。要深入开展检察职业道德教育，增强检察人员的职业使命感和责任感。要坚守公平正义的检察职业道德良知，牢固树立人权意识、程序意识、证据意识，养成依法自觉，坚守法治信仰，善于运用法治思维和法治方式办事，敢于监督、善于监督、依法监督、规范监督。要全面加强对刑事立案、侦查、审判、刑罚执行和监管活动的监督，下大气力解决人民群众反映强烈的执法不严、司法不公突出问题。要加强人权司法保护，严肃惩治司法腐败问题，让人民群众在每一个司法案件中感受到公平正义。三是坚守执法为民的公仆责任。"民本念于心，使命系于怀"，强化公仆担当精神的过程，就是培养同人民群众感情，践行执法为民宗旨的过程。要积极培育和践行社会主义核心价值观，深入开展各类爱民实践活动，始终带着以人为本的深厚感情来执法。要坚持把保障人民安居乐业作为执法办案的落脚点和归宿，严肃惩治和预防发生在群众身边、损害群众利益等涉及民生的违法犯罪，始终带着人民为重的根本立场来执法。要完善便民利民惠民措施，着力为群众解难事、办实事，在实践中深化群众观念，以优良作风执法，切实把执法办案的过程变成联系群众、服务群众、依靠群众、维护群众的过程。

（二）健全责任制度，落实担当责任

责任和担当不能单靠思想境界，更要靠体制机制作保证。责任过硬，要求健全责任制度机制，细化责任，落实担当责任。一是制度细化责任。细化责任，才有利于和有助于问责，将检察工作分解到每一个部门、每一个人，做到事有专管之人、人有明确之责、责有限定之期，形成人人头上有指标、件件工作有着落的责任氛围，形成一级抓一级、层层抓落实的工作格局。制度细化责任，制度明晰责任，归根结底是落实责任。抓落实是检察人员的基本职责，要牢固树立履责应该、尽责光荣、失责可耻的思想，做到只争朝夕抓落实、提高水平抓落实、转变作风抓落实、严格考核抓落实。二是制度规范责任。要着眼"管案"责任，完善案件集中管理机制，探索检察官办案责任制，进一步明确执法权责，实行责权利相统一。要着眼"管人"责任，树立选人用人正确导向，建立健全检察人员考核评价制度，让敢于担当的干部有位，让勇于担当的干部有为，让敢负责、想干事、会干事、干成事的干部上得来。要着眼"管事"责任，针对纪律涣散、人浮于事问题，加强科学管理制度建设，定岗位、职责和任务，确保机关的各项工作有序、高效运行。三是制度保证担当。责任在制度规范，担当在制度落实。有制度保证的责任和担当，就会有自觉。建立健全制度执行责任制，明确责任部门、责任人、执行时限和阶段性要求。加强对制度执行的组织领导和监督检查，及时排除执行中的障碍和阻力，防止执行不力、责任衰减。健全制度的细化施行、监督措施，确保落实到位，把制度的硬约束转化为检察干警的自觉担当，从而更好地保障人民检察院依法独立行使检察权，提高司法公信力。

（三）强化责任追究，严格监督查处

责任追究是最有力的监督措施和手段，是对责任人最有效的教育和保护。要突出对领导干部特别是"一把手"的监督和责任追究。突出对检察长用人权、决策权、财权和管理权的监督，全面推行上级检察机关派员到下级检察机关参加领导班子民主生活会、下级检察机关检察长到上级检察机关述职述廉报告工作等制度。完善巡视制度，改进巡视方法，突出巡视重点，着力发现是否存在违反政治纪律问题，着力发现领导干部是否存在权钱交易、腐化堕落等违纪违法问题，着力发现是否存在选人用人上的不正之风。

要把监督、追责和查处问题有机结合起来。对于检察人员违法违纪问题，该调查处理的就要及时调查处理，该说明澄清的就要及时说明澄清，该追究诬告责任的就要严肃追究。对于群众反映强烈的特权思想、霸道作风、滥用强制措施、违法扣押冻结款物等突出问题，开展专项检务督察和专项治理，以实际成效取信于民。对于关系案、人情案、金钱案等司法腐败问题，要以"零容忍"态度，坚持有案必查、有腐必惩。要严格

"一案双查"，对发生违法违纪问题的单位，在追究当事人责任的同时，必须倒查追究相关人员的领导责任和监管责任。

四、建设纪律过硬队伍

纪律过硬，就是具备清正廉洁的本质属性，做到有定力、有原则、有纪律、有底线。"公生明，廉生威。"纪律过硬是检察队伍的光荣传统和政治优势，旗帜鲜明反对腐败是检察队伍建设必须打好的一场攻坚战。正人先正己。检察机关作为法律监督机关，必须首先做到自身正、自身硬、自身净。只有这样，检察机关履行法律监督职责才有公信力，检察权才不会被滥用；否则，就没有资格去监督别人，廉洁执法、廉洁政治更无从谈起。要坚决贯彻落实中央关于惩防体系工作规划，以更高的标准、更严的要求，全面推进自身惩治和预防腐败体系建设，努力促进干警清正、队伍清廉、政治清明，形成不想腐、不能腐和不敢腐的机制。

（一）加强教育预防，形成不想腐的自律机制

教育和预防，是形成不想腐自律机制的有效途径。教育是党风廉洁建设的基础性工作。从严治党、从严治检要靠教育。要紧紧抓住党性教育这个核心，积极开展生动具体的党性教育活动，牢固树立正确的世界观、是非观、义利观、权力观和事业观。要突出对党员干部理想信念、党纪国法、反腐倡廉等方面的教育，通过持续不断的学习教育，坚守共产党人精神追求，牢固拒腐防变思想防线。要加强职业精神教育。信仰法治、坚守法治，自觉用职业操守和职业良知约束自己，在各种诱惑、干扰面前，不偏不倚、不枉不纵，铁面无私、秉公执法，树立惩恶扬善、执法如山、公平如度、清廉如水的浩然正气。要加强警示教育，对查处的违法违纪检察人员典型案例实

行内部通报，深刻剖析问题原因，发挥典型案例的警示、震慑和教育作用，使广大检察人员心有所畏、言有所戒、行有所止。

预防是关键。"凡事预则立，不预则废。"要紧密结合检察机关实际，因时因地创新预防的载体和平台，增强预防的实效性和针对性，不搞空对空。注重以干部群众喜闻乐见的形式，潜移默化熏陶思想，培育预防意识和廉洁意识。综合运用平时谈心、信访提醒谈话、诫勉谈话、任前廉政谈话"四谈"等形式，及时预警，有则改之，无则加勉。始终以如临深渊、如履薄冰的态度来履职用权，把每办一起案件、每做一件事情都与检察机关的形象和检察官身份联系起来，时时警醒自己要慎独慎微，"勿以恶小而为之"，做到自身正、自身硬、自身净。

（二）加强监督管理，形成不能腐的防范机制

要加强对检察工作"人"和"事"的监督管理，努力形成不能腐的防范机制。一是突出对"人"的监督。这既是公正廉洁执法的重要内容，也是确保公正廉洁执法的"牛鼻子"。细化监督内容，明确监督措施和责任追究情形。增强内心自律和外在约束之自觉。要认真落实党组主体责任和纪检监察部门监督责任。加强廉政风险防控，规范领导干部、办案人员与律师、当事人的行为准则。以此为契机，强化领导干部责任担当意识，更加自觉地担负起严格执法办案、深化检察改革、加强队伍建设的主体责任。二是突出对"事"的监督。加强对执法办案重点岗位、重点环节的监督。针对容易发生司法腐败的关键岗位，进一步建立健全廉政风险防控、办案说情报告和通报、重点岗位轮岗交流等制度，让检察人员少犯错误、不犯错误。针对不立案、撤案、不批捕、不起诉、变更强制措施等重点环节，进一步整合纪检监察、检务督察、案件管理等监督资

源，形成监督合力。按照新修订的党员领导干部廉洁从政若干准则、中国共产党纪律处分条例等党内重要规章制度，结合实际，认真对照，对相关制度规定进行修订完善，化繁为简、突出重点、针对时弊，解决检察人员从检过程中存在的突出问题。

（三）加强惩治查处，形成不敢腐的惩戒机制

惩治是最有效的教育，也是最有力的预防。检察机关作为法律监督机关，要强化自身监督，用比监督别人更严的标准来监督自己，确保检察权始终在法治的轨道上运行。始终保持对查处自身腐败案件的高压态势，拓展线索来源，规范线索管理，定期处理线索，抓早抓小，绝不能把小问题拖成大问题；敢于亮剑、敢于揭丑，坚决防止"灯下黑"，以"零容忍"的态度坚决清除害群之马，做到没有禁区、没有特区、没有盲区。紧紧抓住执法一线岗位和领导干部等重点，加大违纪违法问题查处力度，特别是对滥用检察权、贪赃枉法、收钱捞人甚至充当黑恶势力的"保护伞"，对插手工程建设、腐化堕落、买官卖官、失职渎职，对转移赃款赃物、销毁证据，搞攻守同盟、对抗组织审查的行为，要严肃查处。高度重视反映检察人员违纪违法的信访件和网络舆情，及时全面核查事实，该处分的处分，该移送司法程序的移送。

五、建设作风过硬队伍

作风过硬，就是要秉怀执法为民的核心价值，加强思想作风、工作作风和生活作风建设，把作风建设的各项要求落实到执法司法的各个环节，树立与党的性质和宗旨相适应的新风正气。新形势下检察机关的作风建设尤其要突出务实、文明、清廉之作风，以此展示检察机关亲和与公正形象。

（一）强化务实从检的思想作风

务实，即求真务实，就是讲究实际、实事求是。中华文化注重现实，崇尚实干精神。古人云："大人不华，君子务实"，"名与实对，务实之心重一分，则务名之心轻一分"。对于检察人员来说，要做到务实从检，就是坚持党的实事求是的思想路线和思想作风，必须出于对党和人民的事业高度负责，脚踏实地，埋头苦干，坚持重实际、鼓实劲、求实效，不图虚名，不务虚功，扎扎实实地把党和国家的各项政策和工作落到实处。

突出务实从检的思想作风，就是要求检察人员积极践行"三严三实"。一是严以修身、谋事要实。检察人员担负着谋事决策的重要职责，个人修身境界的高低，决定着其谋事担当的方向和能力。严以修身，重点是坚定理想信念、增强政治定力和理论素养、保持政治清醒和政治自觉，提高谋事决策、促进检察工作科学发展的能力水平。谋事要实，就是各项工作决策要符合客观实际、正确有效。养成践行群众路线的良好习惯，坚持完善调查研究制度，深入基层调查研究，问计于基层、问计于群众、问计于实践，促进谋事决策更加科学、民主、依法和符合客观规律。二是严于律己、做人要实。党纪国法是党和国家的意志的集中体现，是律己正人必须遵守的行为准则，也是老实做人做事的基本底线。检察人员要敬畏党纪国法，遵守党的政治纪律、组织纪律、廉洁从政从检纪律，正确对待权力、地位和自身利益，自觉用职业操守和职业良知约束自己，平等对待工作圈，严格管住亲属圈，谨慎处理社交圈。要做老实人、说老实话、办老实事，以负责的精神办事，以务实的作风担当。三是严以用权、创业要实。严以用权，就是要牢记检察权就是责任、就是担当。要始终牢记权为民所用、公正用权、依法用权。创业要实，就是要脚踏实地、真抓实干，敢于担当，勇于直面矛盾，反对形式主义、官僚主义，善于解决问题，努力创造经得住实践、人民、历史检验的工作实绩。

（二）强化文明从检的执法作风

检察工作亲和力和公信力，在很大程度上取决于检察权行使的文明性。文明，是检察官职业道德基本准则的要求之一。文明从检，是检察机关执法作风建设的基本要求。文明从检要求检察机关更新执法理念、规范执法行为，做到理性、平和，改进办案方式方法，坚决纠正简单执法、粗暴执法，用群众信服的方式执法办案，使人民群众感受到检察队伍的优良素质，做到以文明促公信，文明促亲和，文明塑形象。

在检察工作中，检察人员的言行反映个人的敬业精神、专业素质和道德修养，关系到人民群众对检察队伍整体形象的主观认知。执法办案活动不是纯粹技术性操作过程，而是向人民群众演绎法律内在精神的生动实践，影响人民群众对法律和法治的敬仰、对公平正义的信心。文明从检，首先要执法理念文明，要求检察人员在执法中自觉、科学地理解和阐述法的内在精神，坚持惩罚与教育并重，打击和保护并重，程序公正和实体公正并重，宽严相济，以人为本。其次要执法行为文明，要求检察人员增强公仆意识，不对群众"冷、硬、横、推"，摒弃特权思想、等级意识、要特权、逞威风，不偏不倚地全面收集证据，依法审查案件，公平对待案件当事人，平等保护当事人的合法权益。最后要执法语言文明，要求检察人员遵守检察礼仪规范，注重职业礼仪约束，举止大方，用语文明，注意尊重涉案人员的人格尊严，杜绝态度冷漠、言语生硬、言词推诿等不文明行为，在执法办案中尽可能地体现司法人文关怀，使人民群众感受到检察队伍的文明素养和职业操守。

（三）强化清廉从检的生活作风

生活作风不仅反映社会交往、生活态度和行为，而且反映世界观、人生观、价值观、权力观、利益观，反映操守和品行。坚持清廉从检的生活作风，就有正确的价值取向和行为方式。清廉，即严以律己，克己奉公，严格遵守党纪国法，坚持高尚的精神追求，永葆共产党人的浩然正气，切实做到拒腐蚀、永不沾。清廉从检是一个检察人员的基本操守，也是检察人员的立身之本和职业道德底线。

清廉从检，就是清白廉洁做人，公正廉洁执法。对于检察人员来说，具体而言，一是严禁利用职权和职务上的影响谋取不正当利益。不准索取、接受或者以借为名占有发案单位、案件当事人以及其他与行使职权有关系的单位或者个人的财物，不准接受可能影响公正执行公务的礼品、宴请以及旅游、娱乐等活动安排。二是严禁违反规定办案或者以案谋私、以权谋私。不准在办案中徇私情，不准违反规定过问、干扰、插手案件，不准违反规定探询案件情况和有关信息等。三是严禁私自从事营利性活动。不准个人经商办企业，不准违反规定拥有非上市公司（企业）的股份，不准违反规定买卖股票或者其他证券，不准违反规定在经济实体、社会团体等单位中兼职或者兼职取酬。四是严禁利用职权和职务上的影响为特定关系人谋取利益。不准默许、纵容、授意配偶、子女及其配偶、其他亲属以及身边工作人员以本人名义谋取私利。

清廉从检，要做到清白、清正与清醒，要做到倡廉、兴廉与守廉。清白则干净，清正则公正，清醒则坚定。倡廉就有廉洁正气，兴廉就有廉洁行为，守廉就会永葆廉洁形象。践行清廉从检生活作风，使之成为一种生活方式，一种高尚品格，化为职业价值和履职行为，必定营造检察机关风清气正的政治生态。

　　"五过硬"是一个有机整体，是实现"两提升"的保证。对于检察机关和检察队伍而言，政治过硬是核心要求，关乎方向；业务过硬是立身之本，关乎能力；责任过硬是基本品质，关乎担当；纪律过硬是政治优势，关乎清廉；作风过硬是根本保障，关乎形象。实现"两提升"，要以信念坚定为思想灵魂，强化政治过硬；以公平正义为价值追求，强化业务过硬；以敢于担当为党性原则，强化责任过硬；以清正廉洁为职业操守，强化纪律过硬；以执法为民为本质要求，强化作风过硬。"两提升五过硬"是建设过程，也是建设目标，重在建设，重在实现，促进检察事业发展，服务于法治建设的伟大实践。

结语
依托法治提升检察工作亲和力和公信力

全面推进依法治国是国家治理领域一场广泛而深刻的革命，司法体制改革是这场革命的"重头戏"。党的十八大报告对于全面推进依法治国，深化司法体制改革，确保审判机关、检察机关依法独立公正行使审判权、检察权，保证公正司法等作出了重要部署。党的十八大以来，习近平总书记多次就法治建设发表重要讲话、作出重要指示，提出一系列新思想、新观点、新论断，党的十八届三中、四中、五中、六中全会布局和深化法治改革，为全面推进依法治国、建设法治中国指明了方向。特别是把法律实施放在更加突出位置予以强调，深刻阐明了法律实施的主要任务、基本目标和方法途径，科学回答了建设法治中国、确保法律实施的方向性、根本性问题，具有深刻理论内涵和鲜明时代特征，充分体现了党的执政理念和方略，充分体现了我们党全面推进依法治国的坚定决心和清晰思路，为加强法律监督、确保法律实施提供了基本遵循。

法律实施是一项系统性工程，执法和司法是其中两个至关重要的环节。检察机关承担着执法司法的重任，是履行法律监督职能、确保法律统一正确实施的重要力量。人民群众评价检察执法司法工作，最根本的一点，是看检察执法是否严格、司法是否公正，看检察工作是否具有亲和力，检察执法是否具有公信力。检察机关作为国家免疫系统的重要组成部分，是营血卫气、祛邪扶正、保证社会肌体健康的重要力量，如果执法不严、司法不公，不仅不能制止违法，保护人权，还会严重损害检察机关形象和国家法制权威，影响公众对法治的信心。

提升检察工作亲和力和公信力，要求检察机关以更高的标准加强"五过硬"队伍建设。检察工作人员不仅要有很高的政治业务素质，而且必须具有高于一般人标准的职业道德。因此，要推进职业道德建设，着力培育职业良知和法治精神，把执法为民作为最重要的职业良知，把法治精神当作主心骨，把强化公正廉洁的职业道德作为必修课，不断提高推动法律实施的能力和水平，切实担负起法律守护者的责任。

"两提升"和"五过硬"，都紧密依托于法治之上。正是对于法治精神的追求，对司法规律的遵循，才能实现亲和力和公信力的辩证统一，实现"两提升"与"五过硬"的有机统一。检察机关要顺应新时代、新形势的要求，在法治精神基本遵循下，贴近社会、贴近人民；要恪守法治立场，立足宪法定位，充分履职，自觉践行执法为民宗旨；要不断深化检察改革，创新工作机制，改进工作方式方法，在全面依法治国中展现新作为，在维护人民群众合法权益中展现新作为，在保障国家法律正确统一实施中展现新作为。